江苏省高校优势学科建设工程资助项目

我国大学学院组织制度变迁研究

胡仁东 著

中国海洋大学出版社

·青岛·

图书在版编目(CIP)数据

我国大学学院组织制度变迁研究 / 胡仁东著. —青岛：中国海洋大学出版社，2016.11
ISBN 978-7-5670-1310-0

Ⅰ.①我… Ⅱ.①胡… Ⅲ.①高等学校－体制改革－研究－中国 Ⅳ.①G649.2

中国版本图书馆 CIP 数据核字(2016)第 307771 号

出版发行	中国海洋大学出版社		
社　　址	青岛市香港东路 23 号	邮政编码	266071
出 版 人	杨立敏		
网　　址	http://www.ouc-press.com		
电子信箱	appletjp@163.com		
订购电话	0532—82032573(传真)		
责任编辑	滕俊平	电　　话	0532—85902342
印　　制	日照日报印务中心		
版　　次	2016 年 12 月第 1 版		
印　　次	2016 年 12 月第 1 次印刷		
成品尺寸	170 mm×230 mm		
印　　张	16.5		
字　　数	310 千		
印　　数	1—1000		
定　　价	43.00 元		

发现印装质量问题，请致电 18663037500，由印刷厂负责调换。

目 录

第一章　绪论 ……………………………………………………………… 1
　第一节　研究背景、依据与意义 …………………………………… 1
　第二节　文献综述 …………………………………………………… 9
　第三节　研究对象与研究方法 ……………………………………… 28

第二章　我国大学基层学术组织制度演进 …………………………… 33
　第一节　分析框架 …………………………………………………… 33
　第二节　基层学术组织演进阶段分析 ……………………………… 40
　第三节　基层学术组织变迁的模型构建 …………………………… 93

第三章　大学基层学术组织制度安排 ………………………………… 106
　第一节　基层学术组织的管理体制 ………………………………… 107
　第二节　负责人排序的实证研究——以江苏省为例 ……………… 119

第四章　大学精英学院组织制度的产生与发展 ……………………… 148
　第一节　精英学院组织产生背景分析 ……………………………… 148
　第二节　精英学院的本质与生成缘由 ……………………………… 153
　第三节　我国精英学院的现状透视 ………………………………… 179
　第四节　精英学院发展中存在的问题与反思 ……………………… 202

第五章　大学基层学术组织制度创新 ………………………………… 209
　第一节　学部制组织的探索 ………………………………………… 209

第二节　中外合作办学型学院的设立 …………………………… 220

第三节　基层学术组织制度创新的路径分析 …………………… 239

参考文献 ……………………………………………………………… 246

后记 …………………………………………………………………… 258

第一章

绪 论

第一节 研究背景、依据与意义

一、问题提出

尽管都是大学组织,西方大学制度以教授会、教授治校、学术自由、大学自治、董事会、理事会、评议会、大学章程等范畴构建起自身的话语体系;我国则以党委常委会、校长负责制、办学自主权、教授治学、校务委员会、学术委员会、学位委员会等概念形成具有鲜明中国特色的大学制度的话语体系。[①] 不同话语体系的形成,源于社会历史、现实背景、大学理念的差异。这并不影响大学组织的"家族相似性",这种相似性决定着其内部结构的同形。

大学的学术结构模式,是指大学在推进其学术(教学和科研的总称)发展中所采取的直接的组织形式。[②] 就大学学术组织而言,从组织结构上可以分为三层:学校、学院和学系。毫无疑问,作为上层的学校组织,具有统领全校学术活动的规划、组织和实施功能;作为中间组织的学院,一般作为完整建制的组织机构,以学科专业为基础,在相关知识领域内承载人才培养、科学研究、社会服务和文化传承创新的职能;作为底层组织的学系,在学院部分学科专业开展教学、科研、学科与专业建设、课程安排等活动。学院组织,既是一级行政组织,也是教学科研活动的管理单位;既具有行政功能,也具有学术职责,上承学校下接学系,是大学办学的重要载体。本书中的基层学术组织,就是指这种既具有行政职能又具有学术职责,履行人才培养、科学研究与社会服务职能的大学内部机构,即通常称的学院(含具有学院功能的学部、学系等)。

大学历史上形成的传统学院制模式为大学组织的成长、发展奠定了坚实的

---

① 张学文.大学如何告别平庸[N].光明日报,2015-04-07(13).
② 杜作润.学院识别及大学学术结构模式粗探[J].高等工程教育研究,1993(4):15-19.

基础。自 20 世纪 60 年代以来,随着高等教育从社会边缘走向社会中心,在政治、经济、科技的强力影响下,传统学院制模式受到越来越大的挑战:第一,以传统学科划分为基础的学院与新兴的学科相脱离;第二,在欧洲的传统学院制度中,学院是大学的基本组成单位,学校的主要权限集中在学院,以大学名义组织的活动较少,有着较强的独立的传统大学学院制度影响了学科的综合和新学科的形成;第三,随着成本的递增,大学运行越来越难以为继,为了获得更多的政府和其他机构的投入,大学不得不改革其内部组织结构以谋求发展。因此,各国大学对传统学院制进行改革。

法国 1968 年通过的《高等教育基本法》决定实施"教学与研究单位"制,它由各种实验室与研究中心组成,具有管理、行政以及教学的职能。德国 20 世纪 60 年代后期进行了"学域"改革。学域是德国大学教学、科研的基本行政组织单位,它代替过去学院和系的工作,是一种自治机构。日本 20 世纪 70 年代设立的筑波大学依据教学科研的内容设立学群、学系和专门研究组织及中心,教学活动主要在学群、学系、研究所内进行,研究活动主要在学系和专门研究组织中进行,而中心则是联结教育与研究活动的纽带,它把教师的教学与科研两项职责分开,在不同的组织中完成,但又用学系来联结两种职责。实质上,学院制改革的目的在于:打破学科或知识领域之间的隔阂、推动教学与科研的融合、加强大学与社会之间的联系、重新配置大学与基层学术组织两级机构之间的权力等。

从新中国成立初到 20 世纪 80 年代,我国大学基层学术组织从学院到系再到学院这一个变化过程的历史背景在于:最初的学院建制方式借鉴了国外大学的办学模式,而随着我国社会主义建设的需要,将学院设置改为学系建制。改革开放后,大学在与社会互动中寻找更多的社会资源,大学办学自主权呼声高涨,此外,大学学科自身的发展特点——知识的学科分化和综合趋势越来越明显,其内部逻辑要求有更广知识领域的合作,由系向学院的转变成为一种主流的基层学术组织设置方式。

《国家中长期教育改革和发展规划纲要(2010—2020 年)》指出,完善中国特色的现代大学制度,要"探索教授治学的有效途径,充分发挥教授在教学、学术研究和学校管理中的作用"。近年来,国家启动全面深化教育领域改革的进程,提出建立现代大学制度,完善大学内部治理结构,落实和扩大学校办学自主权,探索建立符合大学组织特点的管理制度和配套政策,逐步取消实际存在的行政级别和行政化管理模式。对于大学而言,这种导向强调权力尤其是学术权力下移至基层学术组织。学术权力下移,意味着传统的学院将承担更多的责任,这势必引起人们对学院组织制度的重新考量。

自大学基层学术组织建立始,其形式与样态不断在发生变化:从讲座到学系、从学系到学院、从学院到学部等。综观其变化的特点,我们可以发现,它始终围绕人、知识、制度和运行四个基本要素在调整,尽管同一个称谓在不同地域、不同大学存在差异,但其并未离开人员构成、知识领域、制度设计和运行机制去重构组织学术活动。和大学组织一样,作为大学基层学术组织的学院也具有"家族相似性"特征,之所以在不同时空背景下出现不同形式和样态,是为了适应某个阶段和地域知识传承、生产与应用的需要。

语言学大师索绪尔在研究语言体验中曾经表达过这样的观点:"如果价值植根于事物本身,植根于事物之间的自然关系中,我们就可以在某种程度上就历时的发展去追溯这种价值。但不可忘记,这种价值在任何时候都取决于与它同时存在的价值系统。"[①]大学基层学术组织历经千年,其存在的价值不可否认,但在不同的历史阶段,其价值体现与当时的社会环境、知识积累、思想观念、信仰世界无疑存在密不可分的联系。也就是说,它的价值既体现历时,也体现共时:现实价值与历史价值系统相关联,这种组织本身在历史长河中体现的是不同时代共同的价值。也就是说,大学基层学术组织构成自己特殊的场域,具有自身的产生机理、评估体系和交换原则,在历史变迁中,也许这些东西在形式、内容、结构和方式方面都会发生变化,但其保存知识、生产知识、传播知识等活动决定了其内在规定性以及不同地域该类组织的家族相似性。

我们不迷信组织,但对于组织的功能与价值应当有正确的理解。大学基层学术组织在近千年的发展中,其内在基因决定其遗传特性。基层学术组织制度的变迁是为了适应与超越,使其变得更为有效,更能满足社会的要求与发展需要,所以,人们在实践中不断创新组织。大学基层学术组织制度变迁本身已经超越了对组织的迷信:它不是一成不变的。

从基层学术组织变迁史中可以发现,无论是讲座、学系还是学院,固化的组织容易导致资源竞争、话语宰制、行为抗衡,画地为牢,各自为战,这就会分散大学资源的配置方式。跨学科组织试图解决这种资源配置方式,但跨学科组织本身还受到外部影响。大学跨学科组织是一个以学科及学科群为主体的、按照一定结构组成的、开放的、动态的复杂适应系统。由于其在研究组成要素、研究对象的组织、层次、结构和功能、系统与外部环境的关系等方面,与生态系统有很高

---

① 索绪尔.普通语言学教程[M].高明凯,译.北京:商务印书馆,2003:195.

的相似性,因而是一个真实存在的类生态系统。① 大学跨学科组织是对基层学术组织的贯通,它是由于社会问题的复杂性使得传统的学院式组织无法解决,也就是说,知识领域组织的人为划分不能解决人类面临的复杂问题。另一方面,跨学科组织形式并没有否定传统的学院组织,是学院组织之间的一种合作。郭树东认为,大学跨学科组织在发展过程中,除了会受到大学、政府等外部组织资源的影响外,更为重要的作用和影响来自于组织系统内部不同研究单元之间的生态关系。②

我国大学基层学术组织变迁的特点与规律是什么、现状如何、将会向什么方向发展等问题是影响现代大学制度建设的重要问题,也是提升现代大学组织治理能力和治理体系的关键维度。本书试图从历史与现实、理论与实践角度探索我国大学基层学术组织制度的演变,为大学基层学术组织制度设计提供理论依据和实践参考。

二、研究背景

(一)宏观层面:适应经济社会发展需要

新中国成立以后,开始以苏联模式建设社会主义新中国。新中国百废待兴,面临的一个重要任务就是加快推进工业化建设。这一时期,我国选择的工业化道路是以重工业为中心带动工业化。为响应国家优先发展重工业的战略措施,高等教育制度必须做出相应的调整。由于发展重工业不仅需要资金,还需要大量各方面的工程技术人才,而当时的新中国恰恰缺少专业的工程技术人才,这正是高等教育系统面临的首要问题。③ 所以,改革迫在眉睫。1951 年 11 月 15 日,教育部公布了《中央教育部党组关于全国工学院调整发展方案的报告》,标志着院系调整正式开始。

1952 年 5 月,国家出台了《全国高等院系调整计划(草案)》(简称《计划》),这次调整是以华北、东北和华东地区为主,出台了一套较为系统的调整方案。《计划》指出:要把国家建设摆在第一位,再考虑不同地区、不同学校的实际情况实施;全国各大行政区中培养高校师资与科学研究人才的大学至少有一所;这次院

---

① 赵坤,王方芳,王振维.大学跨学科组织共同演进的治理因素研究[J].中国高教研究,2011(10):27-30.
② 郭树东.基于生态学视角的我国研究型大学学科建设对策[J].河南师范大学学报(哲学社会科学版),2009(4):233-235.
③ 胡炳仙.中国重点大学政策的历史逻辑与制度分析[M].青岛:中国海洋大学出版社,2010:25-26.

系调整的突破口是工学院,要尽可能多地筹办专业性工学院,而多科性学院则要少办或不办;要集中合并农学院,保证每个大行政区有一到三所等。到1955年,我国高校大多集中在沿海城市或靠近沿海的大城市,已远远超出预计的学校规模。面对这样的状况,到20世纪50年代末,国家又进行了一次调整,主要是加强内地高校,首先就是规模的扩大;在这一过程中,专业的分散问题要得到解决,高校间的专业要能够达到相互联系、相互配合的程度,以便更好地配备资源。[①]

20世纪50年代院系调整的特点主要表现为以下几方面:首先,私立学校公立化;其次,减少综合大学,同时改成文理科大学;再次,与国民经济建设各部门相对应地来设立单科性院校。在单科院校中,要大力增加工科院校、农科院校、师范院校。[②] 此次院系调整奠定了我国高等教育体系的基本格局,不仅把高等教育纳入了国家经济发展计划,也使我国高等工科教育基本上形成了机械、电机、土木、化工等工科比较齐备的体系。这次改革适应了当时我国为建立自己国家独立的工业体系和经济发展对专业人才及师资的需求,为我国后来独立自主、自力更生发展经济提供了坚实的人力保证。[③]

20世纪80年代初,我国高等教育管理体制在政治体制、经济体制改革的大背景下不断变革。到80年代中期,《关于改革教育体制的决定》指出,改革高等教育管理体制的基本方向是"加强对高等教育的宏观管理与指导是国家及其教育主管部门的主要任务";同时,"高等学校要有一定的办学自主权,要不断加强同生产、科研和社会其他各方面的联系,调动高校今后主动适应社会发展的积极性"。

马克思列宁主义关于上层建筑与经济基础的基本原理告诉我们,经济基础改变之后,上层建筑(政治、法律、文化、教育等)迟早都要发生变化,否则就难以适应变化的经济基础。[④] 20世纪90年代,教育被提升到优先发展的战略地位,国家提出建设世界先进水平的一流大学目标,科教兴国战略开始逐步实施。由此,拉开了大规模的高等教育管理体制改革之幕,大学进入新一轮改革之中。

(二)中观层面:高等教育制度变革的必然趋势

从某种程度上说,20世纪50年代初的高等教育制度是我国社会经济制度改

[①] 陈黎. 轮五十年代的院系调整[J]. 教育史研究,1998(1):147-148.
[②] 胡建华. 现代大学制度的原点:50年代初期的大学改革[M]. 南京:南京师范大学出版社,2001:119.
[③] 巫春华. 略论我国50年代的院系调整[J]. 中国高教研究,2001(4):81-82.
[④] 胡建华. 现代大学制度的原点:50年代初期的大学改革[M]. 南京:南京师范大学出版社,2001:279.

革的产物。模仿前苏联模式来建设中国大学制度,主要体现在四个方面。首先,建设国家经济、发展重工业是大学的首要任务;其次,国家需求的工农方面的专业人才是大学的主要培养对象;再次,大学内部是"大学—系—教研组"的三级管理体制及单科性大学(学院)的形成;最后,根据国家对专业人才需求来设定教学制度。① 即从两个方面展开,一是全国院系调整时的大学体制改革;二是内部组织制度的改革。

20世纪70年代末,我国高等教育制度开始重新复原,并逐步正常发挥作用。80年代中期,中共中央颁布的《中共中央关于教育体制改革的决定》指出,"对国家所需专业人才的培养及科学研究是我国高校的主要任务。当前,高等教育体制改革的重点是要在一定程度上彰显高校办学自主权,要加大高校同社会生产等方面的联系,高校自身也要逐步具备主动适应经济建设和社会发展需要的能力;高校不仅可以自主与外单位合作,还可以接受委托与之建立教学、科研、生产联合体,进行科学研究和技术开发。"1992年颁布的《中国教育改革和发展纲要》提出,我国高等教育体制急需深化改革,政府办学为主导、社会各界共同参与是今后办学体制发展的目标与方向。1999年,国务院《关于深化教育改革全面推进素质教育的决定》提出,要鼓励、支持社会力量以各种形式办学,满足人民日益增长的教育需求。②

可以说,近30年是我国高等教育发展的黄金时期,高等教育体制发生了重大变化,都是在国家政治体制、经济体制改革的推动下,从办单科性大学到综合性、多科性大学,到建设高水平重点大学。

(三)微观层面:构建现代大学制度的价值诉求

20世纪50年代,我国大学内部是"校—系—教学研究组"的组织结构,作为基层学术组织的学系是大学内部的重心,主要围绕人才培养展开教学活动。"大学—系—教学研究组"的组织管理结构虽然在一定程度上强化了大学的教学功能,但是科学研究功能却被忽略。设立教学研究组有益于大学组织内部管理,但此种管理方式却给大学学术研究带来了负面影响,也使学科知识发展受到限制。可以说,当时大学的发展目标决定了大学基层学术组织的设置与运行。

改革开放后,随着社会各方面的发展,国家更加关注高等教育领域,尤其注重发展研究生教育,跨学科教育和新学科研究领域不断交叉融合。大学功能有

---

① 胡建华.现代大学制度的原点:50年代初期的大学改革[M].南京:南京师范大学出版社,2001:75-76.

② 应望江.中国高等教育改革与发展30年[M].上海:上海财经大学出版社,2008:57-59.

了进一步拓展,逐步成为教学和科研中心,以及人才培养、科学研究、社会服务的三大职能格局。① 大学基层学术组织变革是剧烈的,其中变革的推动力也是强大的,尤其是"211工程""985工程"的建设,各高校都把基层学术组织建设作为学校创新发展的组织保障,甚至连一般本科院校也借助基层学术组织变革来优化资源配置,提高自身办学实力。对每所大学而言,它的基层学术组织如何变革?在变革中受到哪些因素影响?未来的变化趋势是什么?这些问题的解决需要放到宏观、中观和微观层面加以考察才能发现其规律与特点。

1. 社会发展需要科技与人才的推动

在人类社会发展进程中,人才是社会文明进步、国家繁荣昌盛的重要推动力量。步入21世纪,知识经济开始兴起,知识和科技对国民经济增长和生产力提高的作用日益明显。发达国家科学技术的贡献率达到60%~80%,作为知识载体的人力资本不断升值,成为经济增长的主要推动力。②《2002—2005年全国人才队伍建设规划纲要》首次提出"人才强国"战略,明确指出:抓住机遇,迎接挑战,走人才强国之路,是增强综合国力和国际竞争力、实现中华民族伟大复兴的战略选择。《国家中长期人才发展规划纲要(2010—2020年)》再次提出:"全面建成小康社会,实现中华民族伟大复兴,必须大力提高国民素质,在继续发挥我国人力资源优势的同时,加快形成我国人才竞争比较优势,逐步实现由人力资源大国向人才强国的转变。"可见,人才成为新时期社会发展的关键性资源,尤其是拔尖创新人才,更是国家新时期创新发展的中坚力量,是建设创新型国家的动力源泉。大学基层学术组织是人才培养中心和科学研究重地,其效率与效益无疑对科技水平与人才质量具有重要影响。

2. 高校人才培养质量亟待提高

面对社会发展对人才的迫切需求,作为人才培养的重要阵地,高校无疑重任在肩。自1999年高校扩招以来,我国高等教育逐步向大众化阶段发展,然而,高等教育在规模扩张的同时,质却没有得到良好的保证。招工难与就业难的对立冲突鲜明地反映出我国高校人才培养的不适应性,更直接体现出社会对于高校人才培养质量的忧虑。著名的"钱学森之问"——"为什么我们的学校总是培养不出杰出人才?"——再一次将高等教育质量问题尤其是拔尖创新人才的培养问题推到了风口浪尖。面对一系列的问题,国家高度重视,将建设高等教育强国作为我国高等教育发展的新目标。如何才能成为高等教育强国?《国家中长期教

---

① 应望江.中国高等教育改革与发展30年[M].上海:上海财经大学出版社,2008:57-59.
② 吴宏翔.艰难的选择:市场经济背景下的高校组织演化[M].上海:复旦大学出版社,2008:50.

育改革和发展规划纲要(2010—2020年)》更是明确指出:"提高质量是高等教育发展的核心任务,是建设高等教育强国的基本要求。"而在2015年的相关文件中,无论是5月4日国务院颁发的《关于深化高等学校创新创业教育改革的实施意见》,还是11月4日《中共中央关于制定国民经济和社会发展第十三个五年规划的建议》,都再次直击主题:提高教育质量。在多方强烈关注下,高校冲破现有人才培养瓶颈,寻求高等教育质量新的突破口迫在眉睫。而大学基层学术组织作为高等教育质量的"把门人",不能不说它是改革的突破口。

无论是宏观、中观还是微观层面,社会给予大学更多的期待,但大学本身的运行主要由基层学术组织来完成,也就是说,基层学术组织承载着大学的使命,是履行大学职能的载体。从历史与现实、实然与应然角度来审视大学基层学术组织制度变迁,是回应人们的关切与希望,让大家更多了解基层学术组织对于大学的重要意义,尤其是在当下"学院办大学"的背景下,我们更应该准确把握基层学术组织在运行中的特点、问题及其发展趋势。

三、研究意义

(一)理论意义

第一,厘清我国大学基层学术组织的变迁脉络。经济学与政治学这两大领域最先涉及有关新制度主义的内容,一直以来其被应用于多个领域。但新制度主义不仅仅局限于分析国家制度与政策变化,更多的是对于制度背后政策变化的关联性乃至对政策行为产生的原因、结果的分析。借鉴新制度主义来分析我国大学基层学术组织变迁与国家相关政策及历史背景的关系有助于厘清基层学术组织的发展脉络。

第二,揭示我国大学基层学术组织变迁的影响因素。基层学术组织是大学组织中重要机构,其组织形式对大学发展至关重要。吸取组织变迁理论的精髓,从纵横两个维度分析基层学术组织制度的变迁轨迹与条件,对于改进其运行具有重要的理论价值。

第三,认识我国大学基层学术组织制度变迁的逻辑。从基层学术组织变迁的过程中找出其变迁的影响因素,探析基层学术组织制度变革的内在逻辑。通过模型构建,分析基层学术组织的变迁特点与规律,从而预测我国大学基层学术组织变迁的未来趋势。

(二)实践意义

第一,通过对基层学术组织结构、人员构成等制度安排的分析,运行机制的讨论,并通过实证方法进一步考察基层学术组织负责人排序这一微观现象,揭示其运行特点及存在问题,为进一步改进基层学术组织运行提供参考与借鉴。

第二,通过对大学精英学院组织制度的扫描式分析,试图认识与了解精英学院在我国大学组织中的发展与现状、规律与特点、问题与原因,为大众化和普及化阶段我国大学组织精英学院有一个正确的定位与认识,防止在举办精英学院的过程中引发教育公平与教育质量问题。

第三,通过对大学基层学术组织形态变革样式的梳理,探索大学基层学术组织制度创新的路径与走向。近年来,大学的学部制组织探索和中外合作型学院的兴起,显示出现代大学基层学术组织的创新行动。这些学术组织的变革反映出组织结构调整、生成以适应内部资源重组与满足外部需求的双重驱动,为基层学术组织构建、重组提供可参考的现实依据。

第二节　文献综述

自20世纪80年代以来,我国大学二级单位即基层学术组织开始发生变化,其相关研究也在逐渐成为人们热议的话题。当下关于学院制的研究所讨论的焦点在于:大学与学院的权力配置问题,主要关注学院制的组织结构、管理体制和运行机制等。归纳起来,研究者们主要从历史与现实、理论与实践、宏观与微观、国外与国内等不同维度进行研究,主要从大学组织层面和大学学院层面探讨什么是大学学院制、为什么在要大学实施学院制、大学学院制如何构建三个方面。

一、关于大学组织层面的研究

(一)大学是一种二元控制系统

相对而言,西方学者较早关注大学这种学术组织系统的运行。20世纪50年代,学者们开始把组织结构理论运用于大学组织研究,构建了大学学术组织的理论模型,较为典型的有双元型学术组织理论。最早由约翰·科森(John Corson)在《学院和大学的管理》(1960)一书中提出,即大学学术组织是以行政控制与学术控制为逻辑起点的组织结构。在这本书中,科森选取双元型学术组织模式中的不同人物角色来分析大学学术组织特点,他分析了大学校长等行政人员的任务、学者的任务以及行政人员与学者之间如何处理出现的冲突等。[①] 罗伯特·伯

---

① Corson, J. J. Governance of colleges and university[M]. New York: McGraw-Hill. 1960: 93.

恩鲍姆(Rorbert Birnbaum)认为,大学组织包括行政管理的科层结构和基层学术组织的松散结构。这里的科层结构和松散结构组成了二元控制系统,它们分属于各自的权力系统,在结构上它们并非一个整体,而是一个复杂交叉的结合体,没有进行统一授权,也没有统一安排的结构形式。① 布鲁贝克认为,大学应当由从事高深学问的人员组成的自治团体来管理它,但为了生存并继续发展,这种团体需要一个在管理不动产、取得经费并进行大笔投资方面拥有广泛的知识和经验的补充性的组织部分,正如高深学问的发展需要专门化一样,大学的日常事务方面也需要专门化。② 无论是科森、伯恩鲍姆,还是布鲁贝克,都看到了大学组织内部的学术性与科层性特点。尽管科层性是大学组织的衍生品,但在斯特鲁普(Stroup)看来,人类社会是一个大型官僚组织,高等教育作为社会活动的重要组成部分,也应该是一个官僚组织。③ 所以,大学组织内部形成了独特的二元控制系统,也得到了普遍的认可。

(二)大学是一个学术文化共同体

埃弗雷特·休斯(Everett Hughes)从文化的视角描述了组织:"当一组人形成了一点共同的生活从而与其他人有了一定的距离,当他们占据社会一个共同的角落,有了共同的问题,或许有了几个共同的敌人的时候,文化便产生了。"④卡夫曼(Herbert Kaufman)则从组织存在的角度认为,组织是由物理的、习惯的、利益的、道德的和情感的纽带维系的,其中情感的纽带常常最有力,是由人们的共同象征和共同观念的感情以及对共同领袖的爱或各人对一切人的互爱铸造而成的。⑤ 梅耶(John Meyer)从组织运行的角度认为,即使最专门的系统,也是由特定的技术法则与程序和系统成员共享的使命一起维系的,并使之产生效力。⑥ 我们看到,组织以使命为逻辑起点,把同质和异质的人聚集在一起,形成自身的价值观念与信仰,在一定的规则下运行。大学组织正是一群有着共同学术信念与理想的人组成的学术文化共同体。

---

① 〔美〕罗伯特·伯恩鲍姆.大学运行模式[M].别敦荣,译.青岛:中国海洋大学出版社,2003:11.
② 〔美〕约翰·S·布鲁贝克.高等教育哲学[M].王承绪,等,译.杭州:浙江教育出版社,2001:37.
③ Stroup, H. Bureaucracy in Higher Education[M]. New York : The Free Press. 1966:32.
④ 〔美〕伯顿·R·克拉克.高等教育系统——学术组织的跨国研究[M].王承绪,等,译.杭州:杭州大学出版社,1994:83.
⑤ 〔美〕伯顿·R·克拉克.高等教育系统——学术组织的跨国研究[M].王承绪,等,译.杭州:杭州大学出版社,1994:84.
⑥ 〔美〕伯顿·R·克拉克.高等教育系统——学术组织的跨国研究[M].王承绪,等,译.杭州:杭州大学出版社,1994:84.

20世纪70年代,组织制度理论开始流行,社会学奠基人爱弥尔·迪尔凯姆(Emile Durkhem)及马克斯·韦伯(Max Weber)最早把制度用到教育组织研究领域。随后,越来越多的社会学研究者开始重视对教育组织的制度分析。① 维克托·巴尔德里奇认为,大学组织不只是一个"非平等性的、非感性的、利益主义的科层组织,也是一个'学者共和国'。"在当时,"学术社区(academic community)、共同掌权(collegiality)、共同治理(shared governance)、协调一致(coordinated)等是高校组织理论中的常用词汇"②。伯顿·R·克拉克认为,大学是综合性组织体,它一方面把化学家、心理学家和历史学家这些不同的专家联系在一起,另一方面又将专家与非专家,教授、学生与行政管理人员联系在一起。③ 尽管文化模式在大学组织中受到青睐,但究竟应采取哪种模式,对基层学术组织模式的争议似乎没有停止过。研究者们试图寻找多种管理模式,集其优势于一体来管理大学组织。

(三)大学是一种自治性组织

20世纪70年代末,美国社会学家梅耶(John W. Meyer)和罗文(Brian Rowan)共同完成的《制度化的组织:作为神话和意识的正式结构》一书,可谓是开启现代制度理论之先河。梅耶和罗文一致认为,教育活动的性质和方法决定了所谓的科层模型的组织结构、专业模型及学院模型组织结构都不能很好地运用在教育活动中。"松散联合性"一直被看成大学学术组织结构的主要特征,如果组织结构不对组织活动产生影响,那么组织活动对活动结果的影响也就极小。在教育活动中,工作技术与项目活动是非预期的,要把高等教育中的工作内容与相关程序建立在一套固定的标准中并非易事。反之,作为具有完整系统的高等教育一直都会具有它自身的稳定性。④

斯科特(W. R. Scott)等人进一步把这一理论进行了完善与发展。⑤ 在制度组织学派看来,对组织影响最大的因素是社会性的观念体系、规范制度以及制度

---

① Heinz Dieter Meyer & Brian Rowan, The New Institutionalism in Education, New York: State University of New York Press, 2006.

② Mariettadel Favero. Faculty-Administrator Relationships and Responsive Decision-making Systems: New Frameworks for Study[R]. Paper Presented at the Research Forumon Higher Education Governance, Santafe, New Mexico, 2002.

③ 〔美〕伯顿·R·克拉克. 高等教育系统——学术组织的跨国研究[M]. 王承绪,等,译. 杭州:杭州大学出版社,1994:33.

④ John W. Meyer, Brian Rowan. Noteson Structure of Educational Organizations. Paper Presented at the Meeting of National Institute of Education[M]. LaJolla, California, 1975:15-20.

⑤ Oliver E. Williamson, The Economic Institution of Capitalism[M]. The Free Press, 1985:388.

环境，尤其强调制度环境的重要性。组织产生于环境，对环境有一个依赖、适应过程，由此提出了有组织的无政府状态型学术组织理论。也有学者提出松散结合型学术组织理论、科层型学术组织理论，如威廉·H·考利(1980)(William H. Cowley)在《校长·教授·理事》中提出要用科层组织来构建大学组织结构，把企业、政府的管理技术用到大学管理。舒尔·多普森(Schur Posen)和伊安·莫克(Ian Monk)认为大学组织模式可以归纳为学院模式、官僚模式和企业模式、团队模式。

20世纪90年代，学院模式曾一直被管理界信奉为大学管理最合适的模式。这一模式强调基层学术组织拥有一定的学术权威，不管是来自哪方面的干扰，基层学术组织会利用自身的自主权尽可能排除无关干扰，哪怕来自严格的等级制度管理。① 在学院模式中，主要考虑组织利益基础上的合作与管理。学者共同体构成大学，组织结构由非正式的方式组合而成，呈现扁平且紧密状态，在决策机制上强调集体参与、共同分享、程度较高的民主化。②

莱特(Wright)把大学组织结构描述为"底重机构"(Bottom-heavy Institution)，认为知识和能力的广泛分布取决于管理的性质，不管组织的专业技能水平有多高，只要实施的是真正意义上的学院管理模式，组织的运转就会最为有效。③ 美国大学组织研究的统计表明，这是一个多学科交互存在的地方，组织理论的不断发展与大学组织管理的内部需要(不管是先前的学者社团，还是科层制，乃至后科层制)是多学科交叉的推动力。④ 20世纪90年代末，彼得·圣吉(Peter Senge)完成了《第五项修炼——学习型组织的艺术与实务》一书，他在书中详细阐述了学习型组织，指出学习型学术组织通过自我超越、改善心智模式、共同愿景、团队学习、系统思考这五项修炼来提高组织成员的工作效率，进而提高整个组织的效益。⑤

综上，西方学者很早就关注大学学术组织问题，不管是最初的双元型组织模式、学术文化共同体，还是后来人们认同的学习型组织模式理论，理论家与实践

---

① 季诚钧. 大学属性与结构的组织学分析[M]. 北京：人民教育出版社，2006：76.
② Victor J. Baldridge. Alternative Models of Governance in Higher Education[A]. Marvin Wpeterson. Organization and Governance in Higher Education：An ASHE Reader[C]. Simon & Schuster Publishing，1984：30-44.
③ Gareth Williams and Tessa Blackstone. Response to Adversity，Society for Research into Higher Education，Guildford，1983：94.
④ 转引自林杰. 组织理论与中国大学组织研究的实证之维[J]. 北京大学教育评论，2006(4)：179.
⑤ 〔美〕杰瑞·W·吉利，安·梅坎尼克. 超越学习型组织[M]. 佟博，等，译. 北京：经济管理出版社，2003：7.

者都希望破解大学组织本身的组织结构、管理体制与运行机制。这些探讨为进一步考察大学组织内部的基层学术组织变迁与运行奠定了前提性基础。

二、关于大学学院组织层面的研究

在追溯大学学院这种组织源头时,涂尔干认为学院制来自大学最早的膳宿制学校教育,而膳宿制又与隐修会的起居制度有着某种不可否认的相似性。[①] 大学的学院草创时无非是些学人会社,纯粹为了贫寒学子而创办,后来逐渐向越来越多的学生开放,学生对于学院来说是付费的客人;学院的直接功能在于为学生们提供道德上与物质上的庇护。[②] 学院与大学是一种什么关系呢?涂尔干对英国牛津大学的学院与巴黎大学的学院进行了对比:牛津大学的学院在很大程度上是独立于牛津大学的,始终保持着一定的独立性;而巴黎大学的学院却陷入对巴黎大学的依赖之中,大学以一种强大的威慑力干预学院事务,尽可能不给不合规矩的表现留出空间。[③] 同样是大学学院,为什么各大学与其学院的关系有很大的差别?涂尔干认为,中央集权化本身就倾向于增强统一性,要抹平国家内部在道德方面的多样性,强行统一复杂多样的地方制度,确立通行于社会各阶层的单一法典与伦理。[④] 学院对于大学,无论是依附还是独立,大学都是它们的"大树"。从学院组织的纵向发展过程中可以看到,学院组织因为其组织能力的相对弱小,它们对于大学组织的依赖更能促进这种建立在学科基础上的组织发展。

(一)大学学院制内涵的研究

在高等教育领域,通常把西方大学学术组织的演进分为形成、发展、改革与完善三个阶段。不论是由行会团体衍生来的中世纪大学,还是后来的文学院、法学院、神学院、医学院,都是在知识发展与人才培养的基础上产生的。一般认为,德国大学基层学术组织的兴起与发展是近代欧洲大学基层学术组织的标志与缩影。当时的习明纳与研究所等科研组织以及讲座制不仅是德国大学基层学术组织的标志,也是欧美其他国家大学基层学术组织学习的榜样与楷模。[⑤]

进入20世纪以来,美国学习借鉴讲座模式的精髓,创立了具有自身特色的学系制,这里的学系是围绕一门学科组织起来的、相对统一的学术与行政管理机

[①] 〔法〕爱弥尔·涂尔干.教育思想的演进[M].李康,译.上海:上海人民出版社,2003:166.
[②] 〔法〕爱弥尔·涂尔干.教育思想的演进[M].李康,译.上海:上海人民出版社,2003:159.
[③] 〔法〕爱弥尔·涂尔干.教育思想的演进[M].李康,译.上海:上海人民出版社,2003:167-168.
[④] 〔法〕爱弥尔·涂尔干.教育思想的演进[M].李康,译.海:上海人民出版社,2003:169-170.
[⑤] 蔡珍红.现代大学基层学术组织特征与治理研究[M].重庆:重庆大学出版社,2012:31.

构。也就是说,学系具有权力分配二元性特点,它不只是一个学术组织机构,还是具有行政权力的管理机构。同时,若干学系又组成了学院,形成了校—院—系的三级结构。可以说,学系的产生不仅弥补了讲座制的不足,也给美国大学带来更大活力。伯顿·R·克拉克认为,学系、讲座或研究所之所以能成为高校系统内部的核心力量,是因为它们隶属于学院的同时,也属于学科,只有这样的组织实体才能把学科与学院融合为一体,汇集最中坚的力量,共同发挥作用。也就是说,处于组织基层的部门无论在哪里都很重要,因为较大的实体依赖它们发挥功能。① 近年来,相对于宏观层面、中观层面的研究,人们对于学院下设承担教学科研的学系(教研室)更为关注。

在大学基层学术组织的概念、属性、职能与特性等研究方面,陈何芳认为,基层学术组织是指最终实现大学教育教学、科学研究、社会服务等职能的最低层次的正式组织。② 基层学术组织作为大学的核心组织,是大学目的性活动的承担者,学科建设是其中心任务,学科发展、培养学生成才、扶植教师成长、提供社会服务是其四大职能。③ 之后,这一观点被众多学者认同、接受。张文静认为高深学问和学术性是学术组织的本质属性,是由发现、传递和保存高深知识为目的的一群人构成的实体单位。该单位中存在一系列正式的和非正式的结构,这些结构影响组织内部成员之间的关系和互动。④

在学院及学院制的研究方面,陈晓剑认为,学院一般是指实施本科生以上的高等教育机构。⑤ 戚业国认为,大学的学院是集教学、科研、行政管理等权利于一体的实体性机构,而且学院制首先是一种管理制度。⑥ 李泽或等人从三个角度分析了大学学院制的内涵:首先,从行政和学术权力的运作视角看,学院应当有较大的自主权,成为集教学、科研、人事、财务等权利于一身的实体性机构,应充分尊重教授的学术权力,应当在发展上维护大学的整体利益,促进学院间的协商与交流。其次,从学科群发展视角看,学科群是实施学院制的基础,它应按照学科分类体系、依托学科力量的逻辑内涵而建立。最后,从分权与集权的管理角度看,在学校与学院之间实行集权与分权相结合,有利于缩小管理跨度,分散校级

---

① 〔美〕伯顿·R·克拉克.高等教育系统——学术组织的跨国研究[M].王承绪,等,译.杭州:杭州大学出版社,1994:37.
② 陈何芳.中国大学基层学术组织改革研究[D].武汉:华中师范大学硕士学位论文,2002:4-5.
③ 陈何芳,陈彬.浅论大学基层学术组织的四大职能[J].现代教育科学,2003(5):25-26.
④ 张文静.大学基层学术组织变革研究[D].武汉:华中科技大学博士学位论文,2012:26.
⑤ 陈晓剑.从学院模式识别到学院的创立与调整[J].中国高教研究,1994(5):70-72.
⑥ 戚业国.论大学学院制度的形成、发展与改革[J].高等教育研究,1996(5):17-22.

领导的办学压力,调动基层办学的积极性,也有利于增强对外服务能力。①

(二)大学基层学术组织制度的研究

对于大学内部教研室制度的研究。赵大宇、朴雪涛从基层学术组织作为学术交流平台、知识探究场所、资料信息中心这三个功能来分析基层学术组织制度的建设路径。② 迟艳杰、闫华从伦理与知识论的角度来分析教授研究室制度。③ 冯景波以沈阳师范大学教授研究室制度为例探析大学基层学术组织制度的创新。④ 刘学利、闻万春认为教授研究室作为大学内部建设的重要组成部分,要构建教授参管、师生互动、学术权力下移的运行机制,需要相应的制度保障。⑤ 吕雪、王艳彪提出从服务本科教育角度来完善教授研究室功能。⑥ 这些研究,对于完善教研室制度,认清本书所研究的二级单位的基层学术组织的构成具有一定的积极作用。

在大学基层学术组织变迁研究方面。宣勇、张金福通过梳理大学基层学术组织的发展脉络,总结出基层学术组织的建设方向是学科制。⑦ 文军、石磊从组织效率、整体性出发,认为学术领袖对基层学术组织建设极其重要。⑧ 史秋衡、吴雪提出遵循知识发展是大学基层学术组织制度建设的内在逻辑。⑨ 王绽蕊从个案着手探析我国大学基层学术组织治理制度的转型。⑩ 项聪从历史制度主义视角梳理了我国大学基层学术组织变迁的制度逻辑,认为高校基层学术组织受制于宏观的"深层结构",我国高校基层学术组织变迁呈现出强劲的路径依赖现象,

---

① 李泽彧,曹迎霞.试论我国大学学院制的科学内涵和实行学院制必须解决的几个问题[J].吉林教育科学·高教研究,1999(2):3-6.

② 赵大宇,朴雪涛.大学基层学术组织创新的探索——沈阳师范大学实行教授研究室制度的理念与实践[J].中国高等教育,2004(20):14-15.

③ 迟艳杰,闫华.论教授研究室制度研究的伦理与知识论基础[J].沈阳师范大学学报(社会科学版),2006(2):11-13.

④ 冯景波.大学基层学术组织制度的创新——以沈阳师范大学教授研究室制度为例[J].现代教育管理,2010(11):36-38.

⑤ 刘学利,闻万春.定位与机制:教授研究室制度研究[J].煤炭高等教育,2012(7):69-70.

⑥ 吕雪,王艳彪.基于"大部制"的教授研究室服务本科教育功能的完善[J].辽宁科技大学学报,2012(1):60-63.

⑦ 宣勇,张金福.学科制:大学基层学术组织制度的创新[J].教育研究,2007(2):33-37.

⑧ 文军,石磊.论中国高校基层学术组织的形式和制度创新[J].重庆大学学报(社会科学版),2010(5):62-65.

⑨ 史秋衡,吴雪.大学基层学术组织制度建设的内在逻辑[J].中国高等教育评论,2010(12):218-230.

⑩ 王绽蕊.大学基层学术组织治理制度转型——基于案例的分析[J].黑龙江高教研究,2013(9):15-18.

变迁动力来源于政府与高校之间、高校内部的权力博弈,变迁特征主要表现为一种渐进式演进过程。① 相关研究对于大学基层学术组织的核心要素——学科予以确认,并对基层学术组织变迁的逻辑特点进行了梳理,为基层学术组织制度变迁研究奠定了基础。

在大学基层学术组织体制机制研究方面,大体上有以下几种观点:第一,大学基层学术组织存在差异性,应当允许不同形式的学术组织共存于大学这个大家庭之中。第二,大学基层学术组织的变革应当有利于学科建设,充分体现教授治学。如程家安、吴丹青认为高校应该调整内部的学术组织体制,不同的基层学术组织形式可以对应不同的教育教学和科学研究,非静态、复合型、多元化的基层学术组织形式也可以同时存在于一个高校内部。② 黄德宽认为,大学基层学术组织应该呈现多元化,基层学术组织改革的路径是共性和个性并存,改革形式和价值取向是多元化的。③ 赫冀成认为要积极探索科研教学相融合的基层学术组织。④ 丁三青等认为改革大学基层学术组织要适应科技创新与人才培养的需要。⑤ 李发伸从兰州大学基层学术组织的改革入手,分析组建的新型研究所有利于实现高校管理体制的科层管理同扁平管理的结合,有利于教授治学以及学科建设。⑥ 基层学术组织的体制机制受到关注,反映出基层学术组织弱小、被挤压的现实,而如何走出困境发挥其更大的作用是关键。

(三)大学学院制价值的研究

关于组织与管理价值的研究。杜作润认为大学学院有古典学院、专业(学科)学院、行政机构学院和独立学院等几种形态。⑦ 古典学院是具有财政自主权和独立法人地位的学院,典型的古典学院是牛津大学和剑桥大学内设的学院;专业(学科)学院是学校根据学科和专业特征相近、便于组织教学科研的原则而设立的,是一级行政机构;行政机构学院主要协调大学内部资源,对不同类别学生的教学进行组织和管理(如研究生学院、本科生学院、继续教育学院等);独立学

---

① 项聪.我国高校基层学术组织变迁的制度逻辑——基于历史制度主义的分析[J].中国高教研究,2011(6):23-28.
② 程家安,吴丹青.高校基层学术组织结构的调整与思考[J].中国高等教育,2004(20):12-13.
③ 黄德宽.构建基于多元发展趋势的大学基层学术组织[J].中国高等教育,2007(6):11-12.
④ 赫冀成.积极探索科研教学相融合的基层学术组织[J].中国高等教育,2005(3):29-30.
⑤ 丁三青,等.适应科技创新与人才培养需要改革大学基层学术组织[J].中国高等教育,2007(6):16-18.
⑥ 李发伸.组建新型研究所,激活教学科研基层组织[J].中国高等教育,2005(6):34-35.
⑦ 杜作润.学院识别及大学学术结构模式粗探[J].高等工程教育研究,1993(4):15-19.

院与专业学院类似,主要指一所大学只有一个学院。我国大学内部设置的学院一般指专业(学科)类学院,它在大学组织的框架下,受大学委托开展教学、科研和社会服务活动。

关于育人、科研与服务价值的研究。学院建制,要担负起各学科、专业教师之间正式和非正式的交流,使他们的学术思想、观点和信息有相互通达的机会;要为他们的研究合作牵线搭桥,鼓励相互学习、相互支援;要为学生在不同专业学科之间选修课程提供方便。① 张云鹰认为,大学设置学院的必要性主要表现在大学学科综合发展的需要、提高大学管理效率的需要、提高大学整体办学效益的需要三个方面。② 他认为,大学设置学院,一方面,从组织管理上为新学科的生长创造了条件,为形成综合性学科、边缘学科和交叉学科的形成提供了良好的培育土壤;另一方面,也为校长减少管理幅度、提高管理效率提供了组织基础。从人才培养角度审视,传统的学院制根植于学科割据的教育状态中,无论是教育体制、结构,还是课程设置、教学内容都适合于单一学科占统治地位的专才教育,而基于学科群的学院制是建立在学科间普遍联系与合作协调关系之中,有利于进行多学科、跨学科的综合教育,进而培养通才。③ 所以,有研究者认为,大学实行学院制的价值在于:有利于促进学科发展、理顺行政管理、优化资源配置、推动大学发展、加强学术交流等几个方面。④

(四)大学基层学术组织运行机制的研究

对于大学基层学术组织运行机制的研究,主要采用如下几种方法。

第一,个案研究法。这一研究法的运用比较普遍,它们主要探讨不同个案的特点、存在问题与解决办法。韩飞把研究型大学的基层学术组织作为研究对象,对这一类大学存在的问题及原因进行了详细分析,并以东北大学公共管理系的建设经验为样本,提出建设研究型大学基层学术组织的新途径。⑤ 王悦分析了沈阳师范大学教学研究室改革的成效与经验,详细论述了建设教学研究室制度的理论基础、合理性及特点、运行机制等。⑥ 朱磊以教学型大学基层学术组织为研

---

① 杜作润.学院识别及大学学术结构模式粗探[J].高等工程教育研究,1993(4):15-19.
② 张云鹰.大学设置学院的理论及实践[J].上海高教研究,1995(3):70-72.
③ 郭桂英.学科群与学院制[J].高等教育研究,1996(6):42-46.
④ 陈伟.学院制改革:大学内部结构重组与调适的途径[J].上海高教研究,1998(7):43-45.
⑤ 韩飞.研究型大学学习型基层学术组织建设途径研究[D].辽宁:东北大学硕士学位论文,2009:24.
⑥ 王悦.我国大学试行教授研究室制度的现状及其对策——以沈阳师范大学为例[D].沈阳:沈阳师范大学硕士学位论文,2009:23.

究对象,选取绍兴文理学院为案例,对大学基层学术组织改革进行了实证分析。①丛春秋以教学型大学基层学术组织为研究对象,选取苏州科技学院为个案进行研究,认为教学型大学基层学术组织建设要兼顾人才培养与科学研究的组织结构框架,进而能公平、合理地把资源配备到行政权力与学术权力中。② 这些个案研究重点关注大学基层学术组织的学术权力与学术资源配置。

第二,分类研究法。胡成功采用问卷调查方法研究了我国231所高校的基层学术组织现状与问题,从多个维度对大学基层学术组织的建设与运行进行了分析,得出不同类型学校存在不同的基层学术组织,归纳总结了基层学术组织存在的关键性问题,对此提出其创新思路与建议。③ 郑晓齐、王绽蕊合著的《研究型大学基层学术组织改革与发展》一书提出,我国研究型大学要建设、发展基层学术组织,就要遵循学科发展规律,有效的大学基层学术组织要以知识为逻辑,提出从组织结构模式、管理体制、运行机制进行改革。

第四,组织分析法。迟景明认为,承担教学与科研任务的大学基层学术组织是学术组织成员进行自主探究高深知识的领地。他们在这里进行人才培养,传递高深知识,为社会提供服务。可以说,他们是大学学术发展的领航者,充分行使学术权力是他们的自由,而具有服务性的行政权力不应该是控制性的,而是要为他们创设宽松的工作环境。④ 大学组织系统始终围绕基层学术组织进行工作,因为大学"生产力"的高低是由基层学术组织决定的,即便是大学管理体制与激励制约机制,也是建立在人力、科技等资源的有效配置之上的。⑤

第五,比较研究法。邢耀荣认为大学内部管理体制已经与大学外部制度环境不相适应,他以基层学术组织作为大学内部学术管理的基本单位,对国内外研究型大学进行分析,并结合兰州大学的改革实践,探寻基层学术组织的改革模式和发展趋势。⑥ 蔡珍红的《现代大学基层学术组织特征与治理研究》以国外大学基层学术组织治理模式为参照,认为我国大学基层学术组织治理要从治理战略、

---

① 朱磊.高等学校基层学术组织改革研究——以绍兴文理学院为例[D].杭州:浙江师范大学硕士学位论文,2010:37.
② 丛春秋.教学型大学基层学术组织建设创新研究——以苏州科技学院为例[D].苏州:苏州大学硕士学位论文,2012:43.
③ 胡成功.高等学校基层学术组织现状与问题——全国231所高等学校问卷调查报告[J].上海高教研究,2003(6):38-46.
④ 迟景明,张弛.大学组织特性及其学术组织创新的价值导向[J].现代教育管理,2012(6):1-5.
⑤ 周楠.我国研究型大学基层学术组织的改革[D].兰州:兰州大学硕士学位论文,2013.47.
⑥ 邢耀荣.研究型大学基层学术组织改革研究——以兰州大学为例[D].兰州:兰州大学硕士学位论文,2007:37-40.

权力配置、制度保障这三个方面进行。

已有研究运用不同的研究方法把握大学基层学术组织的运行机制,基本上反映了基层学术组织的运行存在共性与个性、借鉴与发展、历史与现实相统一的特征与规律。

(五)大学精英学院的研究

1. 精英学院本质的研究

随着我国高等教育改革的深入,我国高校积极尝试成立精英学院,以期通过专门的学院进行拔尖创新人才培养的探索。关于精英学院本质的问题,包括"是什么"和"如何生成"的问题。

第一,精英学院是什么?对于"精英学院是什么"的问题国内研究者似乎并没有过多争论与探讨,仅是凭借个人对精英学院的理解给出概念的界定。如易萍认为精英学院是指高校为了对拔尖创新人才进行特殊培养而特设的组织机构。[①] 陈金江将本科精英学院定义为在本科教学改革不断深化的过程中出现的,以培养本科拔尖创新人才为导向的一种特殊探索性组织机构。[②] 这些关于精英学院的认识仅从其功能角度进行了描述,并未进一步深入阐明其本质,或许精英学院的内涵还未受到研究者的集中关注。笔者认为精英学院"是什么"对于我国精英学院的发展具有重要的指引作用,需要对其进行重点剖析。

第二,精英学院如何生成?精英学院的产生是精英学院的本质问题之一。在精英学院的实践中,有很多人对其持有怀疑甚至反对的态度,但是精英学院这一内部组织还是在我国本科高校中产生并不断发展,这背后的原因是什么?目前仅有刘献君和张晓冬基于组织理论的新制度主义理论认为,精英学院组织的生成主要遵循的是制度合法化和资源依赖,即适应制度环境的发展逻辑。[③] 其观点论述具有一定的合理性,但是,笔者认为,外部的推动对于精英学院的生成具有重要的作用,却并不全面。如果假设仅仅因为制度合法化就全部一拥而上,不考虑培养理念、高校本身的目标与特色等,精英学院未来的发展命运则会令人担忧,想必这样的高校战略决策存在着较大的风险。

---

① 易萍. 我国研究型大学拔尖创新人才培养模式研究——以精英学院为例[D]. 成都:西南交通大学硕士学位论文,2014:10.
② 陈金江. 中国大学本科精英学院运行模式研究——基于多案例的分析[D]. 武汉:华中科技大学博士学位论文,2010:9.
③ 刘献君,张晓冬. "少年班"与"精英学院":绩效诉求抑或制度合法化——基于组织理论的新制度主义分析[J]. 现代大学教育,2011(5):8-15.

2. 我国精英学院运行的研究

第一,宏观层面的研究。主要对精英学院的发展概况(如规模、特征等)进行的调查与总结。自1978年精英学院的雏形"少年班"开始,我国高校精英学院已经有三十几年的历史。近年来,高校精英学院的发展尤为迅速。易萍对我国研究型大学精英学院的发展概况进行了调查,研究结果显示,截至2013年,39所研究型大学中已经有20所综合类研究型大学成立了专门学院进行拔尖创新人才培养。① 廖颖通过查询75所教育部直属高校和39所"985工程"高校的相关网站资料并进行汇总得出,全国共有26所高校成立精英学院。② 但这些数据仅仅是对部分类型高校精英学院状况的呈现,对我国本科高校精英学院整体发展概况的调查数据依旧欠缺。

第二,微观层面的研究。主要针对已有精英学院的具体实践进行介绍,以期通过总结、归纳、提炼共性要素,为大学进一步开展拔尖创新人才培养提供可以用来指导实际操作的模式,进而转化为推动拔尖创新人才培养的举措和实际的政策建议。具体包括以下几个方面:一是管理方式的创新。钟蓉戎、吕成祯将书院制的管理模式引入精英学院的人才培养,认为书院制的教育管理模式能够提供专门的育人空间,有助于促进优秀学生全面发展。③ 二是运行机制的总结。陈金江以多案例为研究方法,探讨我国五所精英学院的运行模式,并总结出各自模式的特点。如浙江大学竺可桢学院的拔尖创新人才培养采用的是交叉混合模式,南京大学匡亚明学院的拔尖创新人才培养采用的是大学科模式等。④ 三是培养模式的归纳。易萍通过对精英学院的培养目标、培养制度、培养途径等几个方面进行分析得出,目前我国精英学院的培养模式具有一些共性特征:培养目标都是为追求卓越,培养高质量、高素质人才;在人才培养途径上,教学模式从以教师为主转变成以学生为主,主要采用研究型教学、小班教学、探讨式教学等方式;在课程体系设置上,虽然不同学校设置的专业不同,但在课程模板上设置通识课程、大类基础学科、专业课程以及个性化课程。⑤ 四是培养成效的实证研究。廖

---

① 易萍.我国研究型大学拔尖创新人才培养模式研究——以精英学院为例[D].成都:西南交通大学硕士学位论文,2014:10.

② 廖颖.高校精英学院人才培养的现状与走向研究——以西南交通大学茅以升学院为例[D].成都:西南交通大学硕士学位论文,2014:15.

③ 钟蓉戎,吕成祯.荣誉学院实行"书院制"管理模式的探索[J].煤炭高等教育,2014(5):81-85.

④ 陈金江.中国大学本科精英学院运行模式研究——基于多案例的分析[D].武汉:华中科技大学博士学位论文,2010:16.

⑤ 易萍.我国研究型大学拔尖创新人才培养模式研究——以精英学院为例[D].成都:西南交通大学硕士学位论文,2014:24.

颖通过问卷与访谈调查西南交通大学茅以升学院,分析其在拔尖创新人才培养中取得的成效以及存在的问题,最终得出我国高校精英学院的人才培养应准确定位,不断完善培养体系,确保资金投入和优秀的教师资源等建议。[1]

3. 我国精英学院学生发展的研究

精英学院作为高校拔尖创新人才培养的重要途径,其培养对象主要是各高校的拔尖优秀学生。在培养实践中,研究者意识到通过对学生各方面发展现状的了解,可以及时发现问题、解决问题,更有针对性地加以教育与引导,从而促进拔尖创新人才的培养。

首先,关于教育内容的研究。精英学院学生的思想政治教育情况直接关系着拔尖创新人才的培养成效。王冰和李希认为目前精英学院的大学生存在知与行、优越感与现实表现、高度期望与现实操作、荣誉感和压力感等方面的矛盾。精英学院要积极转变思想教育理念,改进教育方法,优化教育环境以及加强引导,以确保学生思想健康发展。[2]

其次,关于学生发展规划的研究。其中学业规划与职业生涯规划是其中较为关键的两个问题。学业规划,是大学新生通过确立自己发展目标,制定阶段性或者长期学业知识及综合能力培养计划,以确保自身高质量地完成学业,为成功实现人生抱负或开展职业生涯打好基础。齐姗和李庆龙认为精英学院的教育管理者应高度重视新生的学业规划,开展精英学院新生的学业规划教育。这样有利于增加学生的自学能力,培养学生的综合素质,提高学生的社会竞争力。[3] 职业生涯规划是指针对个人职业选择的主观和客观因素进行分析和测定,确定个人的奋斗目标并努力实现这一目标的过程。张慧等调查的结果显示精英学院的学生在职业生涯规划上目的性与盲目性并存,但目的性更强;个性多,共性少,选择多元化;继续深造率高,但从事科研的比例尚不够高等特点。[4]

再次,关于影响因素的研究。学生的学习过程是一个智力因素与非智力因素相互作用的过程。通过对精英学院学习优秀生进行非智力因素特征的调查,张慧等发现精英学院优秀学生的学习目的性强、指向性明确,学习动力主要来源

---

[1] 廖颖.高校精英学院人才培养的现状与走向研究——以西南交通大学茅以升学院为例[D].成都:西南交通大学硕士学位论文,2014:36.
[2] 王冰,李希.高校荣誉学院学生的思想现状、成因及对策研究[J].高等教育研究(成都),2013(2):12-15.
[3] 齐姗,李庆龙.荣誉学院新生学业规划指导现状及对策[J].东方企业文化,2013(6):260.
[4] 张慧,钟蓉戎,陈劲.荣誉学院学生职业生涯规划调查与分析[J].高等工程教育研究,2010(4):123-126.

于内驱力,并且普遍具有良好的性格。① 可见,非智力因素对人的成长起到至关重要的作用。我国部分高校的精英学院采取"双向管理"的培养模式,即学生的专业教育由专业学院提供,素质教育由精英学院负责,这就引起学生对于精英学院的归属感问题的探讨。李慧晓杉等从个案研究着手,认为要加强精英学院学生的归属感必须加强学院与学生的联系,加强学院的文化内涵建设,激发学生参与学院活动的热情,积极关注学生的心理活动。②

三、相关研究述评

综上所述,学者们主要从四个方面开展相关研究:第一,关于基层学术组织在不同历史发展阶段特点的研究;第二,关于基层学术组织自身属性、在大学发展中的作用的研究;第三,运用制度主义理论来研究基层学术组织;第四,关于基层学术组织的不同存在形式的研究。多数研究是高校管理者从管理活动过程中找到问题根源并提出相应对策。这些研究引发我们思考的问题是:大学基层学术组织变迁的逻辑前提是什么?我们认为,大学基层学术组织的属性及其作用是大学组织制度变迁的内在规定性。

(一)大学基层学术组织属性

大学这一学术组织,有其自身的特殊属性。在社会系统中,很少能找到大学这种将教学与研究两种活动融于一体的机构,其内部由若干基层学术组织构成,这些基层学术组织呈现如下属性:第一,学术性是其本质属性;第二,组织结构具有松散性;第三,工作技能具有较强的专业性。

1. 学术性

任何一个组织的存在都是围绕它的中心任务和目的形成自身的独特性,大学基层学术组织存在的意义是它的学术活动,在一个高度专业化的学术活动中,主要围绕如何培养国家、社会所需人才,如何创新、发展知识等。第一,学科知识和专业是大学建设基层学术组织的重要基础;第二,传递、研究高深知识是这一学术组织的主要活动;第三,大学教授是最主要的基层学术组织成员,学生是他们的服务对象;第四,大学基层学术组织始终需要一种自在的、自主的管理方

---

① 张慧,钟蓉戎,陈劲.荣誉学院学习优秀生非智力因素特征分析——以浙江大学竺可桢学院为例[J].高等工程教育研究,2011(5):144-147.
② 李慧晓杉,王冰."双向管理模式"下荣誉学院培养学生学院归属感路径初探——以江南大学至善学院为例[J].教育教学论坛,2013(10):203-205.

式。①

在长期的历史发展中,大学组织曾经有过宗教性、学术性、行政性、产业性等的讨论。大学组织的宗教性孕育了学术性,使得大学最终摆脱了宗教的掌控。作为大学细胞的基层学术组织,学术性成为其根本属性。行政性、服务性都是在学术性基础上的延伸与拓展,与学术性相比,它们永远是阶段性的从属特性。只有学术性,才是贯穿大学基层组织始终,并决定大学性质的本质属性。可以说,学术性是其集中体现,这里的学术性并不是将大学与社会脱离开来成为与世隔绝的象牙塔,而是以人才培养与知识创新为基础向社会广泛延伸,接受社会制约,并服务于社会的发展。由此看来,大学基层学术组织功能的实现要遵循以知识为中心的学术属性。②

无论是教学、科研,还是社会服务,"高深知识"是大学基层学术组织存在的根基,虽说这种学术组织间也同样存在知识类别的差异。总之,对知识的加工、创造是大学基层学术组织最核心的特征,这里的知识,是复杂的高深知识、专业知识,并非人人能掌握的普通知识。大学基层学术组织是通过专门的教与学来探究、发展高深知识,同时具有一套严格的学术规则。因为研究具有专门化特点,在学术活动中,师生发挥着重要作用,而且师生是一种平等互利的关系,并非行政组织的科层等级制。所以说,基层学术组织是一个有共同目标与信念的学术共同体,对其成员有较高要求。基于上述分析,我们认为,这些特点都反映了基层学术组织的本质属性——学术性。

2. 松散性

松散性是指大学基层学术组织之间相互关联却又保持各自特点。以高深知识为操作对象的基层学术组织在进行教学、科研活动的同时,专门化程度越来越高。因为每一个知识领域都存在深奥性和个体行为的选择性,进而会反对过多的外部干预和约束。可以说,以学科为主的每一个基层学术组织都是一种学科性组织,整体上呈现分化和松散的特征。随着学科和专业领域的日益专业化,其聚集形式越来越松散,正是以追求高深知识为中心,才形成了基层学术组织的松散特性。

从基层学术组织的构成主体——学术组织人员之间的关系来看,大学基层学术组织内部人员之间也是松散结合的。这些从事高深学问的教学、研究的学

---

① 杨明.论中国高校基层学术组织创新的问题和对策[J].浙江大学学报(人文社会科学版),2010(6):45-46.

② 李桂荣.大学组织变革之经济理性[M].北京:中国社会科学出版社,2007:40-43.

术主体(教授、专家、学者)之间具有相互关联性,但仍保留了各自的特点与独特性。与其他单位部门的不同体现在:大学教师习惯独自工作,哪怕在学术研究中,很少见到他们互动与交流,也很难在他们中间找到相互依赖、相互依存的现象。在学术研究中,他们各自为政,处于一种无政府状态,每个人可以从自己的兴趣中找到研究起点……先前建立的秩序可能会不断地被打乱。正是这种松散性,才能解释大学基层学术组织存在的合理意义;正是这种松散联合性,是任何一个紧密联合的系统所不能承受的;正是这种松散联合,组织成员才具有更大的自决性,从而使他们提高处理事务的水平,在他们中间产生更大的效能感。① 正如伯顿·R·克拉克所说,"学科、专门知识和专业化无序状态的逻辑是大学底层结构的基础,这是其他任何严密的组织通过控制所无法取得的效果"②。

在工作中,大学教师始终处在一种松散结合的、独立自主的状态,在整个组织运行中,他们就像是一个控股公司中的不同知识群,各自奋战。他们位于专业知识的尖端,在自己熟悉的领域活动,即便是合作,坚持一贯的、分散式工作与活动是他们的风格,而且,在评价学术主体中,对教师独立工作能力的评估是主要成分。③ 基层学术组织拥有制度性保障,是因为这种松散状态的存在激活了个体的创造力与部门的发展动力。这种有些混乱、无序的松散联合是非人为的、非预设的,或多或少地会对行政权力产生影响。这不能不说是大学教学、学术、研究自由的根本所在。④

3. 专业性

大学是进行高等教育的场所,是探究高深学问的重要阵地,学院(系)等基层学术组织与其他组织的不同在于技术的专业性。"大学组织的基层有各种知识群,专业人员是这些知识群的主体。不同的专业人员在各自领域驾驭并运用这些知识群。可以说,他们在科学研究中扩大,甚至构成知识群;当他们从事科研之外的学术工作时,保存、批判并改造知识群;在教学时,他们会把知识群的某些或一些部分传授给学生,帮助学生理解、吸收知识群,教会学生如何运用这些知识群,或许还要鼓励学生以这样的活动为职业。如果说用知识工作是大学教学人员、科研人员的最大共同点,那么普通知识则是他们最小的相似点,因为他们

---

① 向东春. 大学基层学术组织的属性透视[J]. 高等工程教育研究,2006(3):104-106.
② 〔美〕伯顿·R·克拉克. 高等教育系统——学术组织的跨国研究[M]. 王承绪,等,译. 杭州:杭州大学出版社,1994:311.
③ 王志彦. 中国大学学术组织结构与运行模式研究[D]. 辽宁:辽宁师范大学博士学位论文,2008:70.
④ 李海萍. 大学学术权力现状研究[D]. 长沙:湖南师范大学博士学位论文,2010:177.

都是站在高深知识的专业化尖端。虽然他们可以从不同的方向进行工作,收获不同的成果,有时他们也希望能有把他们的成果重新综合起来的理论或方法,但是这并不妨碍他们依旧分散地、独立地进行自己的工作……因为工作任务不同,专业人员使用的技术也不同,因此不同专业人群就汇聚为具有不同'思想风格'、运用不同专门技术进行工作的、与众不同的'思想团体'。不同团体都会化身为各自不同'学科'或不同专业训练领域的权威代表。类似于这样的组织团体往往占有一个由某种必需的在这些专门知识的工作阵地。①"

通常情况下,外部人员很难理解或弄清大学基层学术组织成员使用的专业技术,而且专业人员是追求独立自主的、不受监督的工作自由,专业人员要求同行评价其工作。在外行看来,大学基层学术组织是复杂的、神秘的,以至于大学中存在的官僚体系、等级制度、科层化的管理与控制方式都会在这种专业性管理模式中被消减弱化。②

(二)大学基层学术组织的作用

可以从大学作为社会组织中的一个机构所承担的职责和应发挥的能力来理解其特点。知识作为大学组织的基本材料,发现、保存、提炼、传授和应用知识,都是以研究和教育为主要工作技术,通过外界的交流与沟通实现人才培养、科学研究及社会服务。③ 基层学术组织是大学职能发挥的基础,是大学生产力的第一线。④ 大学培养人才、发展学科、服务社会的职能最终也通过教学、科研来实现。此外,基层学术组织是大学教师的集体组织,其职能是促进教师专业化和能力的提升。所以,大学基层学术组织的职能主要体现在培养学生成才、帮助教师专业化发展、推动学科专业建设与发展、提供人民满意的社会服务等几个方面。⑤

1. 培养学生成才

大学是培养高等专业人才的地方,基层学术组织就是这一职能的承载体,如我国 20 世纪 50 年代进行的院系调整,教育部实施了《高等学校暂行规程》,其中第六条规定"大学要在内部设置学院,并在学院内设若干学系;由中央教育部来决定学院(系)的设立与变更之"。同时规定,"教学的基本组织是教学研究指导组(教学研究指导组),是由一种课目或性质相近的几种课目的全体教师组成

---

① 〔英〕迈克尔·夏托克. 高等教育的结构和管理[M]. 王义瑞,译. 上海:华东师范大学出版社,1987:14-15.
② 陈何芳,陈彬. 试论大学基层学术组织的四大特性[J]. 江苏高教,2003(2):25-26.
③ 胡仁东. 大学组织——价值及职能[J]. 现代教育管理,2010(2):14-15.
④ 季诚钧. 大学属性与结构的组织学分析[M]. 北京:人民教育出版社,2006.150.
⑤ 陈彬,陈何芳. 浅论大学基层学术组织的四大职能[J]. 现代教育科学,2003(5):26-28.

之"。"大学和专门学院的系,是教学行政的基层组织,分设一个主任等,其职责如下:组织开展本系的教学行政工作;督导执行本系教学计划;领导、检查本系学生的学习情况;考核本系学生成绩;总结本系教学经验;提出对本系教职员任命的相关建议与意见。"

　　1950年,政务院批准《关于实施高等学校课程改革的决定》,指出学系是高等学校人才培养的教学单位。教学研究指导组(又叫教研组)是教学活动的场所,也是研究教学的活动场所,这里的教师可以由同一门课程或相近的、能够相互联系的几门课程的组织成员构成。为了保证专业人才的培养质量,每个专业都要根据开设的课程或课程组来设置一个或若干个教研室。在系的指导下,教研室的任务是对课程的安排、教学的组织、教学计划的实施、教材的编写及使用等。20世纪90年代末,陈至立指出,高校的根本任务是培养人才,培养社会主义的建设者和接班人,而人才培养的中心环节就是基层学术组织的教学工作。当然,学校要为经济建设服务,要搞科研,这些都是必要的,但如果没有教学这项基本工作,学校就没有立足之地。① 由此看来,大学基层学术组织不管以什么样的形式存在,在培养学生成才方面具有不可替代的作用。

　　2. 助推教师发展

　　大学教师专业化是提高高等教育质量的重要保障。所谓大学教师专业化发展可以从两个方面来理解:狭义的大学教师专业化是指大学教师个体的专业化,包括实际的教育教学能力、管理能力、科学研究能力;宽泛地讲,往往把高校教师专业化理解为大学教师职业的专业化,本书主要选取前一含义。正如有学者认为大学教师专业化发展作为大学教师自我完善、提高行业素质和职业地位的一个动态、发展、终身的学习化过程,是提高大学教师素质、修养与技巧的重要途径②,如果说具备科学研究能力是大学教师专业化发展的重要条件,那么提高教学学术水平就是高校教师专业化发展的关键因素③。大学教师专业化发展最终是要走向教学与科研的统一,实现学术性与育人性的融合,在知识结构上不仅具备本体性的学科知识,也要有传递学科知识时的条件性知识,如掌握教育教学法、教育心理学等。

　　最初的大学基层学术组织就是教师团体组织,教师各方面素质与能力水平的提高有赖于合理、有效的基层学术组织形式。教学方面,单靠教师个人的单打

---

① 何东昌.中华人民共和国重要教育文献(1998—2002)[M].海口:海南出版社,2003:58.
② 刘恩允,韩延明.大学教师专业化的内涵、问题与对策[J].教育发展研究,2007(6A):56-59.
③ 刘桂莲.教学学术——高校教师专业化的重要视角[J].教育研究与实验,2009(4):41-43.

独斗是不可行的,为了使教师在教学上少走弯路,在集体中更快成长,需要经常开展研讨性活动。在活动中,教师的教学水平、教学能力会潜移默化地得到提高。信息技术发展如此迅速、社会不断进步,大学教师面临更严峻的挑战,在学术研究中,更多的是要求团队合作与协同。这样的共同劳动可以提高工作效率,又可以提高组织的声誉,进而促进组织成员的发展。因为组织成员要快速成长,其前提要能够进行合理有效的分工合作,在合作中竞争,在竞争中合作。只有这样,大学教师才能进一步提升自身的能力及水平。

3. 构建知识体系

"学科"在《辞海》中的定义是"学术的分类,指一定学科领域或一门科学的分支"和"教学的科目"。"学科建设"通常是指发展学科水平的过程,在这一过程中高校经常以投入硬件、积累软件、优化学科结构的方式进行。在大学基层学术组织中,学科建设的表现形式主要是组织并建设学术梯队、提高学术水平、健全学术管理的相关制度。学科建设是基层学术组织完成教学、科研和队伍建设等任务的基础。教师的科研水平能得到提高,很大方面依赖学科的发展,教师要想准确把握知识领域的最前沿,自身的知识体系就要不断更新,在教育教学中能自如地运用并体现其科学思想。

我们知道,大学基层学术组织在职能定位上,如果只注重科学研究工作,就会与大学的本意相违背,所以大学基层学术组织不仅要进行科学研究,还要着力于培养人才。围绕学科专业建设,大学基层学术组织能够在传递知识的基础之上,发展知识、创造知识、应用知识。大学基层学术组织成员既是教育者,又是科学研究人员。所以,大学基层学术组织的人才培养、科学研究及社会服务等职能的实现须以学科建设为基础。

4. 提供社会服务

大学的第三个职能是提供人民满意的社会服务。大学要实现其服务社会的职能,最终要靠其基层学术组织来落实。

首先,提供什么服务。大学基层学术组织提供的社会服务是知识服务,其他任何组织都不会像大学那样蕴涵教育性、研究性。作为探索高深知识的场所,大学通过自身特有的学术性来影响社会、服务社会,这种学术性恰恰体现在基层学术组织。

其次,如何提供服务。克拉克·克尔认为,大学是以这样的活动来推进社会服务:培养教师、绅士、律师、传教士及医生及以外的人才;进行的科学研究也与耕作、制造技术有密切联系;只要大学的某个部门是服务社会的,那么它在很大程度上是服务于社会的所有政治和经济部门等。① 此外大学基层学术组织能从它提供的社会服务方面获得一定的经济效益。

综上可知,任何组织要履行好自身职责,最重要的是要对自身有一个清晰透彻的认识,要不断完善发展自身。大学基层学术组织亦是如此。培养学生成才、帮助教师专业化发展、推动学科专业建设与发展及提供人民满意的社会服务这四个方面的作用构成了大学基层学术组织的变迁基础。

第三节　研究对象与研究方法

本书把范围聚焦于新中国成立之后的大学基层学术组织,以我国高校院系调整的20世纪50年代为研究原点。在研究样本的选择上,由于我国高校改革制度自50年代初采用的是试点式改革,从点到面地进行展开,所以把10所教育部直属大学作为研究对象,具有一定代表性,也能从局部考察新中国成立后大学基层学术组织的变迁轨迹。

一、概念界定

本书中的"大学"(university)指主要培养本科及本科以上专门人才,其主干学科要具备3个或3个以上的不同学科门类,教育教学、科研力量及研究水平要达到较高程度的高等学校。② 这里,不能抛开"大学"这一主体来理解"基层学术组织",因为就学术组织主体而言,可以分为大学学术组织、国家科研组织、企业研发机构,而"大学的基本特性在于人才培养"③。

(一)大学基层学术组织

学术组织是指通过追求高深知识而承担学术职能的组织。④ 在我国,多数学者认为大学基层学术组织是隶属于大学纵向结构中的、最低层次的正式组织,这一组织承担大学教育教学、科学研究、社会咨询服务等职能。如向东春认为,大学基层学术组织是指和外部宏观组织管理和内部中层组织管理相对应而存在的,以知识继承和创新为目标的,承担大学发展的细胞组织,承担了大学基本的

---

① 〔美〕克拉克·克尔.大学的功用[M].陈学飞,译.南昌:江西教育出版社,1993:33.
② 刘献君.论高校学科建设[J].高等教育研究,2000(5):16-20.
③ 刘献君.大学之思与大学之建[M].武汉:华中科技大学出版社,2013:103.
④ 史秋衡,吴雪.大学基层学术组织制度建设的内在逻辑[J].复旦教育论坛,2009(5):28-35.

教学、科研和社会服务三大职能的组织。① 也有学者把"基层学术组织"定义为大学纵向结构中最低层次的学术组织,这一组织是以处理高深学问为主要任务,在这个学术共同体中存在着不同的专业人员,他们拥有的高深学问可能相近,也可能是相互联系的。② 认识一个事物要从不同角度来看,学者们试图给出一个精准的定义,但目前似乎还没有定论。但由上述分析,至少我们可得出:大学基层学术组织是大学这一社会组织实现人才培养、科学研究、社会服务等职能的主要阵地,是知识生产、传播与运用的载体;它既是教学组织、科研组织,同时也是大学服务社会的直接单位。

本书认为"大学基层学术组织"的含义可以从"大学""基层""学术""组织"这四个关键词来理解。从广义上理解,"大学"是传递、创新、保存高深知识的组织机构。大学的"基层"并不仅仅指大学纵向结构中的最低层,如《现代汉语辞海》对"基"的解释是"起头的""根本的"③,含有"底部重心"之意。《语言大典》把"基"解释为 essential:首先,指构成某种事物的结构、核心或条件方面是必不可少的;其次,属于某种事物本质的一部分。另一个解释是 underly,指在下面或在底下,但就本书的研究对象的性质而言,不仅包括这方面的含义。

本书中的"基"有"基础的、核心的"含义。"学术"即系统的知识,主要以高深知识为操作对象,代表大学组织的永恒属性。《现代汉语辞海》对"组织"的解释是"按照一定的宗旨和系统建立起来的集体"④。《语言大典》把"组织"解释为 organization:第一,事物的系统或各部分间的配合关系;第二,按照一定目的、任务和系统结合的集体,即组织强调群体性,而非个人形态。⑤ 在管理理论中,"组织"一词通常包括两个相关的含义:一是呈现为社会实体的组织(organization),另一个是作为(动词)的组织(organize)。从名词组织——社会实体看,组织指的是组织机构,不仅是一种组织结构安排,也是其相应的组织形式;从动词的组织来看,主要指一个组织的结构设计及如何设置组织机构。⑥

本书是针对前一个含义,即对作为名词实体的组织进行研究。我们知道,大学组织结构是大学组织机构的安排、序列与活动形式,它是由行政部门与学术性部门在多层次上相互交叉构成的。如果把"校—院—系(所、中心、室)"看作学校

---

① 向东春.大学基层学术组织的属性透视[J].高等工程教育研究,2006(3):104-106.
② 郑晓齐,王绽蕊.研究型大学基层学术组织改革与发展[M].北京:清华大学出版社,2009:21.
③ 现代汉语辞海编辑委员会.现代汉语辞海[Z].北京:中国书籍出版社,2011:471.
④ 现代汉语辞海编辑委员会.现代汉语辞海[Z].北京:中国书籍出版社,2011:1422.
⑤ 王同亿.语言大典(上册)[Z].海口:三环出版社,1990:4612.
⑥ 薛天祥.高等教育管理学[M].桂林:广西师范大学出版社,2001:219.

行政序列,那么"理学院、文学院、教育学院、工学院、管理学院"等就构成了学术性部门,正是不同类型部门间的交融与合作才有了所谓的矩阵网络系统。①

本书认为,大学基层学术组织(Essential Academic Organization in the University)是指大学学术管理核心层次,以教学、科研、服务展开工作,具有一定自治权的学术共同体,也即我们通常所说的大学的二级教学科研单位。同时参照德国"讲座制"、美国"学系制","学院(系)"作为我国高校内部的操作层,又是管理层(具有相当决策权),负责完成大学各项业务工作。即本书把这些"学院(含具有学院功能的学部、系)"等学术性部门作为大学基层学术组织的具体表现形式,以此展开研究。

需要指出的是,这里的"学院"是作为大学内部的一种学术组织,是以某一学科或学科群建立起来的,构成大学基本的教学科研单位。大学中的各个学院与大学其他部门分工协作,共同完成大学使命。

(二)精英学院

美国分析教育哲学家谢佛勒在其著作《教育的语言》中提出了三种定义的方式:描述性定义、规定性定义及纲领性定义。描述性定义是指对对象实际是什么做出的回答,是对事实的描述;规定性定义是使用者自己界定的,是创制的定义;纲领性定义是对事物应该是什么的表述,反映了人们对事物价值的判断和追求。② 三种定义的思维路径各不相同,描述性定义是客观地解释一种现象,规定性定义是基于个人的独特理解,而纲领性定义则是陈述一种价值规范。

基于精英学院是高校内部一个实体性机构的特点,因此本书采用描述性定义的方法,旨在客观描述精英学院的事实,揭示精英学院的本质特征。通过对实际对象的理解与分析,本书认为,精英学院是指高校内打破以学科分类的传统专业学院壁垒,选拔部分优秀学生,通过系统化的培养模式创新进行特殊培养,以期培养各类拔尖创新人才,并且具有相应实体建制的二级教学单位或二级机构。

(三)制度变迁

根据诺思的理解,"制度"是一系列被制定出来的规则、守法程序和行为的道德伦理规范,它旨在约束追求主体福利或效用最大化利益的个人行为;而"变迁"则是指制度创立、变更及随着时间变化而被打破的方式。③ 制度规定了人与人之

---

① 杨德广.高等教育管理学[M].上海:上海教育出版社,2006:196.
② 王枬.教育原理[M].桂林:广西师范大学出版社,2001:16-18.
③ 〔美〕道格拉斯·C·诺思.经济史中的结构与变迁[M].陈郁,罗华平,等,译.上海:上海三联书店、上海人民出版社,2002:225-226.

间的各种关系,而制度变迁就是改变了人与人之间先前的固定关系,从而达成一种各方利益均衡的共同体关系。对于本书的大学基层学术组织,我们认为,制度变迁是指基层学术组织在政府问责、社会需求、学术共同体要求、学科演变逻辑等内外部环境变化的条件下,行为主体根据相关利益群体的价值诉求,改变其结构、构成方式、运行规则以重新确立人与人之间关系的过程。

二、研究内容

本书中,重点梳理新中国成立后,我国大学基层学术组织制度是如何变迁的,找出变迁的原因。主要内容有五章,第一章介绍选题背景及意义、概念界定,对国内外关于大学基层学术组织的相关研究进行综述,提出研究思路、研究方法等。第二章主要探析我国10所重点大学基层学术组织变迁的历史过程,通过调查分析,总结出我国大学基层学术组织变迁的模仿借鉴、自主探索、快速转向的三个阶段。第三章主要从基层学术组织的管理体制及其负责人排序的实证研究探讨我国基层学术组织制度安排的现状。第四章以全国782所本科高校为对象,调查设有精英学院这一内部机构的高校数量及其具体运行状况。基于国内外相关研究、文献资料与最终调查结果,按照"是什么、为什么、怎么做"的总思路对我国高校精英学院进行研究,试图回答两个问题:一是我国高校精英学院的本质问题(是什么、为什么);二是我国高校精英学院现状以及实践中存在的问题(怎么做)。第五章对近年来出现的学部、中外合作办学学院两种基层学术组织形式在实践上所作探索的分析与研究,力图探寻我国高校基层学术组织创新的路径、方法与策略。

三、研究思路

本书以制度变迁理论为理论基础,从历史的视角考察我国高校基层学术组织制度演变的影响因素、特点和规律;从整体与局部视角即基层学术组织管理体制和负责人排序方面分析我国高校基层学术组织的现实制度安排;从理论与实践视角考察我国高校精英学院的产生与发展;从制度创新视角审视学部制改革的趋势、中外合作学院形成等。通过研究,形成对我国高校基层学术组织制度变化的整体认识。

四、研究方法

(一)文献分析法

通过查阅相关文献并利用网络系统对相关高校信息进行搜索,收集前人的研究成果、基层学术组织的运行现状并进行认真梳理分析，了解现状，为本书做好铺垫。

(二)历史研究法

通过对我国大学基层学术组织变迁的现实状况进行客观分析，并总结其变迁规律，对我国10所大学基层学术组织变迁的实例进行历史回顾，总结出基层学术组织变迁的逻辑过程及影响因素，从而获得启发。

(三)比较研究法

纵向上，以不同时间段的大学基层学术组织为研究对象，分析我国大学基层学术组织是怎样变迁的、为什么会变、哪些因素促使其变化；横向上，对不同类型大学基层学术组织进行比较，预测我国大学基层学术组织变迁的趋势。

(四)调查研究法

第二章着重调查10所高校基层学术组织的变化，探寻其内在特点、趋势与规律；第四章以全国782所本科高校为调查样本，利用各大高校网站等渠道查阅我国高校精英学院概况，包括各精英学院的成立时间、历史演变、成立原因与背景、成立目的、培养学科专业、选拔方案、培养模式等，整理总结我国本科高校中精英学院的数量以及相应特点。

(五)统计分析法

第四、五两章运用EXCEL等相关统计软件对调查数据进行统计分析，以期通过相关数据分析，发现基层学术组织制度的内在机理、运行现状、问题等。

第二章

我国大学基层学术组织制度演进

基层学术组织是大学的重心,承担着大学组织的人才培养、科学研究、社会服务等具体活动,对大学的存在与发展具有重要的作用。大学基层学术组织制度由来已久,但在不同时空、不同场域等条件下,存在一定的差异。作为大学的运行载体,我国基层学术组织有何特点,又是一幅什么样的变迁历程图景,存在哪些规律,等等?本部分将从这些问题入手,以新制度主义理论为基础,结合组织变迁理论,探讨我国大学基层学术组织的制度演进。以分布于华东、华北、东北、中南地区的 10 所重点大学作为考察对象,且以 1952 年院系调整为原点,对 20 世纪 50 年代以来的大学基层学术组织发展状况进行了梳理。我们把我国大学基层学术组织变迁历程划分为三个阶段:借鉴模仿阶段、自主探索阶段、快速转向阶段。通过分析三个阶段基层学术组织变迁的过程,总结出不同阶段基层学术组织变迁的方式与特点。

通过梳理 10 所重点大学基层学术组织的变迁历程,可以从内因与外因两个方面来概括基层学术组织变迁的影响因素,不管是起决定作用的内因,还是作为重要推力的外因,它们并非孤立存在,二者是大学基层学术组织变迁的共同原因。在此基础上,构建基层学术组织变迁的四个模型:从新中国成立初期的强制性制度变迁模型到后来的诱致性制度变迁模型,再到由学科发展推动形成的中间扩散型组织结构变迁模型及多重因素作用下形成的互动合作型组织结构变迁模型。

第一节 分析框架

一、理论基础

我们运用制度变迁理论与组织变迁理论,分析我国大学基层学术组织制度变迁过程,试图发现我国大学建设基层学术组织的路径及特点,探析变迁的方式及原因。

(一)制度变迁理论

1. 制度理论及其运用

20世纪80年代初,马奇与奥尔在《新制度主义:政治生活中的组织因素》一书里提出"新制度主义"。"制度"是新制度主义中的一个核心概念,含义非常广泛,不仅涵盖政治学、经济学、社会学,还涉及道德领域,如在W.理查德·斯科特看来,"制度"的存在是为社会生活提供具有稳定性与有意义的规制性、规范性和文化—认知性要素,当然也涉及相关活动与资源利用。① 而在舒尔茨看来,"制度"是一种行为规则,社会、政治及经济行为只是这种行为规则的一部分。② 诺斯把"制度"定义为一整套规则、守法程序或者行为道德规范,这些规则规范是人们在特定环境下制定出来的,最终目的是限制当事人的福利最大化或是制约效用最大利益化的个人行为。③

近年来,我国学者也尝试用新制度主义理论来研究学校组织。例如,朱琪训、缪榕楠认为新制度主义对高等教育领域的研究有重要作用,从不同历史空间去分析,提出组织变迁的合法化要经过适应制度环境、被认同、被接受阶段。④ 罗燕从新制度主义中制度的"规范""法令""文化认知"三个要素出发,对教育制度进行研究,认为学校组织的部门或操作程序所表现出来的一定的分散性不是由其功能所决定的,而是由组织间的求同性、组织间的相互影响以及组织内和环境中的文化特征所导致的。⑤ 这些研究成果对于我们从制度视角考察大学基层学术组织的变迁有一定的借鉴和启发意义。

不管如何定义"制度",我们可以总结出这样的结论:首先,"制度"是适应于多学科的,其适用范围广泛;其次,不同学科乃至同一学科对"制度"的定义都有可能不同;再次,"制度"的共同内容就是社会活动的规则,是社会环境发展的产物,制度形成是一个动态、连续的过程,不会存在静态的、一成不变的制度形式。

2. 制度变迁的条件

20世纪30年代初,道格拉斯·诺斯(Douglas North)提出"制度变迁"这一

---

① 〔美〕W.理查德·斯科特.制度与组织——思想观念与物质利益[M].姚伟,王黎芳,译.北京:中国人民大学出版社,2010:56.
② 〔美〕R.科斯,A.阿尔钦,D.诺斯,等.财产权利与制度变迁[M].刘守英,译.上海:上海三联书店,1991:253.
③ 〔美〕道格拉斯·诺斯.经济史中的结构与变迁[M].陈郁,等,译.上海:上海三联书店,1995:226-228.
④ 朱其训,缪榕楠.高等教育研究的新制度主义视角[J].高教探索,2007(4):33-37.
⑤ 罗燕.教育的新制度主义分析——一种教育社会学理论和实践[J].清华大学教育研究,2003(12):28-34.

概念,将其一直作为新制度主义理论的核心概念,是指对制度的一种重新安排或是重新调整已有的制度结构。它包括制度的替代、转换、交易与创新过程。制度变迁过程也是制度创新实现的过程,变迁的目的是为了提高工作效率,服务于人的需要;最终,制度变迁是一种低效制度被一种高效制度取代的过程,或是一种更有效率的制度的生产过程。已有研究发现,不论是替代还是生产过程,制度环境是制度变迁的主要因素。制度环境由一系列的规则构成,主要体现于国家的政治与法律中,是其他社会制度形成的依据或基础。制度变迁过程中有初级行动团体、次级行动团体这两大主体。初级行动团体是制度变迁的主力军、创新者、策划者、推动者,可以是国家、组织、个人等,它可以创造收益;次级行动团体是制度变迁的实施者,对制度变迁产生的影响不明显,可以进入再分配行列,但不会创造收益。①

诺斯强调导致制度变迁的因素是由于制度的主体(国家、组织、个人)希望获得最大化的潜在利润。他把制度看成是人类理性设计的结果,制度变迁最主要的原因在于国家,通过制度安排推进组织变迁。所谓制度安排指的是对经济单位之间的支配与安排,在这一过程中,可能有合作,也可能有竞争,也可能是合作与竞争的共同安排,"制度安排"可以作为"制度"的同义词。② 这种安排存在正规与非正规形式。总的来说,制度安排的属性、形式、过程等是由制度环境决定的,同样,制度安排对制度环境也会起到反作用。③ 也就是说,在一定的制度环境中会有相适应的制度安排,制度环境是制度安排的充分必要条件。

在新制度主义看来,制度变迁是一个持续的动态过程,旧制度瓦解、新制度的产生,是否进行制度变迁是由变迁主体对成本的估算结果决定的,收益大于损失或是没有损失的情况下,制度变迁才会发生。这一变迁过程会出现均衡和非均衡等状态。④ 在制度变迁理论中,奥尔森提出了利益集团理论,他认为制度并非像是诺斯所认为的那样理性,也不是同哈耶克所说的自发产生,他认为当不同利益集团之间进行相互博弈,就会产生制度,利益集团是具有明确利益的主体,在制度变迁过程中起决定性作用。

基于上述分析,学者林毅夫把强制性制度变迁与诱致性制度变迁看作制度

---

① 刘秀生.新制度经济学[M].北京:中国商业出版社,2003:167.
② 〔美〕R.科斯,A.阿尔钦,道格拉斯·诺斯.财产权利与制度变迁[M].刘守英,译.上海:上海三联书店,1991:270-273.
③ 刘秀生.新制度经济学[M].北京:中国商业出版社,2003:166.
④ 李晓倩.新制度主义视角下我国高等教育制度变迁[D].大连:大连理工大学硕士学位论文,2008:25-26.

变迁的主要模型。前者是政府发出或由法律引起的,具有突发性、强制性、被动性;后者是组织自主、自发进行的变革,已有制度不再适应当前需求,或是个人或是组织开始用新的制度来替代,重新安排制度。从诱致性制度变迁的属性看,它不改变原有制度安排,只是修正、完善现有制度的不足。而当目前已有制度发生了根本变化时,才是强制性制度变迁。①

在新制度主义变迁中,社会制度变迁是基础,其他制度变迁都要在此基础上产生。因为任何制度都不是凭空产生的,旧制度的瓦解是构建新制度的起点。制度危机来自于制度结构与制度行动两个层面,所谓制度结构指制度本身,即制度的法令、规范、认知这三个层面出现不一致,制度内部就会产生变更的张力。外部环境变化也是引发制度内部矛盾、导致制度危机的一大原因,如经济、政治与技术方面的变革通过制度中的法令或规范或认知的变化而产生。新制度主义认为制度行动是组织群体及组织群体之间的网络,制度危机和制度变迁都会体现并落实到组织特征变化和重构上。② 总之,制度变迁是对现有制度的批判性否定与继承,它的实现需要这一条件基础。

(二)组织变迁理论

1.组织变迁的内涵

在早期制度经济学家那里,制度与组织如同一个概念,他们把这些组织,如家庭、公司、工会甚至国家称为制度。我国也有学者认为制度是规则系统,组织隶属于制度范畴,只是规则系统的一种表现形式。

新制度经济学家道格拉斯·诺斯把制度与组织划分开,在他看来,"制度是社会游戏规则,是人们创造的、用以限制人们相互交流行为的框架,组织则就是社会玩游戏的角色,是为了一定目标所组成的、用以解决一定问题的人群"③。简单地说,组织变化了,制度也会跟着变化。同样,制度变化,组织也不会静止,二者相互作用,相互影响。由此可以看出,组织变迁是一个动态、持续的变化过程;或者是旧有组织被新型组织替代的过程或现象。由此,从时间阶段上看,组织变迁是一个不断变化的过程;从时间点上看,是两种组织状态革旧换新的交替;从变迁内容看,组织变迁主要包括以下变化:组织目标、组织内部结构和运行机制

---

① 李晓倩. 新制度主义视角下我国高等教育制度变迁[D]. 大连:大连理工大学硕士学位论文,2008:27.

② 罗燕. 教育的新制度主义分析——一种教育社会学理论和实践[J]. 清华大学教育研究,2003(6):29-34.

③ 〔美〕道格拉斯·诺斯. 制度、制度变迁与经济绩效[M]. 刘守英,译. 上海:上海三联书店,1994:50.

以及组织活动方式和特点等。就其本质而言,组织变迁是指组织结构由非均衡状态向均衡状态的转变过程。[1]

目前,组织变迁理论主要运用在经济学、管理学等领域。马迎贤认为组织变迁理论可以分为三种模式:第一种是过程论,关注组织内部的条件和过程,把组织变迁看作组织与其内部子系统动态性的一种结果;第二种是资源依赖论,强调为了获得组织生存所需的资源,组织要改变其结构和目标来回应环境中控制关键资源的那些群体的要求;第二种是组织同形论,在新制度主义中,组织变迁通常被解释为制度同形的结果,即在特定的组织域里,组织形式、组织活动等会随着时间的推移变得越来越相似,而不是朝着更有效的方向发展。[2] 我国也有学者运用组织变迁理论来探讨国有企业改革,从生态学角度分析,组织变迁又称作组织成长,组织为了顺利生长就要通过自身系统有目的、有计划地进行更新,好比一个生命体,为维持、满足自身需要,不断要与外界进行物质与能量的交换。[3]

相比之下,国外对于组织变迁的研究较早,涉及的领域也比较宽泛,目前已经形成较为成熟的组织变迁理论。目前,国外学者对组织变革的研究多集中于这些方面:第一,影响组织变革的主要外部动因是什么;第二,可以构建出哪些变革模型、方式如何及有哪些方法可以促进变革;第三,变革的未来走向及未来的变革内容包括哪些;第四,如何选择变革,选择何种变革最为合适,在变革过程有哪些可控制要素,怎样衡量变革的成效等。[4] 所以,组织变革的定义有如下几种:一是适应论,斯蒂芬·P·罗宾斯(Stephen P. Robbins)认为组织变革就是要响应环境的变化,组织处在一个动态、变化的环境中,要求组织迅速适应。[5] 二是动力阻力论,斯贝尔(Strebel)认为在组织变迁中,应从组织变革外部的动力与组织内部的阻力这两种力量来谈组织变革的概念。三是竞争论,查利和高斯(Charle W. L. Hill & Gareth R. Jones)从组织变迁过程来分析,认为组织变迁是组织从目前状态到未来理想状态而增加其竞争优势的活动,包括组织改造、流程重组和组织创新这三种活动。[6]

---

[1] 范省伟.基于组织变迁视角的行会协会发展研究[D].西安:西北大学博士学位论文,2005:54-55.
[2] 马迎贤.国外非营利组织变迁理论评述[J].学会,2004(11):32-34.
[3] 徐巍伟,陆一平.从组织变迁理论探讨国有企业改革[J].西安交通大学学报,2001(12):93.
[4] 李作战.组织变革理论研究与评述[J].现代管理科学,2007(4):49.
[5] 〔美〕斯蒂芬·P·罗宾斯.组织行为学精要[M].潘晓莉,译.北京:中国人民大学出版社,2004:255-257.
[6] Charle W L, Hill Garet, Janes R. Strategic in the Global Environment[J]. Strategic Management, 2001:224-225.

2. 组织变迁的动因

一般认为组织变迁动因主要来自两方面:外因与内因。外在力量主要有技术、产业变化、企业、政府等;内部因素主要体现在组织结构、组织流程以及人员等。① 沃特(Wart)从政府组织机构变迁出发,认为组织变迁是外部环境与组织本身的责任。② 鲍宾斯认为现代环境快速变动是组织变革的主要因素,包括国际局势变动、经济冲击、社会趋势、技术变动、就业人口素质变化等,他把外部因素称作是组织变革的绝对动因。③ 勒温则提出力—场分析理论。钦和贝恩提出三种策略、标准、市场和学校本位的学校发展理论、学习型组织理论等。④ 布彻勒(Becher)则认为学术部落发生的变化首先要考虑知识发展需求,然后进行应用、基础分支。适应社会需求而建立的学院不应该被划分为学科范围,因为它不具备学科逻辑体系。⑤

事实上,学术组织既要适应知识发展,又要顺应社会需要。国内有关学术组织变迁动因的研究是从不同学科角度分析的。杜育红以制度经济学为基础,分析了教育组织及变革低效的制度根源,认为重新建构政府与学校间的关系是提高教育组织高效变革的有力措施之一。⑥ 盛冰认为可以重建、创造乃至提升社会资本来变革学校这一教育组织,因为社会资本与学校组织之间有一定的相似性。⑦ 马健生从组织行为学角度分析学校变革的三种模式:渗透模式、政策模式、自愿模式。⑧

综上,制度变迁理论主要从规则体系的变化重构游戏规则,以适应变化了的环境与外部条件;而组织变迁理论所要探讨的主要问题包括组织目标、组织结构与组织运行等,试图解释、预测组织面临的问题与走向。但制度与组织不可分离是一个基本事实。在社会环境中,制度和组织共同构成了完整的游戏场域,在这一场域中,制度是规则,组织是进行游戏的主体,游戏规则发生变化后,游戏主体

---

① Robbins S P. Organization Theory: Structure Design and Application[M]. Fifth Edition New Jersey: Prentice Hall Engle-wood Cliffs, 1995: 381-409.

② Montgomery Van Wart. Learning and the Reinvention of Public Sector Organizations[J]. Public Administration Review, 1994, 54(6): 577-579.

③ 转引自魏建. 中小企业组织变革的动因及趋势[D]. 保定:河北农业大学硕士学位论文,2004:10-16.

④ 〔美〕E. 马克·汉森. 教育管理与组织行为[M]. 冯大鸣,译. 上海:上海教育出版社,2005:379.

⑤ Becher T, Trowler P. Academic Tribes and Territories : Intellectual Enquiry and the Culture of Disciplines, second edition[M]. Buckingham: Open University Press, 2001: 105-193.

⑥ 杜育红. 论教育组织以及其变革低效的制度根源[J]. 北京师范大学学报,2002(1):68-74.

⑦ 盛冰. 论教育资本与学校变革[D]. 北京:北京师范大学博士学位论文,2004:61.

⑧ 马健生. 学校改革的机制与模式:组织行为学的观点[J]. 比较教育研究,2003(3):41-46.

的结构和行为也朝着新的方向变化。大学基层学术组织变迁与其制度变迁紧密联系,讨论制度变迁无法剥离组织变迁。本书结合两种理论,从组织的构成要素出发,探析制度变迁的因素、原因与特点。

二、研究框架

本书在厘清大学基层学术组织的含义、属性特征及职能的基础上,借鉴新制度主义理论和组织变迁理论来解释我国大学基层学术组织的变迁方式,进而构建基层学术组织变迁模型,探讨基层学术组织变迁的因素。其分析框架如图2-1所示。

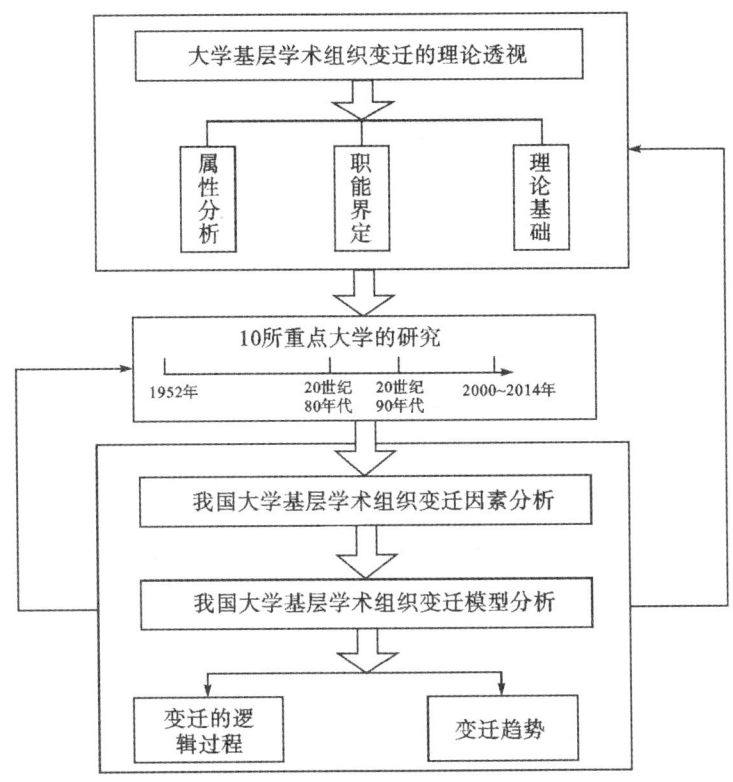

图2-1 研究框架

本章通过梳理新中国成立后10所重点大学基层学术组织的发展情况后发现,我国大学基层学术组织演变分为三个阶段:从模仿借鉴阶段到自主探索阶段,再到快速转向阶段。在上述三个阶段中,我国大学基层学术组织得到了不同程度的发展,形成了阶段性特点。

三、研究过程

第一步,对大学基层学术组织的概念、属性及职能的反思与界定(即是什么),并借助两个理论作为理论基础。第二步,以 1952 年院系调整为时间起点梳理我国 10 所重点大学基层学术组织变迁的历史脉络。第三步,结合上述两个理论分析影响变迁的内外因素分析(即为什么会变)并构建了其变迁的 4 个结构模型(即我国大学基层学术组织是怎样变的)。第四步,分析其变迁的逻辑过程与趋势预测。如图 2-2 所示。

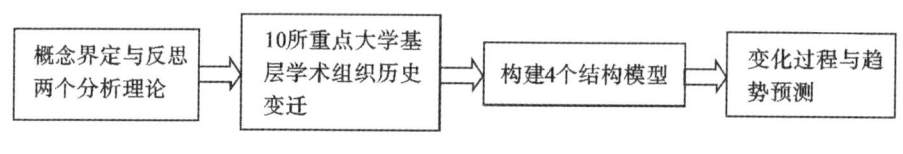

图 2-2　研究过程

第二节　基层学术组织演进阶段分析

通过对 10 所大学基层学术组织 60 余年的演变轨迹分析可知,我国大学基层学术组织演进大体上经历了三个阶段:第一阶段,借鉴前苏联大学基层学术组织模式,取消我国新中国成立前大学的学院建制。第二阶段,基于我国特殊的社会环境和历史发展阶段,我国大学基层学术组织进入自主探索阶段,主要表现为对学系制的强化。第三阶段,经过近 30 年的沉淀,受 1978 年改革开放、20 世纪 90 年代新一轮院系调整(主要表现为并校的方式)、20 世纪末 21 世纪初的高等教育教育规模扩张和经济领域的改革等因素影响,我国大学基层学术组织进入恢复学院制阶段。

一、模仿借鉴阶段:取消学院建制

20 世纪 50 年代院系调整前,我国大学已经形成了学科建制,基层学术组织以学科划分为依据形成学院、学系等。在我国大学内部,学院是拥有一定自治权的基层学术组织。

1950 年 6 月,全国第一次高等教育工作会议指出,要在全国范围内有计划地进行院系调整。之后,陆续颁布了《各大行政区高等学校管理暂行办法》《高等学校暂行规程》《专科学校暂行规程》《私立高等学校暂行办法》等,为建立新中国高等教育制度提供了基本框架。1950年《关于实施高等学校课程改革的决定》指出,学系是高等学校培养人才的基本教学单位。院系调整使大学内部组织结构产生了根本性变化。原来综合型大学的工、农、医、法、师范等学科或独立或与其他高校同类学科合并成单科性大学,仅保留文、理两科,而文、理两科又各自按照传统的学科分类组成系科和专业。

自此,仿照前苏联模式全面取消学院建制,把学系作为大学内部教学行政的基层组织。系下设专业,并普遍设立教学研究指导组(教研组,又叫"课程组")。为了保证专业人才的培养质量,每个专业都根据开设的课程或课程组来设置一个或若干个教研室。在系的指导下,教研室负责安排课程、组织教学、实施教学计划、选用或编写教材、开展教学方法研究等。

由此看来,在大学内部,学系取代学院建制是为了适应当时历史条件下经济社会发展的需要。1950年6月的第一次全国高等教育会议上,时任教育部长马叙伦在讲话中就提出:"我们的高等教育,必须密切地配合国家经济、政治、文化、国防建设的需要,而首先要为经济建设服务。"教育部于1951年11月召开全国工学院院长会议,会议"以培养工业建设人才和师资为重点,发展专门学院和专科学校,整顿和加强综合大学"为精神,拉开了1952年全国院系大调整的序幕。

(一)20世纪50年代院系调整背景分析

20世纪50年代初,我国开始全面学习苏联的教育经验,而推行苏联教育模式的院系调整就是最为重要的一个表现。当时的苏联教育模式即大学是国家建设的重要组成部分,最根本的任务是培养国家需要的专门人才,满足国家需求是大学存在的首要理由。我国从"点"到"面"系统地学习前苏联大学体制,至此,中国大学制度在前苏联模式的影响下发生了变化。第一,服务国家经济建设是大学的首要职责;第二,大学要重点培养工农出身的专业人才;第三,单科学院是建设大学体制之核心;第四,教育制度要为专业人才的培养服务。

1952年下半年,教育部确定了如下教育方针:"工业建设人才和师资培养是重点,专门学校的发展要受到重视,同时综合大学也要继续加强和整顿",在细化对专门工科学院及综合院校的发展方案之后,重点放在华东、华北、东北三区的高校院系。其具体调整方案为:把原教会学校辅仁大学并入北京师范大学,辅仁大学校名被撤销;新增设17所专门院校,如北京地质学院、北京钢铁学院、北京航空学院、北京林学院、北京农业机械化学院、中央财经学院、北京政法学院、华东工业学院、华东水利学院、华东航空工业学院、华东体育学院(后易名为"上海体育学院")、重庆土木建筑工程学院、重庆化工工业学院、东北地质学院、东北林学院、沈阳农学院、八一农学院。① 这一时期，国家要求以一级学科来设置学校，校内学系是按二级学科来设置，专业是按三级学科安排设置，在减少原有综合性大学数量的同时，大力增建单科性专门学院。

经过 20 世纪 50 年代初的院系调整，全国共有高校 180 余所。私立大学全部被并入公立高等学校，其中工科专业 137 种，教育重心与经济建设紧密结合，同时政治学、社会学、心理学等学科被取消，财政与政法学科被削减。院系调整之后，全国综合性大学从原来的 55 所减到 13 所，由占大学、学院总数的 41.4%（1947 年），降低到 8.5%（1953 年）。全国在校文科生由先前的 33.1% 下降为 14.9%，降低了 18.2%。可以说，院系调整后的中国成为当时世界上综合性大学、文科在校生和文科教育比重较少的国家。②

1954 年 3 月，全国高等教育工作会议决定继续贯彻"要继续调整巩固、有重点地进行发展、提高教育教学、稳步向前"这一系列方针政策，培养有关工业建设科技人才和管理人才是重中之重。1954 年底，全国又独立增设工业院校 12 所，调整、合并后共有 5 所。至此，全国高校共 188 所高校，比 1953 年增长 7 所。③ 1955 年为改变高校过于集中在少数大城市和沿海地区的布局，教育部决定把重心转向内地，通过迁并、组建新的专业等方式加强内地高校建设。

1952 年之后，新组建的大学为国家培养了大批经济建设专门人才，改变了旧中国工程技术教育过于薄弱的状况。同时，院系调整形成了"综合大学（文、理学科型）—多科性工科大学—单科性专门学校"的高校设置模式。由于社会科学与自然科学、基础学科与应用学科的相互脱节和分离，影响了学科交叉和渗透以及学科更新发展与人才培养的质量。由上述可知，原来的中国大学体制被这次大规模院系调整给彻底改变了。尤其是大学理念及内涵变化后，我国高等教育从此被纳入高度集中、统一管理的计划体制中，成为国家经济建设的一个重要组成部分。

（二）20 世纪 50 年代大学基层学术组织的案例分析（1952～1956 年）

我们以我国 10 所重点大学为研究样本。在这 10 所大学中，以地域（华北、华东、东北、中南）进行划分，把每所大学的院系作为基层学术组织，以其结构变化作为主要研究对象。

---

① 中国教育年鉴编辑部.中国教育年鉴(1949—1981)[M].北京:中国大百科全书出版社,1984:233、965.

② 李杨.五十年代的院系调整与社会变迁——院系调整研究之一[J].开放时代,2004(2):27.

③ 刘光.新中国高等教育大事记[M].长春:东北师范大学出版社,1990:2.

1. 清华大学

1952年全国高校院系调整后,为了适应新中国经济建设对工程技术人才的需求,清华大学开始向多科性工业大学发展。经过这次调整,清华大学撤销了以前的学院建制,全校共设8个工科系:机械制造系、动力机械系、水利工程系、建筑系、电机工程系、无线电工程系、石油工程系、土木工程系,另设15个专修科。1952年底,清华大学法学院社会学系被取消,经济系的财经部分独立出去,组建了中央财经学院,同时经济系的理论部分转到北京大学,政治系转到新成立的北京政法学院;文学院的部分系科被转到北京大学。随着清华大学文科院系调离,大部分教师也随之调出,调整后的清华大学人文素质课所剩无几,就只有外语和马克思主义理论课程及思想品德课程,"对于文科来说,这次的院系调整无疑是一场灾难"[1]。1955年末到1956年,清华大学陆续建立10多个相关物理专业,之后陆续设立工程物理系、工程化学系、工程力学数学系、自动控制系4个系,并有意识地发展应用理科。[2]

表2-1　1952～1956年清华大学基层学术组织变化表

1952年	1956年
机械制造系	工程物理系☆
动力机械系	机械制造系
水利工程系	动力机械系
建筑系	水利工程系
电机工程系	建筑系
无线电工程系	电机工程系
石油工程系	无线电工程系
土木工程系	石油工程系
	工程化学系☆
	工程力学数学系☆
	自动化控制系☆
	土木工程系

注:☆为新建。

由表2-1可看出,1956年的工科院校取代了之前的综合大学,人文社会学科也被撤销。农学院、文学院、理学院及工学院的部分系、专业先后被调出。费孝

---

[1] 杨济铭.清华大学成为工科院校五十年代院系调整[J].文史参考,2001(8):28-31.
[2] 清华大学官方网站. http://xsg.tsinghua.edu.cn/publish/xsg/8348/index.html.

通、金岳霖、陈岱年等众多大师不得不离开清华大学。从此,清华大学结束了"校—院—系"的管理体制,以学系取代了学院建制。从 1952 年到 1956 年,清华大学主要是以工科建设为主,工科类学系的比例为 75%,理科类学系占总数的 25%。在院系调整后,清华大学成为一所多科性理工类大学。

2. 北京大学

1952 年院系调整后,北京大学作为华北地区的一所综合性大学,此时的文学院、理学院系科主要来自清华大学、燕京大学。当时哲学系的力量来自武汉大学、中南大学、南京大学。一部分外语师资来自北京师范大学及辅仁大学,北京大学、清华大学、燕京大学、辅仁大学的经济系理论部分也一起合并到北京大学。①

当时的北京大学共拥有数学力学系、化学系、生物学系、心理学系、物理学系、地质地理学系、中国语言文学系、西方语言文学系、俄罗斯语言学系、东方语言学系、药学系、基础医学系,1954 年又成立法学系。截至 1956 年,北京大学共设有 13 个学系。

表 2-2　1952～1956 年北京大学基层学术组织变化表

1952 年	1954 年	1956 年
数学力学系	数学力学系	数学力学系
化学系	化学系	化学系
生物学系	生物学系	生物学系
物理系	物理系	物理系
中国语言文学系	中国语言文学系	中国语言文学系
历史学系	历史学系	历史学系
西方语言文学系	西方语言文学系	西方语言文学系
俄罗斯语言文学系	俄罗斯语言文学系	俄罗斯语言文学系
东方语言文学系	东方语言文学系	东方语言文学系
药学系	药学系	药学系
心理学系	法学系☆	法学系
地质地理系	心理学系	心理学系
	地质地理系	地质地理系

注:☆为新建。

---

① 何东昌.中华人民共和国重要教育文献(1949—1975)[M].海口:海南出版社,1998:150.

分析表2-2可以看出,经过1952年院系调整后,北京大学成为当时全国一所主要从事自然科学、人文社会科学为主的综合性大学,集合了众多高校的优势力量。

3. 浙江大学

20世纪40年代末,浙江大学设有7个学院、30个系、10个研究所、1个研究室及2个专修科,是一所"文、理、工、医、法、农科"兼备的综合性大学。1952年院系调整后,浙江大学理学院与文学院的部分系被并入复旦大学,师范学院被调至华东师范大学、浙江大学,撤销法学院,划出农学院,独立成立浙江农学院,畜牧兽医学系并入南京农学院,农学院森林系合并到东北林学院,农学院农化系并入南京工学院食品工业系,工学院的航空系、土木工程系、电机系分别被调离组建了新的学院。同时,之江大学相关工科及厦门大学电机系并入浙江大学工学院,调整后的浙江大学只保留了4个工科系,分别是电机系、化工系、土木系、机械系。

表2-3 1952～1956年浙江大学基层学术组织变化表

1952年	1956年
土木工程系	无线电电子学系☆
电机工程系	土木工程系
化学工程系	电机工程系
机械工程系	化学工程系
	机械工程系

注:☆为新建。

由表2-3可知,院系调整后的浙江大学成了一所多科性工科大学。浙江大学内部取消了学院建制,专业设于学系之下。1956年,浙江大学共有5个系,全部为工科系。

至此,浙江大学的院系以分散的方式分别被调入十几所学校。由此可见,浙江大学为兄弟院校提供了坚实的力量,这是完全考虑到国家建设、院校调整整体布局的结果。

4. 中国人民大学

新中国成立后,国家缺乏社会主义建设的管理人才,于是学习前苏联模式,改造旧大学制度建立新大学制度,把华北大学作为调整对象,中国政法大学被合并,同时华北人民革命大学部分干部也被抽调来共同组建中国人民大学,以培养新国家的各种建设干部为目标。① 1950年2月,中国人民大学正式成立,学校内部组织机构完全模仿苏联大学模式,采用校—系两级管理体制,共设有8个人文社科系。到1952年底,经过院系调整后,新成立了计划统计系。全校共9个学系、38个教研室、1个编译室,此外还有专修科等。② 作为第一所新型大学,中国人民大学的成立是现代中国高等教育史上一件具有重要意义的大事。

表2-4 1950～1956年中国人民大学基层学术组织变化表

1950年	1952年	1954年	1955年	1956年
经济系	统计学系☆	农业经济系☆	新闻系☆	新闻系
经济计划系	经济系	经济系	历史档案系☆	历史档案系
财政信用借贷系	贸易系	贸易系	农业经济系	农业经济系
贸易系	经济计划系	经济计划系	经济系	经济系
合作社系	财政信用借贷系	合作社系	贸易系	贸易系
工厂管理系	合作社系	财政信用借贷系	经济计划系	经济计划系
法律系	法律系	法律系	合作社系	合作社系
外交系	外交系	外交系	财政信用借贷系	财政信用借贷系
	工厂管理系	工厂管理系	法律系	法律系
		统计学系	外交系	外交系
			工厂管理系	工厂管理系
			统计学系	统计学系

注:☆为新建。

由表2-4可知,到1956年,中国人民大学已设有13个学系,几乎全为文科类系,以培养人民干部和管理人才为主要任务。院系调整后,中国人民大学校—系两层次结构为全国各高等院校所采用,成为长期以来中国大学内部组织机构的主要形式。③

5.南京大学

1952年7月,华东地区院系调整以上海、南京两市为重点,南京区调整后共设8所院校。1952年调整后,南京大学成为一所以人文学科、自然学科为主的综

---

① 胡建华.现代中国大学制度的原点:50年代初期的大学改革[M].南京:南京师范大学出版社,2001:152-153.
② 中国人民大学官方网站.http://www.ruc.edu.cn/history.
③ 胡建华.现代中国大学制度的原点:50年代初期的大学改革[M].南京:南京师范大学出版社,2001:157-158.

合性大学,共设 13 个系、20 个本科专业,另设有 4 个专修科。1953 年,华北、华东、东北三区进行专业调整,原四川大学的地理系并入南京大学。①

表 2-5　1952~1956 年南京大学基层学术组织变化表

1952 年	1955 年	1956 年
中国语言文学系	中国语言文学系	中国语言文学系
俄罗斯语言文学系	俄罗斯语言文学系	数学天文系
西方语言文学系	西方语言文学系	外文系△
历史学系	数学天文系△	物理学系
数学系	历史学系	化学系
物理学系	物理学系	历史学系
化学系	化学系	生物学系
天文学系☆	生物学系	地质学系
生物学系	心理学系	地理学系
心理学系	地质学系	气象学系
地质学系	地理学系☆	
地理学系	气象学系	
气象学系		

注:☆为并入,△为更名。

由表 2-5 可知,1955 年,天文学系与数学系合并改名为数学天文系,1956 年心理学系停办,俄语系与西语系合并改为外文系,全校共设有 10 个系。

新中国成立之初,南京大学设有 7 个学院、42 个学系,这些学院分别是文学院、理学院、法学院、工学院、农学院、医学院、师范学院。经过对综合性大学的整顿、加强后,南京大学仅保留文、理两个学科的 13 个学系,1952 年新建天文学系,但地学类、外国语言文学类系科或被调出,或被撤销。此后,南京大学由原来的校—院—系三级管理体制变成校—系两级管理体制。到 1956 年,南京大学一共设有 10 个学系,其中文科类设有 7 个系,理科类设 3 个系,南京大学成为国家重点建设的文理综合型大学之一。

6.同济大学

1952 年 7 月,教育部开始陆续公布华东地区院系调整方案。为了顺利进行院系调整工作,同济大学在讨论的基础上成立了专门小组负责院系调整。从

---

① 南京大学官方网站. http://www.nju.edu.cn/html/ndgk/ndxs/1.html.

1951年到1952年底,同济大学合并了很多高校的土木、建筑、测量专业的系、科、组。同时,同济大学的文法学院、理学院、医学院、工学院及12个系全部并入到交通大学、复旦大学、华东师范大学、武汉中南医学院,就剩下测量系与土木工程系。①

表2-6　1952～1956年同济大学基层学术组织变化表

1952年	1953年	1954年	1956年
建筑系	建筑系	建筑系	建筑系
结构系	结构系	结构系	结构系
上下水道系	卫生工程系△	卫生工程系	卫生工程系
铁路公路系	铁路系	铁路系	铁路系
测量系	公路系	道路与桥梁系	道路与桥梁系
	测量系	测量系	建筑工艺系☆
			城市建设系☆

注:☆为新建,△为恢复或更名。

由表2-6可知,同济大学在1952年院系调整后,剩下建筑系、结构系、上下水道系、铁路公路系、测量系,总共5个学系。1953年,下水道系更名为卫生工程系。1954年,公路系改名为道路与桥梁系。到1956年底,新组建了城市建设系、建筑工艺系。至此,同济大学共拥有7个学系。可以说,院系调整后的同济大学从新中国成立前的综合性大学被削减为一所以建筑为主组建系的工科大学。

7. 东北大学

1952年,根据国家经济建设需要,东北工学院先后合并山东大学采矿系、大连工学院电机系、哈尔滨工业大学采矿系与冶金系。而化工系各组,土木系的水利、路工两组,机械系的汽车组则调入大连工学院。数学系调入东北人民大学(现吉林大学),地质系各组调进长春地质学院,物理系全体学生及部分教师被调到东北大学。② 1953年,电机系与机械系合并成立机电系。1955年,东北工学院系、专业设置进行调整,成立电力系,机械系从机电系中恢复建制。新中国成立前,东北大学拥有"理、工、文、法、教育"等较为齐全的学科,是设有6个学院、24个系、8个专修科的综合性大学。

---

① 宫振蒙.学术组织的动态演变:一所大学的院系结构变迁史[D].上海:华东师范大学硕士学位论文,2010:23-24.
② 东北大学官方网站.http://www.neu.edu.cn/history_history.htm.

表 2-7　1952～1956 年东北大学基层学术组织变化表

1952 年	1953 年	1955 年	1956 年
采矿系 冶金系 机械系 电机系	机电系☆ 采矿系 冶金系	有色金属系 钢铁工艺系 电力系☆ 机械系△ 机电系 采矿系 冶金系	有色金属系 钢铁工艺系 电力系 机械系 机电系 采矿系 冶金系

注：☆为新建或组建，△为更名或恢复。

由表 2-7 可知，经过院系调整后，东北工学院剩下 7 个工科系。1954 年，学校冶金工业企业计划与组织专业成立数学教研室、物理教研室、化学教研室，至此，东北工学院成为一所单科性工科大学。

8. 武汉大学

新中国成立前，武汉大学是一所综合性大学，拥有"文、法、理、工、农、医"6 大学院，下设 21 个系和 8 个研究所。在此之后，医学院从武汉大学分离出来，与上海同济大学医学院合并组建成中南同济医学院（现同济医科大学）。河南大学等校的水利系与武汉大学水利系合并成水利学院，水利学院下设水利改良系、河港工程系和水工建筑系。农学院从武汉大学分出，与湖北农学院合并成为华中农学院（现华中农业大学）。哲学系并入北京大学，矿业系调整至中南矿冶学院。

表 2-8　1952～1956 年武汉大学基层学术组织变化表

1952 年	1953 年	1956 年
水利学院 数学系 化学系 生物系 物理系	中文系☆ 历史系☆ 机械系☆ 水利学院 数学系 化学系 生物系 物理系	哲学系△ 外文系△ 中文系 历史系 机械系 生物系 化学系 数学系 物理系

注：☆为新建，△为恢复。

由表 2-8 可知,从 1952 年到 1956 年,武汉大学共设有 9 个学系。1952 年院系调整后,成了由教育部领导的文理综合性大学,新中国成立前的兼具"文、理、农、工、医"的综合性大学已成为历史。作为中南地区的综合性大学之一,当时的武汉大学主要由原武汉大学、华中大学经济系并入组建,附设水利学院。

1953 年,华中工学院成立(现华中科技大学),它是由武汉大学的工学院分离后独立组建的。1954 年,水利学院从武汉大学分出,成立武汉大学水利学院(现武汉水利电力大学)。1954 年,水利改良系更名为水利土壤改良系,河港工程系和水工建筑系合并为农田水利系。同年,水利学院从武汉大学分离出去独立办学。1956 年,恢复哲学系。①

9.哈尔滨工业大学

哈尔滨工业大学是我国政府在 1950 年从"伪满州"政府手中收回的高校。国家政务院于 1951 年批准了《关于 1950 年全国教育工作总结和 1951 年全国教育工作方针和任务的报告》,指出"目前要大力加强建设中国人民大学、哈尔滨工业大学和北京师范大学,以这三所高校为试点进行开展工作,能够及时总结推广其经验"②。至此,哈尔滨工业大学成为新中国成立初期学习苏联经验、开展教学改革的全国试点大学之一,由原哈尔滨工业大学、东北工学院、大连工学院三校机械、电机、土木等系科合并组成,主要培养国家急需的建设人才。1952 年院校调整后,哈尔滨工业大学共设 4 个工科系,实行校—系双层管理结构。

表 2-9 1952～1956 年哈尔滨工业大学基层学术组织变化表

1952 年	1954 年	1955 年	1956 年
机械工程系 土木工程系 电机系 金属材料及工艺	动力机械系☆ 土木工程系 电机系 金属材料及工艺系 机械工程系	工程经济系☆ 动力机械系 土木工程系 电机系 金属材料及工艺系 机械工程系	精密仪器系☆ 工程经济系 动力机械系 土木工程系 电机系 金属材料及工艺系 机械工程系

注:☆为新建。

---

① 武汉大学官方网站. http://www.whu.edu.cn/xxgk/bnxs.htm.
② 胡建华.现代中国大学制度的原点:50 年代初期的大学改革[M].南京:南京师范大学出版社,2001:163.

由表2-9可知,哈尔滨工业大学从1952年的4个学系发展到1956年的7个系,在这期间共增加了3个工科系,为国家培养工业人才是哈尔滨工业大学的主要任务。

10. 中国农业大学

新中国成立后,由于中央的扶持,农学院分别从北京大学、清华大学和华北大学独立出来,合并成立北京农业大学,新校名于1950年4月8日正式确定。成立之初的北京农业大学作为教育部的试点院校之一,开始模仿前苏联大学建制进行改造。如北京机械化农学院是由北京农业大学农业机械系、华北农业机械专科学校及中央农业部机耕学校组建而成的,同年7月,更名为北京农业机械化学院,共2个专修科,设有新民主主义论、政治经济学、数学、物理、俄文5个直属教研组。

表2-10　1952～1956年中国农业大学基层学术组织变化表

1952年	1956年
农学系	农学系
园艺系	园艺系
植物保护系	植物保护系
土壤农化系	土壤农化系
畜牧兽医系	畜牧兽医系
农业经济系	农业经济系

由表2-10可知,经过1952年院系调整后,一直到1956年,中国农业大学共有6个农学系,没有出现增减状况,可以说,这一阶段是中国农业大学的稳步发展期。由上述分析可以看出,1956年中国农业大学的发展目标是建设成一所单科性质的农业工科院校。

(三) 小结

上述10所大学中,除中国人民大学、哈尔滨工业大学是由国家完全模仿前苏联模式组建之外,其余8所大学都发生了较大变化,如表2-11所示。

我们看到,清华大学、浙江大学、同济大学、东北大学这4所高校由综合性大学成为工业性大学。北京大学、南京大学、武汉大学这3所高校由新中国成立前的多科性综合性大学转变为文理综合性大学。

表 2-11　1952 年院系调整前后 10 所大学发展目标变化表

学校名称＼发展目标	20 世纪 50 年代院系调整前	院系调整后
清华大学	综合性大学	多科性工业大学
北京大学	综合性大学	人文社会科学为主的综合性大学
浙江大学	综合性大学	多科性工业大学
中国人民大学	模仿苏联大学	人文、社科综合性大学
南京大学	综合性大学	人文、自然学科为主的综合性大学
同济大学	综合性大学	单科性工业大学
东北大学	综合性大学	单科性工业大学
武汉大学	综合性大学	文、理综合性大学
哈尔滨工业大学	模仿苏联大学	单科性工业大学
中国农业大学	综合性大学	单科性农工院校

引用来源：各高校官方网站。

从以上 10 所高校的变化可以看出，经过院系调整，形成了"综合大学（文理学科型）—多科性工科大学—单科性专门院校"的高等教育体系。由于社会科学与自然科学的分离，基础学科与应用学科的相互脱离，影响到了学科交叉及相互间的渗透融合，学科更新速度迟缓，也给人才培养带来了许多阻碍，妨碍了后来高校基础研究与应用研究的结合。辩证地看，1952 年院系调整对适应我国刚起步的工业建设具有一定作用，大学设置的系级基层学术组织适应了国家计划经济建设对培养专门人才的需要，1952 年全国工科学生数是 1949 年之前的 3 倍，日益发展的工科院校为新中国工业建设和国防建设提供了大量专门人才。

20 世纪 50 年代初，教育部根据国家需要人才的实际情况，先对华北、华东、东北地区的工学院及综合性大学进行试点式改革，随之扩展到中南地区，这次调整后，我国大学主要由文理大学、单科性大学和单科性学院组成，全部实行校—系—教研室三级管理，这样的内部管理体制一直沿用到改革开放前。[①] 表 2-12 所示为大学发展目标与定位改变后基层学术组织的设置状况。

---

① 应望江. 中国高等教育改革与发展 30 年（1978—2008）[M]. 上海：上海财经大学出版社，2008：391-392.

表 2-12　1952 年院系调整前后 10 所大学基层学术组织状况表

学校名称	1952 年设置系情况	1956 年设置系情况
清华大学	8 个工科系	12 个工科系
北京大学	4 个工科系、8 个文科系	7 个理科系、6 个文科系
浙江大学	4 个工科系	5 个工科系
中国人民大学	9 个文科系	1 个理科系、11 个文科系
南京大学	5 个理科系、8 个文科系	7 个理科系、3 个文科系
同济大学	5 个工科系	7 个工科系
东北大学	4 个工科系	7 个工科系
武汉大学	4 个理科系、1 个工科系	4 个理科系、1 个工科系、5 个文科系
哈尔滨工业大学	4 个工科系	7 个工科系
中国农业大学	5 个工科系（偏农）、1 个文科系	5 个工科系（偏农）、1 个文科系

由表 2-12 我们可以看出，从数量变化上看，1952 年，10 所大学共设 70 个系，到 1956 年增加到 99 个系，增幅达 41%；1956 年与 1952 年比较，增加 4 个系的有清华大学、中国人民大学、武汉大学，增加 3 个系的有同济大学、哈尔滨工业大学，增加 2 个系的为同济大学，增加 1 个系的有北京大学、浙江大学，南京大学减少 3 个系，没有增加的大学是中国农业大学。从结构上看，1952 年共设 35 个工科系、9 个理科系、26 个文科系，1956 年共设 44 个工科系、19 个理科系、30 个文科系，其中工科系增加 9 个（增幅达 26%）、理科系增加 10 个（增幅达 111%）、文科系增加 4 个（增幅达 15%），可见，理科系增幅最大，文科系增幅最小，在调整中理科基层学术组织受到更多关注。从系的名称看，1956 年，中国人民大学、东北大学、中国农业大学 3 所大学各有一个系与其他大学同名称，表明这 3 所大学具有其独特性；设置土木工程系、化学系、生物（学）系、物理系、历史（学）系的有 3 所大学，这些系所涉及的专业基本属于基础学科，说明基础学科受到重视；设置动力机械系、建筑系、电机工程系、西方言语文学系、俄罗斯语言文学系、机械工程系、农业经济系、外文系、机械系的各有 2 所大学，偏应用性学科专业。此外，也有少部分系更名或重新恢复。

组织同形的模仿机制是大学学系发展的一个显著特点。1952 年院系调整中学院又被撤销，校内基层学术组织全部改称系，大学内部设立学系几乎是对苏联模式的机械化模仿：首先，模仿组织结构，如所有大学形成了学系—专业—教研室（教研组）的组织结构；其次，模仿组织管理方式，高校管理重心在学系，遵循自上而下的管理方式;最后,模仿学术研究活动,如新中国成立之初,大学中的工业领域,其相关研究都是直接从前苏联移植过来的。

总之,本次院系调整是我国作为社会主义国家建立之初的一次大胆尝试,是模仿、借鉴前苏联经验的结果。如果说强制性变迁是政府部门强制性力量的推动,那么1952年的这次院系调整,不能不说是一场政府主导的强制性变迁。此次院系调整是我国政府根据当时经济社会发展需要,单纯借鉴外部经验的结果,但在一定程度上忽视高等教育以及大学组织发展的规律与特点。正如制度变迁的道路不是平坦的,是一个不断充满利益冲突的、曲折的不平稳过程,在变迁过程中,总会有一些组织团体或个人要做出牺牲,受益的是另一些组织团体或个人。或者说,制度变迁的实质是调整既得利益格局的过程,一方的受益总是建立在另一方的损失之上。①

从1956年开始,中央下发关于"创造社会主义高等教育"的指示,至此,结束了对苏联的模仿。同年1月,中华人民共和国高等教育部、教育部为组织教师在学习苏联高等学校教材基础上,并结合中国实际情况,编写切合我国高等学校用的教材,以保证教学需要、提高教学质量,制定了《高等学校教材编写暂行办法》。

二、自主探索阶段:强化学系建制

20世纪50年代初,苏联模式的高校设置制度开始得到全面体现,颇有"全盘苏化"的意味。这种"全盘苏化"直到1956年才开始有所变化,进入自我探索阶段。② 在本阶段中,按照中共中央要求,必须符合社会主义建设及国防建设的要求,必须和国民经济的发展计划相配合是我国高等教育建设的首要条件;工业基地要结合高等工科院校来建设。为贯彻这一精神,教育部制订了新一轮的高等工业学校院系、专业调整等方案,随后综合性大学改革也开始进行。

(一)院系调整后至"文化大革命"结束时期的变化(1957~1977年)

1. 清华大学

为适应新中国经济建设对工程技术人才的需求,1952年院系调整后的清华大学成了一所多科性工业大学,取消学院制,进行学系建设。20世纪50年代末,清华大学新设10个左右新技术专业,为了适应世界科技发展需求,开始有意识地发展工科。

---

① 邹薇,庄子银.制度变迁理论评述[J].国外社会科学,1995(7):7-11.
② 黄启兵.中国高校设置变迁的制度分析[M].福州:福建教育出版社,2007:238.

第二章 我国大学基层学术组织制度演进

表 2-13 1957~1977 年清华大学基层学术组织变化表

1958 年	1960 年	1976 年
无线电电子学系△ 自动控制系☆	精密仪器及机械制造系△ 冶金系△ 农业机械系☆	电力工程系△ 电子工程系☆ 工业自动化系☆

注：☆为重组或新建。

由表 2-13 看出，在 1957 年到 1976 年间，清华大学工科稳步发展，1970 年增建了电子工程系、工业自动化系。"文化大革命"后，全校设有 17 个系，几乎都是工科系。

2. 北京大学

1958 年，北京大学成立无线电电子学系。1960 年，新成立技术物理系、基础医学系、政治系。1963 年政治系改名为国际政治学系。1969 年，新建力学系。截止到 1976 年，北京大学共有 18 个系。

表 2-14 1957~1977 年北京大学基层学术组织变化表

1958 年	1960 年	1963 年	1969 年
无线电电子学系☆	技术物理系☆ 基础医学系☆ 政治系☆	国际政治学系△	力学系☆

注：☆为新建，△为更名。

从表 2-14 可看出，北京大学院系调整后，发展最快的时期是 1960 年，新成立 3 个学系。1969 年到 1976 年之间，北京大学基层学术组织只新增了 1 个学系；增设理工医科类系 3 个，文科类系 3 个。可见，北京大学按照文理方向发展。

3. 浙江大学

1958 年，浙江大学增设了化学系、生物系。1959 年到 1976 年间，发展较缓慢。10 年"文化大革命"给浙江大学发展带来了很大冲击，学校处于缓慢发展状态。

表 2-15 1957~1977 年浙江大学基层学术组织变化表

1960 年	1970 年	1976 年
无线电工程系☆	能源系☆	科学实验仪器与工程系☆

注：☆为新增系。

20世纪50年代末到"文化大革命"结束,浙江大学共设有11个学系,增设了无线电工程系、科学实验仪器与工程系、能源系这3个工科系。此阶段,浙江大学仅增设工科系。

4. 中国人民大学

1957年后,中国人民大学内部又进行了新的系科调整。至20世纪60年代中期,中国人民大学共设13个院(系)(增加了农业经济系、国际政治系、中国语言文学系这3个学系),另增设3个研究所、1个研究室。"文化大革命"期间,学校解散,教学与研究活动被迫停止。

5. 南京大学

1961年,南京大学考虑到学科发展需要,将数天系分为数学系和天文系,调整后,共12个系、33个专业,1965年专业设置由33个调整为28个,外文系增加了西班牙语专业。

表2-16　1957～1977年南京大学基层学术组织变化表

1961年	1977年
数学系△	数学系△
天文学系△	天文学系△
政治学系☆	哲学系△

注:☆为新建,△为恢复或更名。

到1977年,南京大学共12个系,文科新增考古专业,政治学系政治学专业改名为哲学系哲学专业,理科专业增加到42个。这一时期,南京大学的学科专业发展较迅速,但系的设置数增加不多。

6. 同济大学

同济大学在这一阶段恢复兴建理科专业,逐渐由单科向多科性发展。1958年成立数学物理和工程力学系、建筑机电设备系和建筑材料及制品系、勘测系,建筑系在1963年恢复组建。"文化大革命"前期,同济大学学科发展主要是在建筑、土木、机电、材料、数理力学等专业。

1958年同济大学发展较快,新建4个学系,重组2个学系。1963～1977年,重组2个学系,新增3个。1957～1977年,共增设6个系,更名或重组5个系,增加的主要是工科系。

表 2-17　1957~1977 年同济大学基层学术组织变化表

1958 年	1959 年	1963~1964 年	1972~1977 年
建筑工程系△ 数物力学系☆ 建筑机电设备系☆ 建筑材料及制品系☆ 勘测系☆ 水土及地质及基础系☆	测量地质地基系△	建筑材料及制品系 (1964 更名为地质工程系)△ 建筑系△	公路及桥梁系△ 工程机械系(1972) 水暖工程系(1972) 海洋地质系☆

注:☆为新建,△为重组或更名。

7. 东北大学

1958 年 8 月,东北大学组建数理系,下设数学、物理、普通化学、物理化学、分析化学、材料力学、理论力学 7 个教研室。1960 年,矿山机电专业并入采矿系,更名为矿山机械化与自动化工程系。1959 年成立了电子技术系,计算机技术专业划归电子技术系,矿电系的热能动力装置专业被合并到电力系。20 世纪 60 年代初,电力系与电子技术系合并组建成电力电子系,之后更名为自动控制系。1970 年,数理系撤销。

表 2-18　1957~1977 年东北大学基层学术组织变化表

1958 年	1959 年	1960 年	1962 年	1966 年	1977 年
数理系☆	电子技术系☆	矿山机械化与自动化工程系△ 电力电子系☆	自动控制系△ 采矿系☆	钢铁冶金系☆ 有色金属系☆ 金属学系☆	金属材料系☆

注:☆为新建,△为重组或更名。

20 年间,东北大学共增设 7 个系,主要为工科系;重组或更名 2 个系。东北大学在 1960 年与 1966 年这两年发展较迅速,工科范围内新增了 3 个系,这与当时国家发展需求相适应。

8. 武汉大学

1957 年到 1959 年,武汉大学相继设立航空摄影测量系、电力工程系,1958 年恢复外文系,1975 年新设立电厂热自和电厂化学系、水电站动力设备系。1977 年"文化大革命"结束后,恢复电力工程系。

表 2-19　1957～1977 年武汉大学基层学术组织变化表

1957 年	1959 年	1975 年	1977 年
航空摄影测量系☆	电力工程系☆ 外文系△	电厂热自和电厂化学系☆ 水电站动力设备系☆	电力工程系△

注：☆为新建,△为恢复或更名。

1975 年,武汉大学新设立 2 个工科学系。到"文化大革命"结束,全校共 13 个系,在文理科稳步发展的基础上,工科有所发展,表明该校这期间主要发展工科系。

9.哈尔滨工业大学

为了适应国民经济恢复和发展需要,哈尔滨工业大学的专业设置逐年增加,到 1957 年,学校共设有 7 个系、23 个专业。1960 年工程物理系并入动力机械系,组成动力工程系。1959 年土木工程系独立出去,在其基础上组建哈尔滨建筑工程学院。1966 年到 1976 年间,哈尔滨工业大学几经异址,教学研究活动受到严重破坏。

表 2-20　1957～1977 年哈尔滨工业大学基层学术组织变化表

1958 年	1959 年	1960 年
工程物理系☆	无线电工程系☆	动力工程系△

注：☆为新建,△为更名。

由表 2-20 可知,这一时期,哈尔滨工业大学发展比较缓慢,增设 2 个系,更名 1 个系。

10.中国农业大学

到 1966 年,中国农业大学共设有 8 个学系、17 个专业。学校原来设计的重要计划没能付诸实施,"文化大革命"期间,虽受挫折,但农大人并未放弃教学与研究工作,可谓是在艰难中前进。

表 2-21　1957～1977 年中国农业大学基层学术组织变化表

1960 年	1966 年
畜牧兽医系△ 物气系☆	畜牧系△ 兽医系△

注：☆为新建,△为恢复或更名。

"文化大革命"不仅给国家带来巨大损失,也给大学发展造成了严重创伤。从院系调整到"文化大革命"结束的近20年里,我国大学基层学术组织都是以学系为建制。大规模的院系调整结束了,校内小规模的调整仍在继续,各高校的学系或多或少都有所增加或调整。

(二)改革开放至20世纪80年代末的探索(1978~1989年)

1978年中国共产党十一届三中全会确立了以经济建设为中心,全面实施改革开放的政策,也为高等教育发展提供了良好的制度环境,促使我国大学发展迈出了新步伐:一方面,传统学科得到恢复与发展,尤其是人文社会科学恢复发展;另一方面,根据社会发展需求开始建设新兴学科。正如布鲁贝克所说:"所谓的大学,不仅是知识的仓库,更应该是智慧炼丹师的实验室,只有在这里,自然科学与人文科学才能结成一个完整的领域。"[1]

国家经济发展需要大学培养社会人才,也需要学科知识的不断发展与创新。原来以单科专业组建的系越来越不适应社会与市场对复合型人才培养的需求。同时,国际交流的不对等也是我国大学基层学术组织建设由学系转向学院的一个外部原因。1978年之前,我国高校不论规模大小,多以学院命名,这与国外的学院是不对等的,二者并非同等意义上的学院。1980年之后,我国对外改革开放力度不断加大,社会经济建设步入正轨,高校间的国际交流与合作也日益频繁,这种不对等性日益突出,在国际交流中越发显得不适应。[2]

1979年10月20日,教育部召开了部属综合大学理科专业调整会议,指出:重点综合大学理科要着重办好基础学科的专业,也可以有选择地办一些应用学科、技术学科专业,互相配合,促进基础学科和边缘学科的发展。关于专业划分问题,会上商定应以国家社会主义建设的需要和自然科学的发展为依据,能够进入同一专业的,必须要满足基础理论、基本知识和基本技能相一致。一般可独立为专业的必须是学科成熟、只是基础课上有一些不同的;学科不够成熟或业务范围过窄的,一般不可以独立成专业;极个别专业,在特殊情况下,尽管专业面窄些,但与别的专业基础课相同,也可以考虑单独设专业。同时,会议也讨论了工科院校办理科专业的问题。[3] 在此背景下,不管是恢复、还原之前的系所,还是新建学系,大学基层学术组织得到了较好的发展。

1. 清华大学

---

[1] 〔美〕约翰·S·布鲁贝克.高等教育哲学[M].王承绪,等,译.杭州:浙江教育出版社,1999:141.
[2] 应望江.中国高等教育改革与发展30年[M].上海:上海财经大学出版社,2008:400.
[3] 何东昌.中华人民共和国重要教育文献(1976—1990)[M].海口:海南出版社,1998:1746-1747.

20世纪70年代末,清华大学通过设置选修课或者开展讲座等形式来加强学生的文科教育,由此组建了文史教研室。此外,为提高学生外语水平、培养外语师资和科技外语人才,1983年7月23日,外语系在清华大学成立。国家不断深入发展各项改革措施,提高人文社会科学在培养高素质人才中的地位,人文社会科学越来越受到关注。1984年初,经教育部批准,清华大学恢复建立了社会科学系,同时将中共党史教研组、政治经济学教研组、哲学教研组和自然辩证法教研组这4个教研组归属社会科学系。① 从此,清华大学文科系开始得到恢复。

表2-22　1978～1989年清华大学基层学术组织变化表

年份	基层学术组织
1978年	热能工程系△ 工程力学系☆ 化工系☆
1979年	应用数学系△ 经济管理工程系☆
1980年	应用数学系△ 汽车工程系☆ 化学与工程系△
1982年	物理系△
1984年	经济管理学院△ 精密仪器与机械学系△ 生物科学与技术系☆ 社会科学系☆
1985年	工程力学系☆ 化学系△ 中国语言文学系△ 外语系△ 继续教育学院☆
1988年	建筑学院☆ 材料科学与工程系☆

注:☆为新建或恢复,△为重组或更名。

---

① 李珍,王孙禺. 改革开放以来清华大学人文社会科学发展研究[EB/OL]. 清华大学校史馆. http://xsg.tsinghua.edu.cn/publish/xsg/8348/2014/20140117131127104410656/20140117131127104410656_.html.

由表 2-22 可知,从"文化大革命"停止到 20 世纪 80 年代末,清华大学在工科稳步发展的基础上,开始大力恢复发展理科。例如,1978 年成立了化工系;1984 年正式成立经济管理学院;1978 年以后相继恢复组建外语系、社会科学系、中国语言文学系等文科系;1979 年数学系重建并更名为应用数学系;物理系在 1982 年恢复建立。2 年之后,生物科学与技术系成立。至此,清华大学开始从工科大学向综合性大学迈进,学科重建是清华大学这一时期的重要任务。

20 世纪 70 年代末到 80 年代初,我国开始把美国的学院制建设作为学习目标,使校—系两级管理体制逐渐过渡到校—院—系三级管理体制。这一时期的学院制建设主要是从学科发展、资源的有效整合与利用角度进行考虑的。1984 年,清华大学开始变革基层学术组织形式,陆续成立经济管理学院、建筑学院。20 世纪 80 年代末,全校共设有 3 个学院(包括继续教育学院),学院是与学系平行的组织机构。这一阶段是清华大学基层学术组织向学院制发展的过渡期。

2. 北京大学

20 世纪 70 年代末,北京大学相继成立心理学系、地理系、地质系、计算机系、力学系,数学力学系更名为数学系;80 年代初,成立了社会学系、考古学系、英语系、经济管理系及经济学院,基础医学系更名为基础医学院。1989 年,地理系更名为城市与环境学系。

表 2-23　1978～1989 年北京大学基层学术组织变化表

1978 年	1979 年	1982 年	1983 年	1985 年	1989 年
数学系△ 地理系☆ 地质系☆ 计算机系☆	力学系☆	社会学系△	考古学系☆ 英语系☆	经济管理系☆ 经济学院☆ 基础医学院△	城市与环境学系△

注:☆为新建,△为更名。

由表 2-23 可看出,1978 年到 1985 年间,北京大学恢复、改建、扩充了数学系、地理系、地质系、计算机系等理科系,恢复并新建了社会学系、英语系等人文社科系,经济管理系、经济学院也在这一时期建立,北京大学更加兼顾文、理、工的协调发展。至此,北京大学共拥有 27 个学系、2 个学院。

3. 浙江大学

改革开放以后,浙江大学迎来新的发展机遇,机械工程系开始招收机械制造专业硕士研究生。1981 年化工生产过程自动化及仪表专业更名为工业自动化专业。1984年开始招收首批博士研究生,成立工业控制技术研究所。1989年筹建工业控制系国家重点实验室,为后来的控制科学与工程系的成立做了铺垫。1985年,生物系增设了生化微生物专业。1987年开始复设中文系等人文学科建制。

表2-24 1978～1989年浙江大学基层学术组织变化表

1978年	1986年	1989年
材料科学与工程系☆ 热物理工程学系☆ 计算机系☆ 地质学系☆	信息与电子工程系△ 计算机系 语言学系☆	能源工程系△ 外语系△ 地球科学系△

注:☆为新建,△为更名或重组。

由表2-24看出,1978年以后,浙江大学在稳步发展工科的基础上,开始恢复发展人文学科。这一时期,浙江大学基层学术组织乃以学系为主要形式,学校共设有16个学系。

4. 中国人民大学

1978年7月,国务院决定重申恢复中国人民大学;同年8月,中国人民大学恢复和新建了15个系、6个研究所、4个校级直属教学单位。1979年,国家的工作重点是建设以经济为核心的社会主义现代化,所以,教学与科研成了中国人民大学的工作重点。

表2-25 1978～1989年中国人民大学基层学术组织变化表

1978年	1983年	1984年	1985年	1988年
档案系☆ 经济信息管理系☆	劳动人事学院☆	计划统计学院☆	档案学院☆	外语系☆ 新闻学院☆

注:☆为新建,△为恢复或改名。

由表2-25可知,改革开放后,中国人民大学恢复了历史系、哲学系、政治经济学系、法律系等16个系,新建经济信息管理系、档案学系2个学系。1983年,在国家劳动人事部的联合下,中国人民大学创办了劳动人事学院。1984年计划统计学系更名为计划统计学院。1985年7月,档案系扩建为档案学院。1988年新闻系改名为新闻学院。至此,中国人民大学共设有4个学院、14个校级系,基层学术组织仍以学系为主。

5. 南京大学

1978年,南京大学结合国家建设需要、学科发展趋势及学校当时的实际情况,开始进行校内体制改革,有选择地发展新兴技术学科。原化学系中6个专业合并成2个专业,物理系由原来9个专业调整为5个专业,地质学系由7个专业合并成5个专业。20世纪80年代中期,曲钦岳任南京大学校长,提出建设多学科综合的高水平大学的目标,根据社会需求变化、科学技术发展趋势,加大对传统学科的改造,以基础学科为根基,尝试在学科交叉融合中找到新的学科生长点,新兴、边缘、应用学科要得到发展,尤其是高新技术和应用学科。80年代后期,要求高校培养人才与社会需求之间"契合度"不断提高的背景下,南京大学在人才培养中提出了"按系招生,强化基础,淡化专业,分流培养"的改革原则,按照基础型和应用型人才的不同规格要求分流培养。

表2-26 1978~1989年南京大学基层学术组织变化表

1978年	1985~1985年	1987~1988年
经济学系☆ 计算机系☆	物理学系△ 信息物理系△ 环境科学系☆ 生物化学系☆ 大气科学系△	地球科学系△ 大地海洋科学系△ 国际商学院☆ 政法学院☆ 图书馆学系☆ 医学院☆ 政治学系☆

注:☆为新建,△为重组或更名。

改革开放后,南京大学开始恢复发展理科,尤其是应用理科。1978年下半年,开始恢复经济学系,下设经济学专业。在原数学系计算机软件专业与物理系计算机硬件专业的基础上新建了计算机科学系。

1988年5月,根据沿海地区外向型经济发展的需要,在原经济学系、管理学系的基础上组建国际商学院,下设经济学系、国际经济贸易系、企业管理系、经济决策系。至1989年,南京大学共设17个系、3个学院。这一时期仍以校—系为主。

6. 同济大学

1978年以后,同济大学实行"两个转变"——恢复对德交流、向国际性大学转变和由土木为主的工科大学向以理工为主的多科性大学转变①。

1984年,同济大学组建经济管理学院,由管理工程系和经济信息系组成。1986年,同济大学新建了二级学院——建筑与城市规划学院。这个时期可以看作同济大学进行学院制改革的初期,而真正意义上的学院建设始于1987年,同济大学内部仍以学系为主,当时全校共设4个学院,每个学院下设若干学系。1985年增设了新学系,如社会学系、城市规划系、德语系、结构工程学院、机械学院、桥梁系、计算机科学与工程系、环境工程学院等。②

表2-27　1978～1989年同济大学基层学术组织变化表

年份	学系/学院
1979年	机械工程系△ 电气工程系△ 外语系☆ 热能与环境工程系△ 建筑材料科学及工程系△
1982年	道路与交通工程系△ 化学系☆ 环境工程系☆ 测量系☆ 结构工程系△
1984年	经济管理学院☆ 经济信息系☆
1985年	社会学系☆ 结构工程学院☆ 岩土工程系△ 数学系△ 应用力学系△
1986年	城市规划系☆ 德语系☆ 地下建筑与工程系△

---

① 同济大学官方网站.http://www.tongji.edu.cn/about.html.
② 宫振蒙.学术组织的动态演变:一所大学的院系结构变迁史[D].上海:华东师范大学硕士学位论文,2010:31-32.

（续表）

1987年	土建结构系△ 建筑工程系△ 桥梁系☆ 机械学院☆ 计算机科学与工程系☆ 建筑与城市规划学院☆
1988年	环境工程学院☆ 材料科学与工程系△

注：☆为新建，△为更名或重组。

由表2-27可知，至此，同济大学共设有4个学院、24个系。改革开放以来，国家经济发展为大学学术发展提供了良好环境。在此背景下，同济大学内部管理体制逐渐由学系制向学院制过渡，但仍以学系制为主。

7. 东北大学

1983年，东北大学的自动控制系划分为自动控制系和计算机科学与工程系。1988年10月，社科部更名为社会科学系。1984年，选矿专业从采矿系分出来，成立矿物工程系。

表2-28　1978～1989年东北大学基层学术组织变化表

1980年	1984年	1988年
管理工程系☆ 数学系△ 物理系△ 化学系△	矿物工程系☆ 自动控制系☆ 计算机科学与工程系☆	社会科学系△ 机械一系△ 机械二系△ 有色冶金系△ 材料科学与工程系☆ 金属压力加工系☆ 热能工程系☆

注：☆为新建，△为重组或更名。

20世纪80年代后，东北大学开始恢复、发展理科。1980年后逐渐恢复了数学系、化学系、物理系。1984年新设立计算机与工程系，工科发展较为迅速。1985年之后，新成立材料科学与工程系、金属压力加工系、热能加工系。这一阶段，东北大学基层学术组织为学系，学校共设有16个学系。

8. 武汉大学

1978年,武汉大学的电厂热自和电厂化学系、水电站动力设备系合并为动力系。从理科分出3个系,分别是计算机科学系、病毒系、空间物理系,如空间物理系由物理系的若干专业分出组建而成。1980年在机械师资班、工程机械专业、电厂金属专业的基础上组建了机械工程系。1984年建立图书情报学院。1985年航空摄影测量系改名为航测与遥感系。1984年新建政治学系,1986年分为政治教育系与政治系。

表2-29　1978～1989年武汉大学基层学术组织结构变化表

1978年	动力系△ 病毒学系☆ 计算机科学系☆ 空间物理系☆
1980年	机械工程系☆
1983年	新闻系☆
1984年	环境科学系☆ 无线电信息工程系☆ 建筑工程系☆ 经济与管理学院☆ 图书情报学院☆ 政治学系☆
1986年	热能动力工程系△ 水能动力工程系△ 经济学院△ 管理学院△ 法学院☆
1988年	建筑学系☆ 成人教育学院☆

注:☆为新建,△为更名或重组。

改革开放后,武汉大学在大力发展工科的同时,开始有意识地恢复文理科。基层学术组织开始小规模地进行学院制建设,这一阶段,学校设有5个学院、19个学系。这一时期,武汉大学内部管体制仍是以学系为主。

9. 哈尔滨工业大学

党的十一届三中全会以来,哈尔滨工业大学的各项工作很快恢复并进入正轨。1984年,哈尔滨工业大学又一次被列为全国15所重点建设的高校之一,此后,进入新的发展阶段。1985年,成立计算机科学与工程系、计算机科学技术研究所。

表2-30　1978~1989年哈尔滨工业大学基层学术组织变化表

1980年	1985年
应用化学系☆	计算机科学与工程系☆

注:☆为新建,△为更名或重组。

20世纪80年代以来,哈尔滨工业大学在稳步发展工科的同时,开始努力进行文理科建设。如1980年,新建了外语部、应用化学系。这一时期,哈尔滨工业大学基层学术组织形式是以学系为主,学校共设有9个学系,尚未设置学院。

10. 中国农业大学

20世纪80年代,中国农业大学开始恢复正常的教学、科研秩序,学校共设有8个系。到80年代末,全校设有1个学院、5个学校直属系。

表2-31　1978~1989年中国农业大学基层学术组织变化表

1984年	1985年	1987年
生物学院☆	农机工程系☆	水利与建筑工程系☆

注:☆为新建,△为更名。

(三) 小结

由上述梳理可以看出,这一阶段,10所大学的基层学术组织逐步由学系制向学院制过渡,而且这10所高校开始有意识地恢复了文科,这更好地响应了1984年4月23日《教育部关于调整和发展高等学校文科教育的几点意见》(简称《意见》)。该《意见》指出,要积极发展文科,提高文科在高等教育中的比重;逐步改革文科专业结构,调整各学科间的比例;要逐步加强工科、农科与文科专业的联系,可以在条件较好的工科院校、农林院校试办文科专业。这样一来,这些院校不仅发展了文科专业,强化了对学生的人文教育,也促进了自然科学与社会科学的渗透与融合。所以,在上述分析的几所工科大学中也看到了文科系的出现。

十一届三中全会以后,文科备受重视,但最大的问题是,文科的发展水平远远不能适应建设社会主义现代化的需要。经统计,1981年全国在校大学生中,文、史、理科学生占16%，但财经、政法专业的学生分别不足4%和1%，更不用说新闻学、图书馆学、档案学等专业的学生比例了。这种比例关系与国家对实际工作人才的需要极不相称。

1985年中共中央颁布《中共中央关于教育体制改革的决定》（简称《决定》），该《决定》对大学发展有很大的促进作用，尤其是使学科设置更加规范化、更加符合市场经济的需要。同时，大学的校—系两级管理体制向校—院—系三级管理体制过渡。这次的学院制强调学科发展，如清华大学、北京大学、武汉大学、同济大学这4所高校都分别成立了经济管理学院，政法学院、法学院分别在武汉大学、南京大学成立，北京大学、南京大学分别建立基础医学院、医学院，当然各大高校在增加学院的同时，也增加了新的学系（见表2-32）。

表2-32 1989年10所大学基层学术组织情况表

学校名称 \ 基层学术组织	基层学术组织总数	学院（个）	学系（个）
清华大学	29	3	26
北京大学	29	2	27
浙江大学	16	—	16
中国人民大学	18	4	14
南京大学	20	3	17
同济大学	29	5	24
东北大学	16	—	16
武汉大学	24	5	19
哈尔滨工业大学	9	—	9
中国农业大学	6	1	5
合计	196	23	173

注：这里的"学系"指校级系。

10所大学共设学院、系基层学术组织196个，其中学院23个、系173个，学院占基层学术组织总数比为11.7%。平均设置院、系数为19.6个，设置院、系数在平均数以上的高校有清华大学、北京大学、同济大学、武汉大学、南京大学5所。设置院、系数最少的两所大学是哈尔滨工业大学、中国农业大学，设置学院最多的是武汉大学。浙江大学、东北大学、哈尔滨工业大学还没有设置学院，这三所大学的基层学术组织仍以学系为主，其余7所大学基层学术组织开始由学系制向学院制逐步转变。

表 2-33 20 世纪 80 年代 10 所大学中设置学院情况表

学校名称	新建或重组的学院(设置年份)
清华大学	经济管理学院(1984)、继续教育学院(1985)、建筑学院(1988)
北京大学	经济学院、基础医学院(1985)
中国人民大学	劳动人事学院(1983)、计划统计学院(1984)、档案学院(1985)、新闻学院(1988)
南京大学	国际商学院、政法学院、医学院(1988)
同济大学	经济管理学院(1984)、结构工程学院(1985)、机械学院、建筑与城市规划学院、环境工程学院(1988)
武汉大学	经济与管理学院、图书情报学院(1984)、法学院(1986,该年原经济与管理学院拆分为经济学院和管理学院)、成人教育学院(1988)
中国农业大学	生物学院(1984)

20 世纪 80 年代末,受市场经济体制的影响,大学基层学术组织开始进入学院制建设。20 世纪 80 年代末国家教委出台的《关于对普通高等学校机构设置的意见(试行稿)》,指出高等学校在得到上级主管部门批准的情况下方可在校内设置学院,这里的学院并非是以往的校内一级行政机构,学院的主要任务是作为校方来领导、协调学院下的系进行教学与科研。当学院承担了一级行政机构的任务时,要在学院下设立办公室,那么其下所属的学系就不能再是一级行政机构了。

从表 2-33 可知,中国人民大学劳动人事学院设立于 1983 年,是 10 所大学中最早设立的学院。1984 年、1985 年、1986 年、1988 年这几所大学分别设立 6、5、1、9 个学院,可见,1988 年是这几所大学设置学院最多的年份。

这些学院等基层学术组织的建设过程,多数是高校为适应国家经济体制发展并结合自身发展实力的探索式转型,这一时期,我国大学内部管理上以校—院—系三级管理和校—系两级管理并存,但仍以校—系两级管理为主。

可以说,此阶段的大学基层学术组织变迁中,我们看到的是新制度主义中组织同形的规范性机制,可以从标准化与专业化来理解组织同形的规范性机制。一是专家、学者们所认同的正规教育的标准化;二是能够在极短时间内接受并传播同类型组织形式。随着国家发展、社会需求,大学内部院系发展的专业化与标准化程度将会随时间推移不断提高。

三、快速转向阶段：恢复学院建制

（一）高校合并

20世纪90年代初，国家提出"科教兴国"战略等一系列政策，受此影响，我国高等教育管理体制开始大规模改革。新一轮院校调整的目的是加强地方分权，扩大学校办学自主权，提高学校的自我发展与院校的竞争力。有学者把我国20世纪50年代和20世纪90年代后的高校机构调整进行了比较，如表2-34所示。

表2-34　20世纪50年代与90年代高校机构调整状况比较表①

时间 变化维度	20世纪50年代	90年代
社会目标	适应计划经济，明确高等院校的分工，培养专业型人才，形成"中央直属、行业部委所属、地方（大行政区）"高校三大条块管理格局	适应市场经济，改变条块格局，增强高校面对社会、市场和地方共建、划转等方式，将原先的中央行业部门所属高校纳入地方高校
专业结构	重专业化，大量设置独立的专业学院，综合性大学下按行业设系	重综合化：一是校际综合，组建学科门类齐全的综合性大学；二是高等院校内部系科专业综合，淡化专业界限，确立大学——学院——系建制
改革参照系	苏联模式	欧美模式
动力机制	自上而下的行政命令	行政措施和自我发展需求共同推动

高校合并是经主管部门批准，将学科单一、专业设置重复且具有一定办学条件的两所或多所高校合并为一所高校的院校调整行为。当然，高校合并调整是高等教育管理体制改革和布局结构调整的重要内容，最终目标是减少高校数量，提高规模效益，具有合理化的结构布局，使有限的教育经费可以得到合理有效利用，使办学效益和教育质量不断提高。2001年强制性的高校合并结束后，全国范围内仍有部分高校在延续合并改革，改革方式由强制性向诱致性转变，一大批地方高校相继成立。②

---

① 胡炳仙.中国重点大学政策的历史逻辑与制度分析[M].青岛：中国海洋大学出版社，2010：63.
② 李桂荣.大学组织变革之经济理性[M].北京：中国社会科学出版社，2007：130-133.

可以说,20世纪90年代后期,高等教育改革的重点在高校合并。由于单科性学校已不能满足当前学科发展需要,院校合并就是为了形成综合型院校(包括文、理、工、农、医等学科门类的多科性综合大学)、多科性院校和实力较强的单科性院校。可以说,这是对20世纪50年代初改革形成的单科院校与文理综合大学的一次重大调整。也有学者认为,这次高校合并是50年代院系调整后留下的"后遗症"。高校合并后,大学除了传统的教学科研以外,服务社会意识不断增强,这一切都使大学组织结构更加复杂,在大学内部组织结构上突破了校—系管理模式,形成了校—院—系管理模式。

促使学院制恢复的原因可从以下方面来分析。首先,学校规模的扩大需要增设学院层次,高校因合并、联合和内部扩充而趋向多学科化,单科性院校逐渐发展为多科性和综合性大学。其次,规模扩大,学科专业增加,领导管理幅度随之增大,客观上需要增加层次以缩小跨度,以减轻校领导的日常事务负担,提高管理效率。不管所设学院是虚体还是实体,大学基层学术组织开始了全面改革。

(二)重点大学制度下的基层学术组织建设(1990~1999年)

20世纪90年代以来,我国又开始了重点大学建设。相对以前,这一次的重点大学建设主要体现为"211工程""985工程"。这里的"211工程"是指我国政府在21世纪,对100所左右的高等学校和重点学科进行重点建设,最终目标定位是"使若干所大学达到国内领先水平"。从地域上划分,北京、上海、江苏、湖北等省市的大学最先进入"211工程"建设行列。上述分析的10所大学第一批进入重点大学建设。进入"211工程"的重点学科领域集中在7个领域,分别是医药卫生领域、农业领域、人文社会科学领域、经济与政法领域、基础科学领域、环境资源领域以及基础产业和高新技术领域。① 20世纪90年代末,国家开始实施"985工程"建设,对高校的影响表现在如下方面:首先,推进了入选高校的目标定位,提高了国际竞争力;其次,推动高校进行内部制度改革;再次,学科建设取得巨大成绩。

1. 清华大学

20世纪80年代,恢复建设文理学科以来,清华大学就朝综合性大学方向迈进。20世纪90年代,尤其是进入"211工程"之后,清华大学进一步建设人文社会学科,相应地恢复建立人文社会科学学院及法学院,"985工程"建设更是推动了基层学术组织建设。

---

① 胡炳仙.中国重点大学政策的历史逻辑与制度分析[M].青岛:中国海洋大学出版社,2010:75-76.

表 2-35　1990～1999 年清华大学基层学术组织变化表

1990 年	1994 年	1995 年	1997 年	1998 年	1999 年
历史系☆ 人文社会科学学院☆	信息科学技术学院☆	法学系☆	机械工程学院☆ 环境科学与工程学系☆	传播系☆	法学院△ 中央工艺美术学院△ 数学科学学系△

注：☆为新建，△为重组。

由表 2-35 可知，20 世纪 90 年代初，清华大学学院制建设真正开始，各学院下设系。1993 年，学校组建了人文社会科学学院，学院覆盖文学、历史学、哲学、法学、经济学和管理学等。

1999 年独立建制的法学院成立。随后，中央美术学院并入清华大学，更名为清华大学美术学院，学院与学系平行，以学系为建设主体。这一时期，学校开始着手建设新学院，当然，学系的数量也在不断增加。1993 年到 1999 年相继成立并恢复了历史系、法学系、传播系、数学系。至此，清华大学共有 8 个学院、15 个学校直属系，其中，人文社科类学院 6 个、理科类学院 4 个、工科类学院 13 个。我们看到，清华大学在发展工科的同时，开始大力恢复发展人文社会学科及理科。这一阶段是清华大学朝综合性大学发展的重要阶段，同时充分体现了清华大学文科发展的实力。

2. 北京大学

大学发展既要反映社会时代的需求，也有自身发展的需求。20 世纪 90 年代，高校合并之后，北京大学开始真正地恢复学院建制。1994 年北京大学经济管理系更名为光华管理学院，依托北京大学深厚的历史底蕴和文化积淀，成为北大工商管理教育的主体，以"创新管理知识，培养商界精英，推动社会发展"为使命，很好地引领了中国商科的国际化进程。国际关系学院的组建是国内最早的培养外交与涉外工作专门人才的学院。1999 年改建的法学院提出"基础理论要不断加强、专业意识逐步淡化、依据实际进行因材施教、分层分类进行培养"的目标，为了培养"厚基础、宽口径"的新型法律人才，法律学系恢复、改建为法学院，专治法律教育。[①]

这一时期，北京大学共设有 10 个学院、28 个学校直属系，新建了 5 个学院、1 个学系，恢复建立了 3 个学院、1 个学系。这一阶段，北京大学更多的是从大学自身的发展需求来建设基层学术组织，进一步加强人文社会科学的发展，在原有实

---

① 北京大学官方网站. http://www.law.pku.edu.cn/xygk/xyjj/index.html.

力基础上开始工科建设。

表 2-36　1990～1999 年北京大学基层学术组织变化表

1992 年	1994 年	1995 年	1998 年	1999 年
马克思主义学院☆	化学与分子工程学院△ 光华管理学院△	数学学院☆ 力学与工程学系△ 哲学系☆	考古文博学院☆ 国际关系学院☆	外语学院☆ 法学院△

注：☆为新建，△为更名。

3. 浙江大学

1998 年 9 月 15 日,原浙江大学、浙江农业大学、浙江医科大学、杭州大学进行合并组建,形成新的综合性的浙江大学。至此,浙江大学成为当时规模最大、学科门类最全的大学。① 由此,浙江大学基层学术组织结构有了很大变动与发展。

表 2-37　1990～1999 年浙江大学基层学术组织变化表

1993 年	1997 年	1998 年	1999 年
生物科学与技术系△ 高分子科学与工程系☆	控制科学与工程系☆ 化工学院☆	法学院☆ 数学系☆ 物理系☆ 化学系☆ 建筑工学院☆ 光电信息工程学系△ 信息与电子工程系☆ 药学院☆	文人学院☆ 外国语学院☆ 地球科学系☆ 材料与化学化工学院☆ 机械与能源工程学院☆ 信息科学与工程学院☆ 生物医学工程与仪器科学学院☆ 生命科学学院☆ 生物系统工程与食品科学学院☆ 环境与资源学院☆ 农业与生物技术学院☆ 动物科学学院☆ 医学院☆

注：☆为新建，△为恢复。

---

① 浙江大学官方网站.http://www.zju.edu.cn/c2021556/catalog.html.

1993年,生物系更名为生物科学与技术系。1998年,4校合并新发展了数学系、法学院、物理系、化学系,学仪器工程学系更名为光电信息工程学系。1999年,4校合并发展了人文学院、外国语学院。1999年,材料与化学工程学院成立,在合并了化工学院、材料系、高分子系的基础上组建,同时撤销化工学院。1998年到1999年这一时期,真可谓是浙江大学发展的转折点、新起点,4校合并为其注入了鲜活动力,文理科相继恢复发展。浙江大学从多科性的工业大学步入综合性大学的发展轨道。当时不仅恢复、成立了一批新学院,也有一些学院下设二级教学科研单位的学系,成为独立的运行实体。这一阶段,浙江大学设置12个学院、1个校级系。

4. 中国人民大学

中国人民大学作为新中国成立后国家政府新建的两所社会主义大学之一,在20世纪90年代初的内部管理体制改革中走在全国大学的最前沿。基层学术组织由学系建制开始全面转向学院建制。

表2-38　1990~1999年中国人民大学基层学术组织变化表

1994年	1996年	1997年	1998年	1999年
劳动人事学院 信息学院☆	马克思主义学院☆	财政金融学院☆	经济学院☆	艺术学院☆

注:☆为新建。

1994年,中国人民大学由经济信息管理系与校信息中心合并组建信息学院。1997年由财政金融系、投资系组建财政金融学院。1998年新建了经济学院。到20世纪90年代末,中国人民大学共设9个学院,完成了从校—系两级管理体制到校—院—系三级管理体制的过渡。

5. 南京大学

20世纪90年代初,国家开始进行"校内管理体制改革"试点单位建设,南京大学就是最早一批入围的高校。1990年,南京大学制定《南京大学1991—2000年发展规划和八五计划纲要》,进一步明确学校的培养目标为基础型人才、高科技应用人才和复合型应用人才。

1993年,环境科学系更名为环境科学与工程系,计算机科学系更名为计算机科学与技术系。1994年,生物学系更名为生物科学与工程系,信息物理系更名为电子科学与工程系。1998年,南京大学在原来的基础学科教学强化部的基础上成立了基础学科教育学院。1993年,作为首批进入国家"211工程"建设的大学,南京大学针对自身发展情况,提出了"两个接轨"的发展目标:把握学科前沿,培养的基础性人才和高科技应用人才能够满足国家需求;根据社会需要来培养复合型应用人才。①

表2-39 1990～1999年南京大学基层学术组织变化表

1992年	1993年	1994年	1999年
文学院☆ 地学院☆ 理学院☆ 技术学院☆ 生命科学学院☆ 新闻系☆	外国语学院☆ 化学化工学院☆ 环境科学与工程系△ 计算机科学与技术系△	法学院△ 电了科学与工程系△ 生物科学与工程系△	环境学院△

注:☆为新建,△为恢复。

由表2-39可知,到20世纪90年代末,南京大学共设10个学院、14个学系。其中,医学院、国际商学院、外国语学院、化学化工学院、法学院这5个学院为实体,其他5个为虚体。

6.同济大学

进入20世纪90年代,同济大学为发展文科,于1993年成立了文法学院和外语学院,德语系、日语系、英语系等转入外语学院。1996年1月,新成立测量工程系、房地产管理系,其是从房地产与测量工程系中分化出来的。1996年末,同济大学成立商学院,这一学院是在上海市建设学院、上海建筑材料工学院并入同济大学后建立的材料科学与工程学院、土木工程学院基础之上组建的。

1998年6月,同济大学为优化院系等基层学术组织结构,把原有的4个系即管理系、房地产管理系、国际工程运营与估价系、经济信息系进行重新组建并成立建筑管理与房地产、管理科学与信息系、工商管理系、经济与金融系,经济管理学院与商学院也通过合并成立了经济与管理及会计系。②

1999年同济大学完成了向校—院—系三级管理体制的转变,由原来4个学院发展到11个学院,并恢复、新建14个学系。

---

① 南京大学官方网站. http://museum.nju.edu.cn/univerhistory/index_02.asp?column=01.
② 官振蒙.学术组织的动态演变:一所大学的院系结构变迁史[D].上海:华东师范大学硕士学位论文,2010:35-36.

表 2-40　1990～1999 年同济大学基层学术组织变化表

1992 年	地球物理系△
1993 年	风景科学与旅游系☆ 工业设计系☆ 房地产测量系☆ 文法学院☆
1994 年	文化艺术系☆ 经济贸易系☆ 法律系☆
1996 年	国际工程运营与估价系☆ 法律系 日语系☆ 商学院
1997 年	土木工程学院☆ 生命科学与医学工程系☆ 材料科学与工程学院☆
1999 年	管理科学与信息系△ 会计系☆ 建筑管理与房地产系△ 工商管理系△ 经济与金融系△ 中法工程与管理学院☆ 外语学院☆ 环境科学与工程学院☆ 电子与信息工程学院☆ 理学院☆

注：☆为新建，△为更名。

7. 东北大学

1993 年，东北大学复名。1994 年 9 月 15 日，成立理学院，下设数学系、物理系、化学系、材料物理系与力学部。1994 年，管理工程系更名为工商管理学院。1995 年，采矿系与矿物系合并成立资源与土木工程学院。1996 年 10 月，自动控制系同计算机科学与工程系合并组建信息科学与工程学院。

表 2-41　1990～1999 年东北大学基层学术组织变化表

1993 年	1994 年	1995 年	1996 年	1997 年	1999 年
外语系☆ 文法学院△ 外语系☆	工商管理学院△ 理学院☆	资源与土木工程学院☆	材料与冶金学院☆ 信息科学与工程学院☆	机械工程与自动化学院☆	外语学院△

注：☆为新建或组建，△为更名或恢复。

由表 2-41 可知，1993 年，东北大学复名后，逐渐开始发展文科，如外语系的建立等，学校由校—系两级管理体制向校—院—系三级过渡。如理学院的成立；1999 年，外语系新增英语系、俄文系，由此扩建为外语学院。至此，东北大学内部全部实行学院制改革，全校共设有 8 个学院。

8. 武汉大学

1992 年，武汉大学在生物系、病毒系及生物工程中心的基础上组建生命科学学院。1993 年，组建政治与行政学院。1994 年，成立遥感与信息工程学院；1996 年，与计算机系合并为信息工程学院。1999 年，政治与行政学院并入法学院，新闻学院与图书情报学院合并成立新闻与传播学院，电子信息学院与物理学院合并组成物理与电子信息学院。20 世纪 90 年代末，武汉大学大众传播与知识信息管理学院成立，它是由新闻学院与图书情报学院合并组建的。同年，武汉大学又将经济学院、管理学院、旅游学院合并组建商学院。

武汉大学内部院系进行大规模重组，到 1999 年，由原来 5 个学院、19 个直属系变革成 9 大学院，分别是人文学院、法学院、商学院、外国语学院、大众传播与知识信息管理学院、数学与计算机科学学院、生命科学学院、物理与电子信息科学学院、化学与环境科学学院。

表 2-42　1990～1999 年武汉大学基层学术组织变化表

1990～1991 年	外国语言文学学院☆
1992 年	政治与行政学院☆
1996 年	建筑学院☆ 信息工程学院☆
1997 年	文学院☆ 化学院☆ 计算机科学与技术学院☆

（续表）

1998 年	历史文化学院☆
1999 年	化学与环境科学学院△ 人文科学学院△ 生命科学学院☆ 法学院☆ 物理与电子信息科学学院☆ 大众传播与知识信息管理学院☆ 商学院☆

注：☆为新建或组建，△为恢复或更名。

9. 哈尔滨工业大学

1992年哈尔滨工业大学创办哈尔滨工业大学高新技术园区，探索出一条"一校办区，一区补校，校区结合，一校两制"的办学模式。1996年哈尔滨工业大学成为首批进入"211工程"建设的院校之一。①

表2-43　1990～1999年哈尔滨工业大学基层学术组织变化表

1993 年	1994 年	1995 年	1996 年	1998 年	1999 年
材料科学与工程学院☆	能源科学与工程学院☆ 理学院☆	建筑工程学院☆ 生命科学与工程系☆ 人文社会科学学院☆	电子与通信工程系△	外语系☆	流体传动及控制自动化系☆

注：☆为新建，△为更名。

由表2-43可知，20世纪90年代，哈尔滨工业大学开始进行学院制建设，同时学系与学院并存。1996年，无线电系更名为电子与通信工程系。这一时期共设有5个学院、4个学校直属系。哈尔滨工业大学在原有工科院系的基础上开始了文理科的探索性发展。

10. 中国农业大学

几经波折，20世纪90年代初，中国农业大学开始恢复建校。20世纪90年代中期，北京农业大学在与北京农业工程大学合并组建后，正式更名为中国农业

---

① 哈尔滨工业大学官方网站. http://www.hit.edu.cn/236/list.htm.

大学。为适应社会需求、学科发展,在新建、恢复学系的基础上,开始组建新学院。

表 2-44　1990～1999 年中国农业大学基层学术组织变化表

1990 年	1992～1993 年	1995 年	1999 年
车辆工程系☆	资源与环境学院☆ 电子电力工程学院△ 动物科技学院☆	植物科技学院☆ 食品科学与营养工程学院☆ 农业工程学院☆ 信息管理系☆ 动物医学院☆ 水利与土木工程学院△ 经济管理学院☆ 国际学院☆	作物学院△ 植物保护学院△ 园艺学院△ 车辆工程学院△

注:☆为新建,△为更名。

由表 2-44 可看出,新的中国农业大学也开始学院制改革。1995 年是中国农业大学发展的高峰期,新建 7 个学院,学院的建立更多的是考虑学校自身发展及人才培养需求。到 20 世纪 90 年代末,中国农业大学共拥有 12 个学院、1 个校级系。中国农业大学在发展农学的基础上,开始发展人文社会科学及工科,为创建世界一流农业大学不断努力。

总之,10 所大学的基层学术组织发生了不同程度的变革。这一时期,浙江大学、东北大学、哈尔滨工业大学内部也开始进行学院制建设,其余 7 所大学在原有学院制改革基础上,新建了若干学院、学系(见表 2-45)。

表 2-45　20 世纪 80 年代与 90 年代各高校基层学术组织形态变化表

时间 学校名称	20 世纪 80 年代	90 年代
清华大学	3+26	8+30
北京大学	2+27	10+28
浙江大学	+16	12+1
中国人民大学	4+14	9+
南京大学	3+17	10+14
同济大学	4+24	11+14

(续表)

学校名称 \ 时间	20世纪80年代	90年代
东北大学	+16	7+
武汉大学	5+19	9+
哈尔滨工业大学	+9	5+4
中国农业大学	1+5	12+1

注：上述材料由各高校学院、校史网站提供，"+"前为学院，"+"后为学系。

由表2-45可知，进入90年代后，学院在大学内部进一步得到深化与发展。中国人民大学、东北大学、武汉大学由原来的校—系两级管理体制完全转变为校—院—系的三级管理体制，其余7所大学也由以学系为主、学院为辅转向学院为主、学系为辅的管理体制。

我国高教史上的第二个转折点是20世纪90年代的院校合并。这一次基层学术组织变革立足于中国高校自身情况，是为了整顿中国当前高校的散、乱的状况，并对人才培养与高校学科资源的整合提出了明确要求。可以说，这次改革是自发性的，主要是大学组织内部利益不均衡所引起的，属于诱致性制度变迁，到了后期，大规模的变革是高校无法掌控的，在政府强制性政策的引导下得以顺利完成。

1990年10月11日，《国家教委关于深化改革高等理科教育的意见》中指出各类高校急需高质量的自然科学和数学基础师资，这个任务应该由国家教委直属的综合大学理科教育来完成，坚持理工（农、医）相结合是理工（农、医）科院校发展的方向，主要培养国家需要的应用型理科人才，这些人不仅要具备良好的理论基础，还要有相当程度的工程训练，如农业、林业及医药等。1993年，中共中央和国务院颁布的《中国教育改革和发展纲要》中提出高等教育体制改革要与我国经济、科技、政治体制改革相适应，随即对部属学校进行改革试点。

我们可以看到，不同时期、不同层面的变革都会有强制性制度变迁与诱致性制度变迁的影子。20世纪90年代院校合并初期主要体现于诱致性变迁，发展到后来，规模不断扩大，要使其有秩序地进行下去，来自政府的强制性政策是不可少的，没有政府力量的介入与推动，变革可能无法进行下去。

(三)高等教育扩招后的变化(2000～2014年)

1.清华大学

2000年后,清华大学恢复建立了社会学系、政治学系、哲学系等文科学系。2012年清华大学撤销了人文社会科学学院,成立人文学院和社会科学学院。为了更好地整合学科发展,实现跨学科发展以及学科的交叉融合,数学学科、物理系、化学系与地球系统科学研究中心组成了理学院。除了工程物理系、化学工程系、电机工程与应用电子技术系这4个学系作为学校直属系之外,其他学系都被并入学院之中。

表2-46 2000～2014年清华大学基层学术组织变化表

年份	院系
2000年	土木水利学院☆ 公共管理学院☆
2001年	医学院☆
2002年	新闻与传播学院☆
2004年	航天航空学院☆
2007年	国际关系学系
2008年	心理学系 马克思主义学院☆
2009年	生命科学学院☆ 环境学院☆
2014年	社会科学学院△ 材料学院☆ 人文学院△ 五道口金融学院☆

注:☆为新增院系,△为更名。

至此,清华大学共设19个学院(在学院下设55个学系)。其中,人文社科类学院增至9个,理科类学院合并为2个,工科类7个,另外增加了1个医学院。这一阶段的清华大学以建设综合性、研究型、开放型世界一流大学为发展目标,形成了校—院—系的三级管理体制。

2.北京大学

2004年初,原北京医科大学合并到北京大学,在此基础上,北京大学内部开始新的院系调整。

表 2-47 2000～2014 年北京大学基层学术组织变化表

2000 年	考古文博学院☆ 教育学院☆ 药学院△
2001 年	物理学院△ 地球与空间科学学院☆ 政府管理学院☆ 新闻与传播学院☆
2002 年	信息科学技术学院☆ 软件学院☆ 对外汉语学院☆
2003 年	城市与环境学院☆ 建筑与景观设计学院☆
2004 年	软件与微电子学院☆
2005 年	工学院☆
2012 年	艺术学院△ 环境科学与工程学院 元培学院☆

注:☆为组建或新建,△为更名。

由表 2-47 可知,北京大学新建教育学院、地球与空间科学学院、建筑与景观设计学院。截至 2014 年,北京大学共组建了 5 大学部:理学部、信息与工程科学部、人文学部、社会科学部、医学部,其中共 37 个学院、6 个学校直属系。

3. 浙江大学

20 世纪 90 年代以来,浙江大学的发展进入突飞猛进的关键期,教育学院、管理学院、计算机科学与技术学院相继成立。

表 2-48 2000～2014 年浙江大学基层学术组织变化表

2001 年	2003 年	2006 年	2009 年	2014 年
软件学院☆ 外国语学院☆	外国语言文化与国际交流学院△	传媒与国际文化学院☆ 公共管理学院☆	航天航空学院☆ 光华法学院☆ 海洋科学与工程学系☆	材料科学与工程学院△ 海洋学院△

注:☆为新建,△为恢复。

2007年成立航空航天学院。2008年,控制科学与工程系成为院级单位,开始独立运行。2009年,浙江大学进行学部制改革,信息与电子工程学系成为信息学部的院级系,可以独立运行。传媒与国际文化学院的建立标志着浙江大学学科建设又向前迈出了一大步,这也是浙江大学优化学科布局的战略性选择。从2009年学部制改革至今,浙江大学共7个学部,下设26个学院、9个院级系、2个独立学院。

4. 中国人民大学

2000年初,中国人民大学进行了学科整合。院系调整后,组建了国际关系学院、外国语学院、公共管理学院、信息资源管理学院、统计学院、社会与人口学院、人文学院、农业与农村发展学院、哲学院、历史学院、知识产权学院11个学院,成立了化学系、物理系、心理学系3个独立运行的实体机构。2010年后,又成立了律师学院、教育学院、中法学院3个学院。

表2-49 2000～2014年中国人民大学基层学术组织变化表

年份	组织
2000年	国际关系学院△
2001年	政务信息管理系△ 外国语学院☆ 公共管理学院☆
2003年	信息资源管理学院△ 统计学院☆ 社会与人口学院☆ 人文学院☆ 理学院☆
2004年	化学系☆ 物理系☆ 农业与农村发展学院☆
2005年	哲学院△ 历史学院△ 国学院☆
2009年	知识产权学院☆ 心理学系☆
2010年	律师学院☆
2014年	教育学院☆

注:☆为新建,△为更名。

2000年至2014年中国人民大学共24个学院,1个理工学院为虚体,下设3个系,即物理系、化学系、心理学系为实体运行单位,另外,中法联合举办独立学院1个。

5. 南京大学

南京大学国际商学院在2000年更名为商学院。2002年成立公共管理学院,2009年更名为政府管理学院。2002年4月,南京大学与南京高新技术产业开发区共建软件学院。2006年,基础学科教育学院更名为匡亚明学院。2007年,文学院成为实体性学院。2010年,建筑学院同地理与海洋科学学院的城市与区域规划系合并组成建筑与城市规划学院。2009年,南京大学在原物理系、电子科学与工程系、材料科学与工程系的基础上成立物理学院、电子科学与工程学院、现代工程与应用科学学院。

表2-50　2000～2014年南京大学基层学术组织变化表

2000年	商学院△
2002～2003年	软件学院☆ 新闻传播学院☆ 公共管理学学院☆
2008年	地球科学与工程学院☆ 大气科学学院☆
2009年	物理学院☆ 电子科学与工程学院☆ 现代工程与应用科学学院☆ 政府管理学院△
2010年	建筑与城市规划学院☆
2011年	天文与空间科学学院☆ 马克思主义学院☆ 信息管理学院☆

注:☆为新建,△为更名。

2000年以来,南京大学新建12个学院,在这些学院中,主要以理科建设为主。目前,南京大学共拥有28个学院、1个校级直属系。

6. 同济大学

2000年4月,同济大学再次进行了院系调整,主要是由于上海铁道大学的并入,扩大了同济大学的规模。之后,同济大学医学院、同济大学口腔医学院相继成立。① 当然,3所附属医学院的组建及医学学科的增加,让同济大学在向综合性大学发展的道路前进了很大一步。这一时期,同济大学的文科也有了很大发展。2000年之后是同济大学院系增加最快的阶段,一系列适应社会发展要求的新学院相继诞生。这一阶段里,院系等基层学术组织数量不断增多,显示出其学科在不断分化与综合。

表 2-51　2000~2014 年同济大学基层学术组织变化表

年份	学院
2000 年	交通运输工程学院☆ 医学院△ 口腔医学院△
2002 年	生命科学与技术学院△
2004 年	航空航天与力学学院☆ 知识产权学院☆ 汽车学院☆ 海洋与地球科学学院△
2005 年	理学部☆
2006 年	人文学院☆
2014 年	测绘与地理信息学院☆ 马克思主义学院☆ 设计与艺术学院☆

注:☆为新建,△为更名。

由表 2-51 可知,截至目前,同济大学共有 29 个学院、1 个学部,另设 60 多个研究所与研究中心,真正成为涵盖理、工、文、法、经、管、医、哲、农 9 大学科门类的综合性大学。

7. 东北大学

为了适应社会和教育发展需要,进行学科结构调整,强化合理布局,改善育人环境,更好地培养具有专业知识、较高综合素质和创新能力的复合型艺术人才,2001 年 6 月,东北大学成立艺术学院。2005 年 9 月,东北大学以信息科学与工程学院生物医学工程专业为基础,经教育部批准,与埃因霍温科技大学联合创

---

① 同济大学官方网站. http://www.tongji.edu.cn/lishiyange.html.

办中荷生物医学与信息工程学院。

表 2-52 2000～2014 年东北大学基层学术组织变化表

2001 年	2005 年	2011 年	2014 年
马克思主义学院☆ 艺术学院☆ 软件学院☆	中荷生物医学与信息工程学院☆	国防教育学院☆	生命科学与健康学院☆ 江河建筑学院☆

注：☆为新建。

2000 年之后，东北大学相继新建基础学院、艺术学院、软件学院、中荷生物医学与信息工程学院、生命科学与健康学院、江河建筑学院等 7 个学院。至此，东北大学也开始向多学科的综合性大学迈进。

8. 武汉大学

2000 年 8 月，新的武汉大学由原武汉大学、武汉水利电力大学、武汉测绘科技大学、湖北医科大学组建而成。同时，基层学术组织结构进行整合规划，成立了新闻与传播学院、化学与分子科学学院、资源与环境科学学院、水利水电学院、城市设计学院。电力工程系更名为电气工程学院。2001 年以来，武汉大学基层学术组织结构发生很大变化。

表 2-53 2000～2014 年武汉大学基层学术组织变化表

2001 年	信息管理学院△ 政治与行政学院△
2002 年	国际软件学院☆
2003 年	艺术系☆ 政治与公共管理学院☆ 教育科学学院☆
2005 年	WTO 学院☆ 社会学系☆
2010 年	计算机学院☆ 国学院☆
2014 年	马克思主义学院☆

注：☆为新建，△为更名。

到 2014 年，生命科学学院与外国语言文学院没有变动，武汉大学共有 36 个学院、3 个校级直属系，分别设在人文学部、理学部、信息科学学部、社会科学学部、工学部、医学部6个学部之下。

9. 哈尔滨工业大学

进入2000年后,哈尔滨工业大学、哈尔滨大学合并组建成新的哈尔滨工业大学。由此,其院系等基层学术组织进行了重新调整与组建。

表2-54　2000~2014年哈尔滨工业大学基层学术组织变化表

2000年	工程图学部☆ 土木工程学院△ 计算机科学与技术学院☆ 软件与网络技术学院☆ 建筑学院☆ 交通科学与管理学院☆ 外语系☆ 管理学院☆
2005年	法学院☆ 电气工程与自动化学院☆
2006年	食品科学与工程学院☆ 外国语学院☆
2008年	化工学院☆
2009年	电子与信息工程学院△
2014年	生命科学与技术学院☆ 市政环境工程学院☆

注:☆为新建,△为更名或重组。

2000年之后,哈尔滨工业大学开始学院制改革,同时存在校—系两级建制。到2014年,该校共设有18个学院。

10. 中国农业大学

2002年,中国农业大学的农作物学院、植保学院、园艺学院合并组建农学与生物技术学院,车辆工程学院与农业工程学院组建工学院。[①] 同年,人文学科建设也开始,新建人文与发展学院。2009年,新组建思想政治教育学院。

---

① 中国农业大学官方网站. http://www.cau.edu.cn/col/col10207/index.html.

表 2-55　2000～2014 年中国农业大学基层学术组织变化表

2000 年	2002 年	2014 年
信息学院☆	农学与生物技术学院☆ 信息与电气工程学院☆ 工学院☆ 理学院☆ 资源与环境学院 人文与发展学院☆	思想政治教育学院☆

注:☆为新建或组建。

中国农业大学共 14 个学院。2000 年,理学院、工学院的成立是其标志性事件。理学院由原来的应用化学学院、工程基础科学部、信息学院的部分专业组成;工学院由学校整合的工学门类部分骨干学科专业群、原机械工程学院、车辆与交通工程学院与农业工程研究院共同组建。我们看到,中国农业大学定位为具有农业特色的多科性综合大学。

(四)小结

20 世纪 90 年代以来,在国家经济体制改革和市场经济不断完善、学科发展综合趋势不断加剧的背景下,我国高等教育向更高层次和更大规模发展,不同程度地冲击了大学基层学术组织形式及结构的变化。很多大学开始通过校系共建、划转等方式进行重组、合并。可以说,这一时期的基层学术组织,逐渐取消与专业相对应的系,由学系向学院转变,改为学院制,当然,这些大学在把部分学系合并为学院的同时,还保留了一部分实体系。总之,20 世纪 90 年代是大学组织中学院与学系并存的时期。

表 2-56　2014 年 10 所大学基层学术组织情况表

学校名称 \ 基层学术组织	基层学术组织总数	学院(个)	学系(个)
清华大学	19	19	0
北京大学	43	37	6
浙江大学	35	26	9
中国人民大学	28	25	3
南京大学	29	28	1

(续表)

基层学术组织\学校名称	基层学术组织总数	学院(个)	学系(个)
同济大学	30	30	0
东北大学	15	15	0
武汉大学	39	36	3
哈尔滨工业大学	18	18	0
中国农业大学	14	14	0
合计	270	248	22

注：这里的"学系"指校级系。

到2014年，10所大学共设基层学术组织270个，其中学院248个、学系22个，学院占基层学术组织总数比达92.9%。清华大学、同济大学、东北大学、哈尔滨工业大学、中国农业大学基层学术组织全部为学院。平均每所大学设置27个基层学术组织，6所大学在平均值以上。设置基层学术组织最多的是北京大学（43个），其次是武汉大学（39个），第三是浙江大学（35个）；设置基层学术组织最少的是中国农业大学（14个）和东北大学（15个）。

2000年后，北京大学、浙江大学、中国人民大学、武汉大学分别推行学部制。可以说，我国大学基层学术组织结构呈现出不断变化的趋势，大学内部的院系数量不断增加、学部相继成立，这一切无不是在知识的不断更新、学科的分化与综合、社会发展的需求等背景下发生的。满足大学组织自身发展需求是内在动力，很少受到国家强制性影响，属于诱致性制度变迁模型。作为制度供给者的政府是促进大学基层学术组织变迁的外在动力，在国家规范的管理体系与法律体系下，不断加强高校办学自主权。高校有了办学自主权，就可以根据自身发展需要来设置基层学术组织的结构与形式，对基层学术组织进行调整。

四、演变的整体情况分析

我们把1952年、1956年、1989年、2014年4个节点时间10所大学设置基层学术组织情况进行汇总，发现整体情况有较大变化，每所大学也有不同程度的差异（见表2-57）；学系制度向学院制度的变化自20世纪80年代中期开始，历经10余年时间，基本完成了我国大学基层学术组织的学院制度变迁。

表2-57 1952～2014年10所大学基层学术组织设置情况汇总表

学校	年份	基层学术组织设置总数	学院数	学系数
清华大学	1952	8	0	8
	1956	12	0	12
	1989	29	3	26
	2014	19	19	0
北京大学	1952	12	0	12
	1956	13	0	13
	1989	29	2	27
	2014	43	37	6
浙江大学	1952	4	0	4
	1956	5	0	5
	1989	16	0	16
	2014	35	26	9
中国人民大学	1952	9	0	9
	1956	12	0	12
	1989	18	4	14
	2014	28	25	3
南京大学	1952	13	0	13
	1956	10	0	10
	1989	20	3	17
	2014	29	28	1
同济大学	1952	5	0	5
	1956	7	0	7
	1989	29	5	24
	2014	30	30	0
东北大学	1952	4	0	4
	1956	7	0	7
	1989	16	0	16
	2014	15	15	0

(续表)

学校	年份	基层学术组织设置总数	学院数	学系数
武汉大学	1952	5	0	5
	1956	10	0	10
	1989	24	5	19
	2014	39	36	3
哈尔滨工业大学	1952	4	0	4
	1956	7	0	7
	1989	9	0	9
	2014	18	18	0
中国农业大学	1952	6	0	6
	1956	6	0	6
	1989	6	1	5
	2014	14	14	0

通过对1952年、1956年、1989年、2014年4个节点时间10所大学基层学术组织设置变化情况进行分析,有以下发现。

第一,设置数量上呈明显的递增趋势。4个节点时间,10所大学设置基层学术组织总数分别为70、89、196、270个,每所大学设置基层学术组织的平均数分别为7、8.9、19.6、27个。从各大学设置基层学术组织数排序来看,始终排在前5位的有北京大学、清华大学、南京大学、武汉大学;始终排在后5位的有东北大学、哈尔滨工业大学和中国农业大学(见表2-58)。

第二,各大学基层学术组织设置数量增幅存在差异。4个年份逐步递增的大学有北京大学、中国人民大学、同济大学、武汉大学、浙江大学、哈尔滨工业大学、中国农业大学(中国农业大学1956年和1989年设置数没有变化),南京大学1956年设置数少于1952年,清华大学、东北大学2014年设置数少于1989年。2014年与1952年相比,基层学术组织设置数增幅最大的是武汉大学,由5个增加到39个;其次是北京大学和武汉大学,各增加31个;第三是同济大学,增加25个;增加数量最小的是中国农业大学,增加了9个(见表2-59)。

表 2-58　10 所大学基层学术组织机构设置数排序

排序	1952 年	1956 年	1989 年	2014 年
1	南京大学(13)	中国人民大学(14)	清华大学(29)	北京大学(43)
2	北京大学(12)	北京大学(13)	北京大学(29)	武汉大学(39)
3	中国人民大学(9)	清华大学(12)	同济大学(29)	浙江大学(35)
4	清华大学(8)	南京大学(10)	武汉大学(24)	同济大学(30)
5	同济大学(5)	武汉大学(10)	南京大学(20)	南京大学(29)
6	武汉大学(5)	同济大学(7)	中国人民大学(18)	中国人民大学(28)
7	中国农业大学(5)	东北大学(7)	浙江大学(16)	清华大学(19)
8	浙江大学(4)	哈尔滨工业大学(7)	东北大学(16)	哈尔滨工业大学(18)
9	东北大学(4)	中国农业大学(6)	哈尔滨工业大学(9)	东北大学(15)
10	哈尔滨工业大学(4)	浙江大学(5)	中国农业大学(6)	中国农业大学(14)

表 2-59　10 所大学基层学术组织机构设置数量变化

学校	1952 年	1956 年	1989 年	2014 年	增长数量（2014 年与 1952 年之差）
武汉大学	5	10	24	39	34
北京大学	12	13	29	43	31
浙江大学	4	5	16	35	31
同济大学	5	7	29	30	25
中国人民大学	9	14	18	28	19
南京大学	13	10	20	29	16
哈尔滨工业大学	4	7	9	18	14
清华大学	8	12	29	19	11
东北大学	4	7	16	15	11
中国农业大学	5	6	6	14	9

第三,学系向学院快速转向。1952 年、1956 年所有基层学术组织均为学系;1989 年,共设置 23 个学院、173 个学系,学院数占总数比为 11.7%;2014 年,共设置 248 个学院、22 个学系,学院数占总数比为 91.9%。由此可见,20 世纪 80

年代前,10所大学所有基层学术组织均为学系;从1983年中国人民大学第一学院设置以来,学院设置数量明显增多,1989年学院设置占比与2014年相比正好呈倒转关系。15年间,学院设置制度在各大学基本替代了学系设置制度。

第三节 基层学术组织变迁的模型构建

一、基层学术组织变迁的逻辑基础

在模型构建过程中,我们可以发现基层学术组织在变迁时受众多因素影响,这些因素并非单一,在不同时期,可能是某一种或某几种因素在起主导作用。本部分从外部与内部两个方面来分析影响基层学术组织变迁的因素。

（一）基层学术组织变迁的外部逻辑

1. 社会变迁

任何事物的存在与发展都处在国家特定的历史背景中。大学基层学术组织在不同历史阶段表现出不同的历史特征,都与我国特定的发展背景相联系。如国学院的建立,20世纪20年代到30年代北京大学、清华大学等都设有国学研究所;20世纪90年代后期,在学科不断交叉融合下,文、史、哲、艺相融的国学再次焕发新活力,国学院在一些大学逐步设立。又如,为了更好、更快地建设社会主义国家,20世纪50年代,以苏联大学办学模式为模板,进行了一次全国大规模院系调整;20世纪90年代,根据当时社会经济发展的需要,开展高校合并,进而为大学内部的基层学术组织改革提供了条件。

2. 高等教育制度变革

基层学术组织变迁是与高等教育制度变革密不可分的。20世纪50年代初,教育部颁布实施了《高校学校暂行规程》,从20世纪50年代末到60年代初,国家陆续出台了《中华人民共和国高等学校章程草案》《教育部直属高等学校暂行工作条例》等,1985年《中共中央关于改革教育体制的决定》的颁布与1993年《中国教育改革和发展纲要》的实施,1995年发布的《国家教委关于深化高等教育体制改革的若干意见》,以及1998年颁布《中华人民共和国高等教育法》、20世纪90年代末出台的《关于深化文科教育改革的意见》等,每一次相关政策文件的出台都会影响大学基层学术组织的调整。

3. 社会人才需求

随着科学技术的发展,社会对各方面人才的需求催生出历史上没有的基层学术组织,如计算机学院、软件学院、对外汉语学院等。大学基层学术组织在坚守自身特有传统与精神的同时,又不可避免地受到社会环境的影响。在高等教育大众化背景下,大学规模扩大,大学维持自身发展的成本日益增长,使得它更加依赖社会经济发展。从一定程度上讲,依赖会产生顺从,大学为了自身发展要不断适应社会需求。① 在大学基层学术组织的设置上,可以看到大学主动适应社会发展的影子。例如,哈尔滨工业大学食品科学与工程学院、市政环境工程学院的建立;南京大学成立的一些应用性学院,如南京大学国际商学院、政法学院、创新创业学院以及电子科学与工程系、生物科学与技术系;同济大学计算机学院、汽车制造学院。

(二)基层学术组织变迁的内部逻辑

1. 大学组织的适应性

新中国成立以来,我国大学内部制度建设经历了五个阶段。第一阶段(1952～1956年)。这一时期,为培养社会主义建设所需要的各种专门人才,模仿前苏联高等教育经验建设社会主义高等教育体系,如以中国人民大学和哈尔滨工业大学为试点单位,把全国高校分为文理综合性大学和单科性(多科性)工科大学。高等教育管理制度与高度集中的计划经济体制相适应,是我国高校管理机制与领导体制初步建立时期不断尝试与变革的结果。但在建设中,校—院—系结构上的权力与职责并不十分明晰,以教授为主体的学术专业人员在大学内部决策中的地位和作用也被忽略。

第二阶段是(1957～1977年):探索改造期。"文化大革命"之前,主要变化体现在加强党对高校的直接领导并突出校长地位。"文化大革命"期间,大学内部制度受政治影响,处于停滞状态。

第三阶段是(1978～1989年):为适应商品经济体制、政治体制改革,大学内部制度建设得到加强。其中重要的一方面就是大学内部管理模式变革,实行校—院—系三级管理和校—院两级管理并存,以校—系二级管理为主,大学内部管理层次和管理责权日渐分明。尤其是1980年12月召开的全国教育工作会议明确了四项改革,其中第一条就是高校可以采用自己认为合适的教学组织形式和其他教学方式。

第四阶段是(1990～1999年):高等教育管理权限下放,进一步落实和扩大高校办学自主权。大学内部制度建设的重点是对内部管理机构的改革,逐步恢复

---

① 马小芳. 我国大学二级学院设置和分类研究[D]. 南京:南京师范大学硕士学位论文,2012:72-73.

学院制。在这一过程中,学科得到发展,校内资源得到合理整合与利用,过去校—系管理模式已经成为历史,到 20 世纪 90 年代后期,学院制成为大学内部基层学术组织的主流。

第五阶段(2000~2014 年):我国开始建设具有中国特色的现代大学制度,重点之一就是完善我国大学内部制度,要求大学的各个院(系)能灵活、有效地实施管理制度(见图 2-3)。

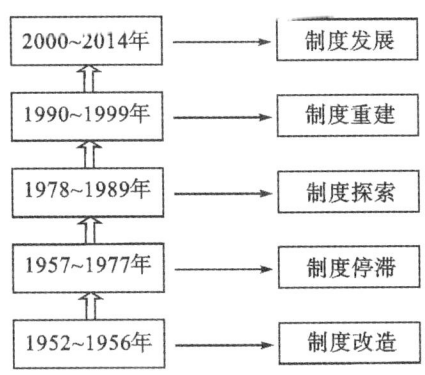

图 2-3　我国大学内部制度变迁阶段

2. 大学组织的文化传统

大学基层学术组织的发展趋势很大程度上受到高校自身的文化环境与办学传统的影响。每所大学在发展中都会形成特殊的文化风格与传统特色,进而形成其办学特色,办学特色又体现在基层学术组织的人才培养上。如清华大学,在 1952 年院系调整前是一所设有文学院、理学院、法学院、工学院、农学院 5 个学院、26 个系的大学;院系调整后则成为多科性工科大学。改革开放后,清华大学重新确立综合性大学发展目标,陆续恢复和增设人文社会科学学院。20 世纪 90 年代末,在顾秉林校长秉承"决定加大投入,支持建设一流文科"的理念下,清华大学在规划设计文科院系、调整学科结构合理布局的同时广纳贤才,其人文社会科学得到了快速发展。① 又如同济大学的中德学院、中德工程学院的建立,同济大学的办学传统源于德国人,以医科作为开端,而且办学之初就有德语教学传统。改革开放后,同济大学的首要任务就是恢复德语教学。1998 年,同济大学中德学院正式成立。20 世纪 90 年代后期,同济大学组建了口腔医学院,医学办学

---

① 转引自清华大学人文社会科学学院教学特色[EB/OL]. http://xslwk.com/index.php?mod=news&code=view&id=34967,2010-05-03/2011-01-22.

特色又得到恢复。

3. 大学发展目标与定位

1952年院系调整后，本书所调查的10所重点大学都根据自身的发展目标单纯地设置院系等基层学术组织（见表2-60）。

表2-60 不同大学发展目标定位下的基层学术组织规模变化表

学校名称	20世纪50年代		20世纪90年代	
	目标定位	规模与数量	目标定位	规模与数量（学院＋系）
清华大学	多科性工业大学	8个工科系	世界一流大学	8+1
北京大学	以文理基础教育和研究为主的综合性大学	3个理科系、7个文科系、2个工科系	世界一流大学	10+28
浙江大学	多科性工业大学	4个工科系	国内外一流、国际知名高水平大学	12+1
中国人民大学	人文、社科为主的综合性大学	9个人文社科系	国际知名的世界一流大学	9+0
南京大学	文理综合性大学	5个理科系 8个文科系	国内外一流、国际知名高水平大学	10+14
同济大学	土木为主的工业大学	5个工科系	国内外知名的高水平大学	11+14
东北大学	单科性工业大学	4个工科系 3个理科系	国内外知名的高水平大学	7+0
武汉大学	文理综合性大学	4个文科系 5个理科系	国内外知名的高水平大学	9+0
哈尔滨工业大学	单科性工业大学	4个工学系	国内外一流、国际知名高水平大学	5+4
中国农业大学	单科性农工院校	6个农学系	具有农业特色的世界一流大学	12+1

注：上述信息源自各高校官方网站。

由表2-60可知，大学的发展目标决定了院系设置。1978年，各高校陆续增设符合学校发展目标与定位的学院学系。进入21世纪后，清华大学、北京大学、浙江大学、中国人民大学、南京大学、同济大学、武汉大学以综合性、研究型大学为发展目标;东北大学定位于国内一流、国际知名的高水平研究型大学;哈尔滨工业大学的发展目标是以理工为主、多科协调发展的国家重点大学;中国农业大学也在具有农业特色的同时兼顾发展多学科,向世界一流农业大学发展。它们的基层学术组织也根据其办学目标与定位予以调整、补充和完善。

表2-61 三所大学基层学术组织类型变化分布表

学校名称	1952~1956年					1990~1999年					2000~2014年				
	人文类学系	理科类学系	工科类学系	医学系	农学系	人文类学院	理科类学院	工科类学院	医学院	农学院	人文社科类学院	理科类学院	工科类学院	医学院	农学院
清华大学		25	75			26	17	57			47	11	37	5	
南京大学	30	70				29	42	25	4		46	32	18	4	
中国农业大学			17		83	23	31			46	21	14	29		36

由表2-61可以看出,20世纪90年代,清华大学的人文类学院占总学院的26%,2000年后,新增社会科学学科,合并组建成人文社科类学院,增长到47%;南京大学人文类学院占比也由42%增长到46%,同时,在文理科稳步发展的基础上增建了工科类学院与医学院;中国农业大学在20世纪90年代开始加强文理科建设,到2000年之后,成为一所具有文、理、工兼容的农业大学。总之,大学发展目标定位对基层学术组织制度起到了重要的作用。

4.学科的分化与综合

大学一开始就是传递高深知识的场所,学科是知识的表现形式,而知识发展到一定程度就会形成特定的学科,到中世纪大学,分为文、法、神、医4大学科。知识不断发展导致学科不断分化,学科的分化体现在院系的设置上,由最初的一个院(系)或几个发展到今天的十几个乃至几十个。同样,知识的交叉与融合导致学科综合化,学科与知识发展往往会影响、制约学院(系)等基层学术组织的规模、结构,甚至影响到基层学术组织形式的变化。20世纪90年代初期,大学中的部分学院就是从学系升迁变革而来的。一般来说,学系的学科力量发展到可以独立运行与管理,系内的教师与学生数量达到一定程度,就可以考虑组建学院。如武汉大学资源与环境学院是集工科、理科与管理专业于一体的综合性学院;作为武汉大学校直属的印刷与包装系从1956年开办印刷工艺班,到1983年的印刷工程专业再到1993年包装专业的设置,始终围绕人才培养来发展;20世纪90年代末到目前新增的图像传播工程专业,形成了比较完整的学科体系。总之,可以从20世纪90年代以来各高校内部学院(系)的设置状况看到知识发展对大学基层学术组织具有重要影响(见表2-62)。

表2-62 20世纪90年代以来10所大学学院设置情况

学校名称	学院设置状况
清华大学	人文社会科学学院(1990)、社会科学学院(2012)
北京大学	化学与分子工程学院(1994)、地球与空间科学学院(2001)、工学院(2005)
中国人民大学	信息学院(1994)、经济学院(1998)、艺术学院(1999)
南京大学	文学院、地学院、理学院(1992)天文与空间科学学院、地球科学与工程学院(2011)
同济大学	文学院(1993)、生命科学与医学工程学院(1997)、理学院(1999)、航空航天与力学学院(2004)、人文学院(2006)
东北大学	文法学院(1993)、资源与土木工程学院(1995)、信息科学与工程学院(1996)、机械与自动化学院(1997)、
武汉大学	政治与行政学院(1992)、文学院、计算机科学与技术学院(1997)、化学与环境科学学院(1999)
哈尔滨工业大学	人文社会科学学院(1995)、理学院(1999)、工学院(2002)
中国农业大学	农业工程学院、植物科技学院(1995)、园艺学院(1997)

5. 重要人物

变迁主体作为制度变迁的内在机制之一,包括国家、组织、个人等。有效组织是制度变迁的关键性因素,衡量一个组织是否有效,要从组织的专业技术、知识、学习能力等要素来分析,也就是看这一组织有多大的创新能力。观察一个组织是否具有创新能力,要看是否有重要的企业家存在。熊彼特在他的创新理论中列出的企业家所具备的品质中第一个就是决断的精神。无论任何人,当他在创新时,就是熊彼特意义上的企业家,当他退出创新活动时就不是企业家。[①] 按照熊彼特的看法,重要人物对事物的发展具有强大的推动作用。大学基层学术组织发展也与某些重要人物相联系。如清华大学机械工程学院是1997年在金

---

① 刘秀生.新制度经济学[M].北京:中国商业出版社,2003:169.

国藩的领导下成立的。同济大学前校长万钢的曾是德国奥迪公司的技术部经理,从德国回来任同济大学校长一职,在此期间,他开发出燃料电池轿车,在他的倡导下,2000年初同济大学成立汽车学院。又如北京大学建筑与景观设计学院是2003年在俞孔坚的发起下成立的,浙江大学农业与生物技术学院是1999年在陈子元的领导下组建的。

二、基层学术组织变迁的模型构建

(一)强制性变迁模型与诱致性变迁模型

在新制度主义经济学中,存在两种类型的制度变迁模式:一种是自下而上的诱致性制度变迁;另一种是自上而下的强制性制度变迁。强制性制度变迁认为变迁的动力源于政府部门的强制措施;诱致性制度变迁认为主要动因是利益群体在制度不均衡状态下进行自发性变迁。有时,这两种制度变迁并非相互对立,而是相辅相成的,共同推动组织发展。强制性变迁和诱致性变迁同样适用于基层学术组织制度变迁。20世纪50年代大规模的院系调整,使我国大学由原来的校—院—系三级模式变成校—系两级模式,不同类型的学校出现了不同的结构安排。可以说,一直到20世纪90年代初,我国大学基层学术组织变迁主要表现为强制性制度变迁。

在制度变迁理论中,强调变迁契机的形成是在潜在收益的驱动下进行的,大学基层学术组织非均衡状态的出现,说明当时的组织安排和组织结构的净收益没有超过其他一种或几种可供选择组织形态的净收益,即新的盈利机会已经出现并将要占据主导地位,或者说是出现了潜在的额外收益。这些收益在原有组织模式下无法获得,只有实施组织制度变迁,才能获得潜在收益。我国大学基层学术组织变迁是对非均衡状态的一种必然反应。强制性组织变迁是政府立足于社会整体利益与统治集团利益对组织非均衡带来的获利机会做出的反应,如2001年《教育部关于试办示范性软件学院的通知》颁布之后,17所大学内设置了软件学院。

诱致性制度变迁是大学组织及其成员立足于自身利益对获利预期做出的选择。诱致性制度变迁主要体现在20世纪90年代的高校合并中。此时期,新一轮的院系调整主要是高校自身的发展需求。从范围上看,大学组织本身发起的制度变迁体现在组织内部,但全国大学院系调整仍需国家调控。所以,到了高校合并后期,又逐渐体现出强制性制度变迁的势态,即所谓的制度供给在数量上的互补性,由于制度创新与变迁中的外部成效会导致可能出现"寻租"问题,这一切可能预示此时的制度建设滞后于社会需求了,诱致性制度变迁所起的作用很小,只有国家发起的强制性制度变迁可以弥补。①

20世纪90年代的院系调整恢复并重建了校—院—系三级模式,同时,新兴学科在学科不断分化的情况下产生了。面对这种情况,新学科的带头人会发挥关键性作用,在其领导和提倡下,很快把新学科从原有院系分离出来,组建新的基层学术组织形式。我们可以认为,这是由重要人物引起的诱致性制度变迁(见图2-4)。

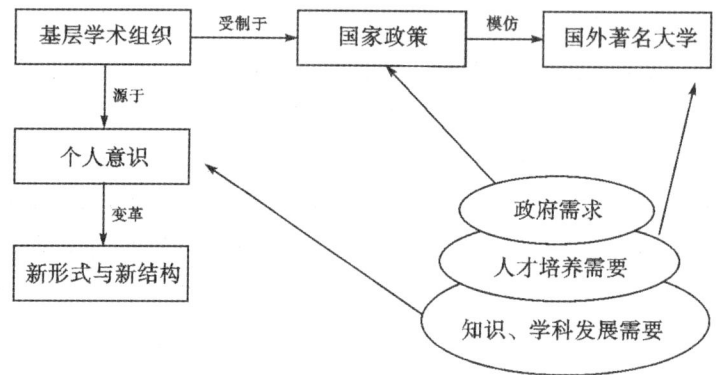

图2-4 强制性变迁模型与诱致性变迁模型

不论大学基层学术组织变迁如何发生,变迁的契机都是组织出现了新的获利机会,只是强制性变迁需要通过政府的强制性手段才能实施获利;诱致性变迁模型是在参与者相互认同的基础上通过自觉行动实现的。②

(二)中间扩散型结构变迁模型

我国高等教育制度制定的最初阶段,采用"自上而下"的强制性方式。20世纪90年代末《中华人民共和国高等教育法》的实施打破了这种所谓的强制性制度变迁模式,随之而来的是中间扩散型制度变迁成为主流趋势。杨瑞龙提出,并非所有的制度变迁都能用诺斯的强制性制度变迁与诱致性制度变迁来解释,由此出现了"诺斯悖论"。他以我国经济体制向市场经济改革为例,国家放权给地方政府之后,地方政府就拥有了很大的资源配置权,追求最大化利益就成了地方政府的主要目标,因此会重新调整已有的政治、经济合约。

杨瑞龙认为中间扩散型变迁方式可以化解"诺斯悖论",可以独立行使利益,

---

① 刘秀生.新制度经济学[M].北京:中国商业出版社,2003:196.
② 李桂荣.大学组织变革之经济理性[M].北京:中国社会科学出版社,2007:101-102.

当地方政府作为沟通权力中心的制度供给与微观主体的制度创新需求的中介环节,就会打通由权力中心设下的制度障碍,把权力中心的垄断资金推到最大化,并能够协调与有效产权结构的关系相一致。那么这种区别于需求诱致型,又有别于供给主导型的制度变迁方式就是中间扩散型组织结构变迁。这种在制度非均衡条件下,可以满足个体最大化利益要求,同时通过与权力中心进行谈判等方式来实现国家垄断租金最大化的制度变迁,逐步向市场经济靠近,在这种情况下,实施这一集体行动的主体就是组织[①]。他认为,组织就是团体,这一团体可以在已有制度规则下让自身利益最大化。在中间扩散型变迁模型中,最主要的动力来自中间层的组织团体,在自身利益推动下,会主动调整上下关系进行变革。

我们再来看大学基层学术组织制度的变迁。在这个过程中,实施扩散型变迁的主体是大学学科组织。任何制度环境中的大学,在接受政府领导的同时,又要引领其所属的基层学术组织,每所大学组织都是以学科为单位设置院系。从上述10所大学基层学术组织变迁中,我们看到,有些基层学术组织的产生与组建,既不是国家强制实施的,也不是个人领导成立的,而是学科发展到一定阶段的必然产物。但是,我们知道学科本身是不会引起基层学术组织变迁的,需要有学科的共同利益群体发起、协调各个方面的力量带动组织结构变革才能使变迁进行下去。在学科组织自身发展需要下,独立发展或者与其他相关学科融合、交叉发展时,组织的领导作用与权力控制中心和个人的利益是不可分离的,中间扩散型变迁模型主要体现为2000年之后大学基层学术组织的变化,如图2-5所示。

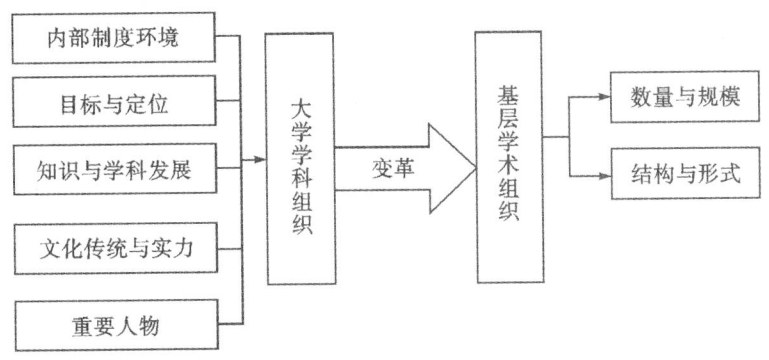

图 2-5 中间扩散型结构变迁模型

---

① 杨瑞龙. 我国制度变迁方式转换的三个阶段论——兼论地方政府的制度创新行为[J]. 经济研究,1998(1):3-8.

如在2012年后,清华大学相继组建了人文学院、社会科学学院、理学院。人文学院下设有4系,分别是中国语言文学系、历史系、外国语言文学系、哲学系。社会科学学院下设4系,分别是政治系、国际关系学系、社会学系、心理学系。为了更好地整合、发展学科,实现跨学科发展以及学科的交叉融合,数学学科、物理系、化学系与地球系统科学研究中心组成了理学院。这样组建学院,不仅有利于学科建设与发展,也能突出重点学科的优势地位。

又如在2000年8月,武汉大学、武汉水利电力大学、武汉测绘科技大学、湖北医科大学合并组建新的武汉大学之后,基层学术组织结构进行整合规划,在水利系、水资源与河流工程系、水力发电工程系及水利科学研究所的基础上组建了水利水电学院。原武汉大学、武汉水利电力大学、武汉测绘科技大学的建筑学与城市规划、艺术设计、图书中心等专业及教学单位共同组成了城市设计学院。

可以认为,中间扩散型组织结构变迁模型的主要影响因素是大学学科组织。当然,在特定的环境中,个人或利益团体,要成为制度变迁的"第一行动团体",首先满足的条件是能够自发进行组织制度创新,在这个制度创新过程中,必须是已经能够确立导致自身利益最大化的制度安排和权利界定。如果出现了上述情况,制度变迁就正在由中间扩散型向诱致型变迁转变。[①] 由此看来,它们之间是可以相互转化的。

(三)互动合作型结构变迁模型

有学者认为,从中国制度变迁理论看,可以用双层次互动变迁模型即宏观层次与微观层次的变迁模型来解释。当然,也可以是多方之间的博弈,只是不在一个空间层次上。[②]

王敬尧在2005年提出了所谓的互动合作型变迁。在他看来,不同历史阶段的社会经济决定了制度变迁的不同特点,1978年之前,中国的制度变迁多数是强制性的,伴随着经济的发展、社会的进步,逐步向"多方要求—多方制约—多方合作—体制创新—需求满足"的互动合作型的制度变迁发展。[③] 在每个历史发展阶段,不同的制度变迁模型表现出各具特色的形态,所起的作用也不尽相同。总之,在经济社会中,制度变迁始终受到多因素影响。

---

① 同古勒格.浅议中间扩散型制度改革[J].内蒙古煤炭经济,2009(2):28-30.
② 靳涛.双层次互动进化博弈制度变迁模型——对中国经济制度渐进式变迁的解释[J].经济评论,2003(3):47-51.
③ 王敬尧.互动合作的制度变迁模型——以武汉市江汉区社区建设为例[J].华东师范大学学报(哲学社会科学版),2005(5):18-26.

突出多因素共同作用是互动合作模型制度变迁的最大特点。在复杂的社会发展中,会涉及不同的利益主体,在这一变迁过程中多因素相互合作、相互博弈、相互协调、共同推动制度变迁。正如黄启兵所言,并非完全是根据当时领导者的偏好来选择制度及制度变革的路径,任何制度的变迁是社会各利益团体的共同合作,通过利益集团的多元博弈,不断打破制度均衡,才能使制度发生变迁(见图2-6)。①

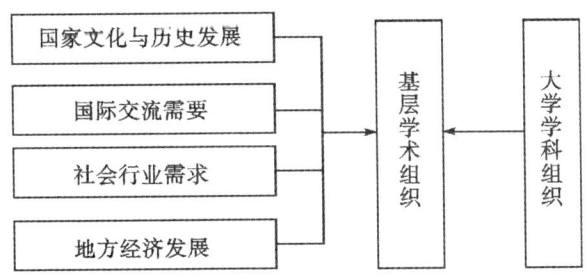

图 2-6 互动合作型结构变迁模型

通过对 10 所大学基层学术组织变迁发展状况的梳理,可以看出,20 世纪 50 年代院系调整的初期,遵循强制性制度变迁模型。1978 年改革开放后,基层学术组织开始变革,由国家力量主导的强制性制度变迁向诱致性制度变迁过渡,随后进入快速转向学院制阶段,多方合作是推进大学基层学术组织变迁的重要因素。

我国进行"211 工程""985 工程"大学建设之后,一批重点大学把目标定位于国际化、高水平的综合性大学,相应地,基层学术组织随之发生变化。学科的交叉与分化,社会对人才需求的多样化,基层学术组织结构与形式不断更新,尤其在 2000 年后,每所大学中都出现此类型学院,其变迁方式遵循了互动合作变迁模型,如表 2-63 所示。

表 2-63 2000 年后互动合作型组织学院的设置

学校名称 \ 学院	互动合作型组织结构变迁模型
清华大学	五道口金融学院(2012)
北京大学	考古文博学院(2000)
浙江大学	光华法学院(2009)

---

① 黄启兵.中国高校设置变迁的制度分析[M].福州:福建教育出版社,2007:328.

(续表)

学校名称 \ 学院	互动合作型组织结构变迁模型
南京大学	电子科学与工程学院(2009)
同济大学	中德学院(1998)、中意学院(2006)
东北大学	中荷生物医学与信息工程学院(2005)
哈尔滨工业大学	食品科学与工程学院(2006)

在构建互动合作型变迁模型中,我们看到了大学发展对基层学术组织提出了培养人才的需求、开展学术活动的需求,也有大学对外交流的需要。我们认为,大学基层学术组织发生变革是综合多种因素共同作用的结果。

三、基层学术组织变迁的特点与趋势

(一)多重因素的共同作用

奥尔森的利益集团理论认为,不同利益集团的博弈决定了一种制度的优劣,利益集团是一个对制度变迁具有决定性作用的、具有明确利益目标的主体。在4种变迁模型中,我们可以看到,基层学术组织变迁是由多重因素造成的,可能是国外著名大学的影响,可能是社会对人才的特殊需求,可能是学生发展的需要,也可能是政府政策的影响。这些影响因素对基层学术组织变迁的作用是间接的,而大学对基层学术组织变迁的作用是直接的。基层学术组织方式变迁的每一个影响因素都会促进大学基层学术组织的变化,而这些因素是相互作用、相辅相成的。

大学基层学术组织变迁过程并非偶然,不管是何种形态、何种结构模式,都存在其必然性。通过梳理不同时期、不同类型大学的基层学术组织变迁过程,可以找到基层学术组织变迁的规律及特点。该过程可以看成组织合法化、不断推动大学发展、不断适应社会需求的过程,大学为了自身的生存与发展,会不断变革基层学术组织的形式与结构,使之具有合法性和正当性。这从4个变迁模型的非独立性可以看出基层学术组织变迁的多重因素作用。

(二)由外部强制到内部自觉

新中国成立初期,国家以强制性手段调整院系,按照前苏联模式建立大学基层学术组织,在这种情况下,基层学术组织的自主权较少。当政府强制性实施相应政策后,组织便会自行模仿,在变迁的过程中,不自觉地朝着诱致性变迁的方向发展。从新中国成立初期开始,各高校内部的基层学术组织数量持续增加,这样的情况一直持续到"文化大革命"时期。20世纪90年代初,院系的增长数量呈上升趋势,但较为缓慢。如清华大学、北京大学、同济大学,每年新增、重组院系为2～3个。进入90年代后,随着国家重点大学政策的确立与经济发展需求,新增院系数量达到每年7～10个。进入21世纪后,各高校开始学院制模仿,本阶段的基层学术组织变迁是强制性变迁与诱致性变迁的相互融合,变迁涉及的影响因素也更加复杂。但从整体上看,表现出由外部强制到内部自觉的特点。

(三)遵从学术组织的基本属性

任何组织只有在遵循了自身组织属性时,才能良好运行。大学基层学术组织的属性主要在于学术性、知识性、专业性以及结构的松散型,这样就决定了在基层学术组织制度变化中需要充分发挥学术权力的作用。由学术共同体构成的大学基层学术组织,需要一种集体参与、民主决策的组织文化。因此,大学基层学术组织的特性决定了要为教师创造良好的学术氛围,教师要有充分的学术权力,按照组织的本质属性——学术性进行教学与科研,各大高校的文理科建设也更加合理化。此外,基于学科的大学基层学术组织变迁,还可能受到两个方面的影响:一是随着学科知识的交叉与融合,基层学术组织更加综合化,学院或学部是大学组织建设的核心;二是由于学科的分化,基层学术组织结构的细化将愈来愈强,学系成为大学内部管理的重心,国家和政府不再对大学基层学术组织进行强制性要求,大学更多的是从学科发展、社会需求、学生发展的角度自发地变革。

第三章

大学基层学术组织制度安排

20世纪90年代,学院制的兴起有着深刻的现实背景:第一,计划经济向市场经济的转轨加强了大学与社会的直接联系,增强大学基层办学活力成为一种强烈的价值诉求,由于学院比系级建制具有更大的学科包容性,因而可形成较强的办学能力。第二,大学自身内部管理体制改革的需要,以集权为主要特征的大学组织,在办学规模逐步扩大、市场竞争日趋激烈的环境下,要求大学集权向集权与分权相结合转变,而学院制正是因适应这种转变而得到推进。第三,学科发展空间的拓展推动着学院制的发展,"按学科群组建学院"成为大学学院制的一般选择,这样会更好地促进学科自身的发展。

从20世纪八九十年代的学院建制方式来看,主要有以下几种:由系直接升格为学院、以学科群组建学院、按照产业或行业的集合设置学院、大学与地方政府或企业联合共建新学院、不同性质的大学联合组建二级学院。① 这几种组建学院的方式,其实是在大学组织的外部逻辑与内部逻辑两条线索之下设置,即外部对大学组织的合法性认同和大学学科领域的发展。当时还有过学院"实"与"虚"之争,争论的结果是:系的资源配置权缩小,将会影响到系的办学积极性;资源配置权放在学院更有利于学科专业发展、学生的成长成才、教师的发展等。

实际上,"实"与"虚"也是相对的。各院校在设置学院时,也考虑到自身的实际情况,有的"实",有的"虚",只要是有利于学院发展,"实"与"虚"仅仅是形式而已。也有学者认为,虚设的学院在实现学院制度的目标方面几乎不能发挥多少作用,所以,虚体的学院不能算作大学的学院制度。② 学院制改革的目的是通过改革、重组、调适、完善大学内部组织结构,进一步强化大学的功能机制,提高管理效率和办学效益,更好、更有效地履行大学的社会职责。③

---

① 郭桂英.学科群与学院制[J].高等教育研究,1996(6):42-46.
② 戚业国.论大学学院制度的形成、发展与改革[J].高等教育研究,1996(5):17-22.
③ 陈伟.学院制改革:大学内部结构重组与调适的途径[J].上海高教研究,1998(7):43-45.

第一节 基层学术组织的管理体制

《中华人民共和国高等教育法》(2015年修订)第三十七条规定:"高等学校根据实际需要和精简、效能的原则,自主确定教学、科学研究、行政职能部门等内部组织机构的设置和人员配备。"这表明,大学基层学术组织可根据学校发展需要由大学自行设置。其构建方式一般由管理体制、组织结构、人员构成及运行机制组成。从大学传统承袭来看,"大学的基础组织结构以学科为基础,所以,大学的院系数量是有限的和可控的,尽管科学技术在不断发展,新知识在不断产生,但一个知识领域能不能成为一个新的学科,只有经过检验和积淀后,才能形成建立新的学院与系的基础,因此,院系是一种长期稳定的存在"①。从治理的视角看,大学的基层学术组织建制制度是为了确保学院自治、教授治学、民主管理、学院文化和学术自由。② 因此,其管理体制应当是以学科知识为中心,主要由学者管理,由学者决定基层学术组织的事务。但从世界范围来看,大学基层学术组织的管理体制有多种多样的形态。

学院设置标准或依据是什么引发人们的思考。有学者认为,学院设置应当考虑到学科范围与学术影响、学院的稳定性与独立性、联合办学的机遇、学院内部机构小而精等问题。③ 戚业国认为,大学学院设置应考虑的因素包括学科性质与特点、学校传统与发展特色、社会需求、学术发展的方向和潮流、国家未来的需要与学校办学的思想。④ 美国芝加哥大学首任校长哈珀认为,高校设立工程学院应遵循三项基本原则:一是向第一个知识领域的不断探索;二是努力把知识用于为人类服务;三是开辟更多的途径使人们更容易进入高等学校,同时使大学有更多的与外界直接联系的渠道。也有人认为,成立学院的基本条件包括:有一定的研究人员和师资力量;给研究人员必要的条件支持;有学生来源。⑤

整体上看,学院设置涉及权力配置、办学活力和利益调整,所以,在实施学院制时,有学者认为,应当注意三个方面的问题:第一,要灵活掌握大学与学院间集权与分权的度;第二,要重视增加学院的办学活力,淡化学院边界,促进学院间的

---

① 王英杰.大学基础组织结构的建构:传统与创新[J].探索与争鸣,2013(6):4-6.
② 王英杰.大学基础组织结构的建构:传统与创新[J].探索与争鸣,2013(6):4-6.
③ 史秋衡.大学学院制的设置标准[J].有色金属高教研究,1995(1):68-69.
④ 戚业国.论大学学院制度的形成、发展与改革[J].高等教育研究,1996(5):17-22.
⑤ 张云鹰.大学设置学院的理论及实践[J].上海高教研究,1995(3):70-72.

联合与交流;第三,要防止固守学院利益,不顾大学整体利益的倾向。① 也有学者认为,学院制改革的具体举措在于机构重组、学科重组、人员重组和人才培养目标的调整,而这种重组与调整涉及的深层次问题在于利益、权力和心态的调整。② 方耀楣认为,大学学院、系设置与管理的改革是高教管理体制改革的重要组成部分,是优化大学教育结构和资源配置、提高教学质量和办学效益的重要手段和途径。③

大学"是一种以学科、专业为基础的'底部沉重'的学术组织,教育教学、科学研究和为社会服务等职能活动都是由广大教职员工在学校基层组织中进行的,基层的自主权是职能活动健康发展、兴旺发达的重要前提"④。事实上,大学组织这种以知识为材料、以研究和教学为主要技术的组织,其活动扎根于各学科和专业,在这些活动中形成了独特的学术权力场域,并通过它界定大学组织内学术人的基本关系。从学术权力场域的视角探讨大学内部基层学术组织,有利于把握其决策机制和运行特点。所谓学术权力场域,即以学术人为主体形成的治理学术事务、开展学术活动的关系网络,它包括学术事务决策权、资源配置权等。在权力场域视角下,大学学术组织具有等级制和内聚性特点,即基于学术的权力等级和决策权的分配。

一、首席制与委员会制

(一)首席制

1. 首席制的来源

早期大学的讲座制是一种典型的首席制,即由担任讲座教授的学术人员负责一个学术领域的全部事务。讲座制度下,大学教授是他的研究领域中的唯一的讲座持有者,同时也是研究所唯一的负责人;研究所是一个独立的研究和教学单位,拥有全部必备的人员和设备,在其研究领域中,研究和教学由教授负责,整个研究所的课程设置、考试安排、教师的聘用和科学研究工作都在教授的绝对控制之下;讲座制使教授集研究与教学为一身,使教授在大学内部享有很高的学术管理和行政管理的权力。⑤ 首席制一方面源自大学的传统,另一方面它也得到教

---

① 郭桂英.学科群与学院制[J].高等教育研究,1996(6):42-46.
② 陈伟.学院制改革:大学内部结构重组与调适的途径[J].上海高教研究,1998(7):43-45.
③ 方耀楣.从分开理论看大学院、系的设置与管理[J].上海高教研究,1998(5):29-33.
④ 潘懋元.多学科观点的高等教育研究[M].上海:上海教育出版社,2001.342.
⑤ 孔捷,迟芳.从讲座制到学系制——兼论德国大学与美国大学的相互影响[J].江苏高教,2011(2):150-153.

学与研究自由观点的支持。它所体现的是人们对学术负责人学术声望与学术能力的追寻、对学术教职的尊重①,也体现了人们对学术负责人的期待。这是一种一元化的管理体制,尽管受到诸多质疑,但它有其合理性:"虽然个人化的权力问题具有被滥用的可能性,但是,没有这种权力,高等教育系统显然不能有效地运转,因为它保证个人在研究时的创造自由和个人的教学自由职业,它是把个别教学作为高级训练的基本方法的条件。如果个人的权力并不存在,就必须制造出个人的权力。"②首席负责人一般由同僚选举产生,除学术职能外兼有行政管理的职能。

2. 负责人的产生

讲座制学术组织的内部等级来自行会模式:处于底层的是普通学生,他们相当于行会中的学徒,刚开始学习该行业的基础技能和知识,并完全听命于师傅艺匠的指挥。接下来是学士,他们是高级学生,容许在监督下上讲台和参加辩论。他们相当于刚出师的工匠,这种人每天的工作会得到一定的报酬,但在该行业中尚未完全站稳脚跟。在行业的顶端是师傅,这一称衔为大学和行会所共有。获得这一称衔的人已经向同行师傅显示了其令人满意的才能和成熟程度。达到这一阶段需要经过复杂的考试、大量的试教和一定的授衔仪式。③ 所以,"普通学生—高级学生—师傅"是讲座制的等级阶梯,它反映出讲座制学术组织内部的成员是通过严格的规训被安排在不同等级上的。

由此我们也可以发现,讲座教授(师傅)的资历非常深厚,不仅如此,其选择的标准也极高。根据《德国史 1800—1866》的记载:"在选择教授入选时,起决定作用的不是地区的考虑,不是同事的好恶,不是社会交往能力或口才好坏,也不是笔头或教课能力,而是研究工作及其成果的独创性。"④讲座教授是讲座的组织者和执行者,他负责一个工作领域中的学术活动,其他人工作时只处于从属地位。在德国,大学评价能否获得教授备选资格主要关注两个方面:独立的科研能力和教学能力。⑤

今天类似讲座制的研究机构负责人的标准有了新的变化。如复旦大学 2011

---

① 胡钦晓.大学讲座制的历史演变及借鉴[J].现代大学教育,2010(6):77-84.
② 〔美〕伯顿·R·克拉克.高等教育系统——学术组织的跨国研究[M].王承绪,等,译.杭州:杭州大学出版社,1994.125.
③ 〔美〕伯顿·R·克拉克.高等教育系统——学术组织的跨国研究[M].王承绪,等,译.杭州:杭州大学出版社,1994.51.
④ 陈洪捷.德国古典大学观及其对中国大学的影响[M].北京:北京大学出版社,2002:94.
⑤ 孔捷,等.讲座制下德国大学教师的职业发展[J].外国教育研究,2010(1):76-80.

年招聘遗传工程国家重点实验室主任一职,其任职条件是:第一,在国内外大学或研究单位中任职经历5年以上,具备博士学位的资深教授(研究员),年龄在55岁以下。第二,在遗传学研究领域具有突出的研究成果,具有较高知名度和学术影响的学者。第三,具有较强组织能力以及团队凝聚能力和协调能力,有相关经验者优先。第四,任期1届5年,连任不超过2届,每年在聘任单位实际工作时间不少于9个月。这和传统的讲座制负责人不同的是:除了考察其学术经历、学界学术影响力外,还要考察其组织能力。

3. 负责人的职责

传统大学讲座制意义上的讲座教授具有很强的责任心,如意大利物理学家恩里科·费密(Enrico Fermi),在20世纪30年代利用讲座职位赋予的权力把一批极富创造性才能的物理学家团结在自己的周围,和他们一起使意大利在世界物理学领域内占据了首屈一指的地位。德国的讲座教授是由政府任命的具有终身教职(tenure)的国家公务员,享有很高的权力、威望和学术自由,研究所内的教学安排、科学研究、资源分配和人员聘用等一般由教授决定,其他人员都是围绕教授开展工作。① 所以,伯顿·R·克拉克认为:"讲座在集中权力和形成局部垄断方面可得高分。讲座组织也是教师控制较高组织层次的较为重要的根源,是个人统治的一个持久根源。"

今天大学内类似讲座制教授负责人的职责要比传统意义上的讲座制教授的职责更多。如北京市招聘高校讲座教授的职责是:第一,开设本学科前沿领域的课程或讲座,指导或协助指导博士生、硕士生;第二,对本学科的发展方向和研究重点提供重要咨询建议,领导或指导本学科重大合作项目研究,促进本学科跟踪国内国际学术前沿,推进本学科的国际合作与交流,提高参与竞争能力;第三,面向国家重大战略需求和国际科学与技术前沿,组建或参与组建具有国内国际先进水平的创新团队。

由此看出,讲座制下的负责人选择至少注重在以下两个方面:第一,需要有某一学科领域内具有较长时间的严格训练;第二,学术能力要服众。也就是说,他们之所以能成为讲座制的负责人,是因为他们长期的学术优势积累所至。正是基于学术成就的讲座教授,才有绝对的权威"统治"讲座内部的成员。在讲座制学术组织中,讲座教授是该学术权力场域的核心,其绝对权力的合法性在于他非凡的个人品质,也就是伯顿·R·克拉克所谓的卡里斯玛(charisma)权威——权力的百搭牌。现代大学内部的类似讲座制负责人不仅需要学术优势的积累,

---

① 孔捷,等.讲座制下德国大学教师的职业发展[J].外国教育研究,2010(1):76-80.

还需要其工作优势的积累。正是这些优势促成了负责人的标准,同时,也赋予其相应职责。

(二)委员会制

1.委员会制的产生

委员会制源于政府的合议制,在委员会制的运作下,行政组织的决策权及管理权,并不是由单一的首长所拥有,而是由一定数目委员所组成的委员会共同行使。委员会的决策,通常会按协商一致的原则来进行。大学基层学术组织从讲座制到学院(系),其决策机制发生了变化。一般认为,大学讲座制度起源于欧洲中世纪大学初期以师徒关系形式出现的行会组织形式。① 自然科学逐渐从哲学中分离出来并相继发展成为相对独立的学科以后,大学教学内容开始发生明显变化,以前每位教师负责教授一个领域所有学科或课程的状况发生了改变,每个学科开始设置专门讲座,并由讲座负责相关课程的讲授。② 学院制是指大学以学院为管理中心,学院是具有实体性、主体性、自主性特性的大学内部组织结构形式和管理模式,即在学院设置中体现实体性,在学校事务运行中体现主体性,在学院内部管理中体现自主性。③ 而且在大学的学院组织中,"人人都享有同行的权力参与决策,这意味着,个体有权以他们自己的方式发挥作用,仅屈从于最低限度的学院式控制"④。

美国哈佛大学的学院都有自己的管理理事会、监事会,自己筹款,在录取、课程和毕业标准以及教师的选聘和晋升等重大方面都有相当大的自治权。⑤ 学院(系)的院长(系主任)是负责一群人的临时领导,他认识到他的当选是由于同僚的赏识,此外,他的选民就所有重大事务投票。这种一人一票的权力自然会鼓励某些公开的和隐蔽的政治活动,因为必须在个人和各派系之间获得多数。礼貌否决和默契也起到维持秩序和做好工作的作用。⑥ 院长(系主任)的职务不是终身制的,任期一般为3~5年,在对重要问题决策时,学院(系)的教授会是最高权力机构。学院(系)制消除了一名讲座教授可以代表一个完整的学术领域的高度

---

① 〔加〕约翰·范德格拉夫,等.学术权力——七国高等教育管理体制比较[M].王承绪,等,译.杭州:浙江教育出版社,2001:199.
② 贺国庆.德国和美国大学发达史[M].北京:人民教育出版社,1998:3,18.
③ 杨如安.学院制的内涵及其特性分析[J].教育研究,2011(3):41-44.
④ 〔英〕托尼·布什.当代西方教育管理模式[M].强海燕,译.南京:南京师范大学出版社,1998:80.
⑤ 王英杰.大学基础组织结构的建构:传统与创新[J].探索与争鸣,2013(6):4-6.
⑥ 〔美〕伯顿·R·克拉克.高等教育系统——学术组织的跨国研究[M].王承绪,等,译.杭州:杭州大学出版社,1994:125.

垄断状态,这种学术场域的权力分散到学院(系)里高级教授手中。

2. 负责人的产生

院长(系主任)的产生办法一般有三种:一是由校长直接任命;二是通过学院直接选举产生院长;三是面向全国或全球招聘院长,但一般设置较高的条件。如武汉大学2013年招聘政治与公共管理学院院长、生命科学学院院长、动力与机械学院院长的标准是:第一,在本学科研究领域取得国内外同行公认的重要成就,具有国际化的学术视野和引领本学科发展的办学思路;应聘者原则上应是知名大学教授或相应职位(特别优秀者条件可适当放宽),知名研究机构、企业研究员或相应职位,并具有博士学位。第二,熟悉高等教育规律,了解国内高等教育情况;对学院发展具有创新性和战略性构想,具有国内外知名大学的院(系)、研究所或实验室管理工作经历,有较强的组织管理能力。第三,具有良好的个人品质、敬业精神、创新意识和团队精神,治学严谨,学风正派。第四,身心健康,年龄一般不超过55岁。第五,应聘者聘期内应在本校全职工作。①

管理学认为,一个出色的管理者既要是一个杰出的管理学专家,又要是其相关专业领域的权威专家。根据USNEWS 2006年度排名,最靠前的10所公立研究型大学和私立研究型大学中,院长拥有博士学位的比例高达93%,大多数都毕业于名校,并且这20所研究型大学的121名学院院长最后学位授予学校位于世界前100名的比例达87%,而且相当一部分院长有在校外著名大学或机构任职的经历。②

3. 负责人的职责

负责人的职责是对全系的科研和教学负责,但是强调通过集体讨论对教学科研的问题做出安排处理。系内大小决策,乃至系主任的任免,都得事先与教师协商讨论③,体现出集体治理的民主性和大学教师的自治性。Paul L. Dressel 等人认为,系级组织已经变成一种很强的力量,既可以决定大学的发展状况,又可以阻碍大学提高效益、满足社会和经济变化的需求。④ 正是学术组织的保守与外部要求变革的冲突越来越强烈,所以大学对其内部学术组织负责人提出了更高的要求。武汉大学三个学院应聘者的职责是:第一,推进学科建设,提升学院的科研能力,使学科学术水平有较明显的提高。第二,借鉴先进教育管理经验,推

---

① 武汉大学校园网 http://zzb.whu.edu.cn/gzdt/2013-09-10/1790.html.
② 童蕊,等.美国大学内部研究型学院运行机制对我国同类学院的启示[J].武汉大学学报(哲学社会科学版),2008(6):906-911.
③ 杨德广.高等教育发展战略研究[M].上海:上海交通大学出版社,1988:290.
④ 转引自闫凤桥.高等学校内部结构与办学效益[D].北京:北京大学博士学位论文,2000:23.

进教学与课程体系改革,探索创新人才培养新模式。第三,引进国内外高层次人才,培养现有中青年骨干教师,建设一支高水平的教师队伍。第四,扩大国际交流与合作,加强与国际知名大学、学术组织或研究机构的联系,建立长期稳定的合作关系。由此看出,学院负责人的职责是引领组织的学术发展。正如博尔顿所说,任何一个学院,如果没有一个高资历的人愿意出任院长的话,都将阻碍该学院的持续发展与进步。[1]

二、决策机制

(一)学术部落的等级与内聚

1. 等级性

学术场域的基本准则是所有成员平等,其意蕴在于:对于真理的追求、未知世界的探索,所有人都没有差异。但面对未知世界,每个人的判断力以及将要获得的结果是不一样的,而且需要有人来判断研究的方向和研究假设,也就是一个领域的研究与发展将朝向哪里需要一部分人来做决定,这就使得学术权力场域出现分化:一部分人对于本学科领域具有较大的话语权,一部分人具有较少的话语权,从而形成了"中心—边缘"或等级制的学术权力场域。尽管"学生常与初级教师和少数高级教师一起抱怨无权,他们中的激进者则把他们的无权解释为大学屈从于经济势力集团的必然后果,他们认为大学是资本主义制度的堡垒"[2]。但抱怨归抱怨,学术权力场域内部的分化是事实,这种分化关系到一定时期内某一学术组织的学术发展走向、学术资源的流向与分配。

但这种等级台阶不是静态的,它处于动态变化的过程之中。在学术权力场域内部,学术人从一个台阶进到另一个台阶是一个积累的过程。虽然在学术共同体内也存在着固化现象(一些学者会利用自己的影响扶持他认可的后生,没有进入其视野的人就得不到学术资源的支持),但这种固化程度远不及科层场域强。[3]。范德格拉夫等人在分析高等教育学术权力时,用等级制作为其分析工具有其合理之处。

2. 内聚性

---

[1] 〔英〕亚伦·博尔顿.高等院校学术组织管理[M].宋维红,译.南京:江苏教育出版社,2010:69.
[2] 〔加〕约翰·范德格拉夫,等.学术权力——七国高等教育管理体制比较[M].王承绪,等,译.杭州:浙江教育出版社,2001:1.
[3] 〔加〕约翰·范德格拉夫,等.学术权力——七国高等教育管理体制比较[M].王承绪,等,译.杭州:浙江教育出版社,2001:2.

范德格拉夫用的第二个分析工具是决策的内聚性。按照罗兰·沃伦提出的决策结构分类,内聚性程度可以分为高度内聚、联邦、联合和自由的社会选择4类结构。其划分的标准是"谁在参与决策和谁在决策"。范氏认为,在学术生活的组织中,特别是在组织的中间层次,联邦结构具有特殊的重要性。因为这种结构允许系或讲座较为自由地致力于教学与研究,同时保持一定程度的协调,以实现共同的目标。用场域视角来看,内聚性程度的强弱表达了学术权力运行方式的差异。①

如果把大学看作一个场域的话,我国大学组织场域是一个等级性较强的场域,少数教授和行政管理人凭借充足的个人资本和社会资本,占据着场域中的有利位置,成为大学场域的支配力量;他们通过积累以行政头衔与荣誉奖励等形式存在的资本来争夺学术权利,并在一定程度上决定着青年教师在这个场域的遴选、升迁以及事业发展,进而维持与再生产现有秩序。② 然而,在大学这个场域内存在不同的群体,如教师、管理人员、教辅人员、工勤人员等。而在教师这个群体内,还存在着教授、副教授、讲师和助教,这是大学内部教师的职称阶梯。此外,根据教师个人的影响和贡献,他们还被分为特聘教授、特级教授、学科带头人和普通教师等不同群体。这些不同群体之间有着一定的区隔,也就是人们通常所说的"一个人生活在什么圈子里"。不同的群体有着不同的观念、话语体系、行为方式、习惯和交往方式。这些不同群体在各自场域内有着特定的利益和信念,甚至有其自身的神话和游戏规则,其基本特征表现为:稳定地提出某种观点,促进某些群体的目标,把另一些群体的目的列在次要地位,准许或否定群体成员的意见,这不仅表现在它决定由谁来安排议程和由谁来告诉他人做什么——决策,而且表现在它限制将要做出决定的范围——非决策。③

大学内部学术组织是大学知识生产和传授的场所,在由"大学办学院"转向"学院办大学"的今天(这里的"学院"代表大学内部基层学术组织),其运行反映出当下大学组织运行的主要特征。尽管其内部决策最终是建立在各群体利益诉求基本一致的基础上,但考察大学内部学术组织运行的关键点在于:第一,选择学术权力控制者——学术负责人,如讲座教授、学院(系)院长(主任)的标准以及他们的职责;第二,基层学术组织的决策机制。范氏的等级制和内聚性范式透视

---

① 〔加〕约翰·范德格拉夫,等.学术权力——七国高等教育管理体制比较[M].王承绪,等,译.杭州:浙江教育出版社,2001.3.
② 张俊超.大学场域的游离部落[M].北京:中国社会科学出版社,2009:前言.
③ 〔美〕伯顿·R·克拉克.高等教育系统——学术组织的跨国研究[M].王承绪,等,译.杭州:杭州大学出版社,1994:121.

出大学的基层学术组织合理的科层性特点和决策机制。

在学科综合和学科分化俱存的当下,无论是哪种学术组织,其负责人的产生都需要同僚的认可,这种认可也代表了他们赞同学术组织负责人的学术地位和学术能力以及较强的管理沟通能力。"一个领导者的标志是,他敢于勇往直前,敢于直面大多数人的怀疑和少数人的异议。领导者或领导小组在用心倾听并参与了讨论后,他们应该清楚地认识到他们有责任在诸多不同观点中提前做出选择。这正是考察一个学术组织领导人素质的关键时刻。"①无论是哪一种基层学术组织形式,其根本的价值和意义在于:保证大学学术权力场域有效运行。从学术组织的决策机制来看,主要有两种类型:命令—支配式和领导—协商式。

(二)命令—支配式

在讲座制的学术组织内部,个人权力控制基层学术组织的活动。大学教授是其研究领域中唯一的讲座持有者,同时也是研究所唯一的负责人。研究所是一个独立的研究和教学单位,拥有全部必备的人员和设备,在其研究领域中,研究和教学由教授负责,整个研究所的课程设置、考试安排、教师的聘用和科学研究工作都在教授的绝对控制之下。讲座制教授集研究与教学为一身,使教授在大学内部享有很高的学术管理和行政管理的权力。② 在讲座制的学术权力场域中,教授实行广泛的对学生的学习监督,也常常监督低级教师的工作,这种教授统治根植于早期学术行会中大师统治的历史传统,它也在思想上得到教学与研究自由论的支持,即高级教授应当大体上自由地做他喜欢做的事情;它在功能上基于专业的知识以及对促进批判、创造和科学发展的条件的需要。③

我们看到,讲座制中的讲座教授实际上处于学术组织权力场域的中心,在这种学术权力场域中,学者们的权力来源于知识的专业权威权力。没有这种权力,高等教育系统就不能有效地运转,因为它保证个人在研究时的创造自由和个人的教学自由,它是把个别教学作为高级训练的基本方法的条件,如果个人的权力并不存在,就必须制造出个人的权力。④ 大学讲座制学术组织的权力运行,按照范德格拉夫的等级制和内聚性范式来理解,它具有"严格等级"和"高度内聚"的

---

① 〔英〕亚伦·博尔顿.高等院校学术组织管理[M].宋维红,译.南京:江苏教育出版社,2010:20.
② 孔捷,等.从讲座制到学系制——兼论德国大学与美国大学的相互影响[J].江苏高教,2011(2):150-153.
③ 〔美〕伯顿·R·克拉克.高等教育系统——学术组织的跨国研究[M].王承绪,等,译.杭州:杭州大学出版社,1994:124.
④ 〔美〕伯顿·R·克拉克.高等教育系统——学术组织的跨国研究[M].王承绪,等,译.杭州:杭州大学出版社,1994:125.

特点。

讲座制教授为什么会有如此大的个人决策权？伯顿·R·克拉克认为，靠个人来推动的变革在行会模式的高等教育组织中最有可能实现，而且在一定程度上构成了讲座制的理论基础：经过仔细甄选，最有才干的学者将被赋予极大的权力，整个领域的活动内容和范围都取决于这种权力；不会因事事得通过民主程序而放慢前进的脚步；个人权力根深蒂固，形成了以某一个学术贵族为中心的封闭型体系。① 其决策机制表现为命令—支配的方式。

（三）领导—协商式

对于学院（系）的负责人，他们通常会面临很大的压力：一方面来自学院内部的教职员工，他们要求院长在权力机构中能代表他们的利益；另一方面则来自学校决策者，他们要求院长从学校整体的角度而不是一个学院的角度来思考问题。所以，处理各种关系是他们决策前必须考虑的方面。现代交往理论认为，群体之间的交往关系具有主体间性。在组织的权力运行中，主体间性表明，多元权力主体的关系不是主体与对象之间的单向度关系，而是双向度的，他们互为主体，没有任何群体能独揽所有的管理权力，成为独有的权力承担者和践履者，也没有任何群体有能随意做出决定并强行命令其他群体执行的权力。② 在学院（系）制的学术组织中，由学者共同体（同行）共同行使学术权力，决定学术组织的活动。20世纪初，美国在借鉴德国大学讲座制基础上，为适应大学规模扩张、学科数量增加及学科分化与交叉的需要，通过"类似于企业的结构和把权力委托给非个人化办公机构的官僚授权方式"③，形成更大的学术组织单位——学系。学系中的学科方向涵盖较宽，权力比较分散，一个学系有多名教授、副教授和助理教授，学系的系主任属于非个人职位，他在重要问题上进行决策时，要在与全系大多数人员商讨的基础上，通过少数服从多数的原则形成决策。

学院组织是学系组织的发展和延续，"学院科学的一个主要特征是高度分化的体系学科，但其实践和原则是极其开放和统一的。尽管学科千差万别，科研文化（research cultures）却是定型的、均质化的。学者被期望从事原创性的研究工作，他自身努力成为公认的权威，接受匿名评审和同行的公开批评，争取研究经

---

① 〔美〕伯顿·R·克拉克.高等教育系统——学术组织的跨国研究[M].王承绪,等,译.杭州：杭州大学出版社,1994.:225.

② 向东春.大学基层学术组织权力运行的"协商模式"[J].湖南科学大学学报（社会科学版）,2012(4):103-106.

③ 〔加〕约翰·范德格拉夫,等.学术权力——七国高等教育管理体制比较[M].王承绪,等,译.杭州：浙江教育出版社,2001.114.

费以支持自己的研究工作,参加各种各样的学术活动等;学院科学另一个特征是多样性,既有原创性研究,也有示范性实践。"①这表明学院科学遵从的是学术逻辑:无论各种学科之间的差别有多大,学人们都将按照知识发现和应用的程式去探求世界的本真,即真理范式。

在学院制的学术权力场域中,院长是负责一群人的临时领导,他认识到他的当选是由于同行的赏识。② 因此,学院制学术组织运行的基础是同行,这就决定了群体在权力行使中的作用。在英国或美国的一所大学或一所学院,难以想象不会发现由全体讲师参加的系务会议和只是由正教授或终身教授参加的会议,在这些会议上讨论问题和投票做出决定。③ 学院式权力是学者共同体进行学术治理的基本方式,院长或主任的学术责任在这种学术权力场域中自然会得到加强,他是通过会议议决的方式而不是以个人的方式行使权力。由此看来,学院(系)制具有内聚性的"联邦"形式和等级性中的"弱等级"特点。

今天,后学院科学的知识生产模式正在逐步得到人们的认可,即对紧迫的实际问题的无数即时解决的结果,是权宜之计的产物,而不是设计的结果。它不是被规划的,是一种典型的、复杂的自组织社会系统,它机会主义般地适应变化着的环境。④ 这种主要由外部决定的知识生产方式使得大学内部学术组织的运行发生了改变:以往由个人或同学科同行行使的学术权力,转变为由不同学科的学术人来分享,这种学术权力场域运行的关键在于协调。协调的一种重要形式是在不同学科人之间进行协商,通过反复数次的协商沟通形成决定。学术权力场域的变化导致了权力的分散,多中心的学术治理成为可能。这种多中心治理模式的出现被外部问题导向的知识生产方式所决定:单一学科无法解决现实中的复杂问题,也得不到社会资源的支持,还会影响到学术本身的发展。

三、启示与借鉴

大学基层学术组织发展趋势总体上是在从封闭走向开放,在这个转变过程

---

① 〔英〕约翰·齐曼.真科学——它是什么,它指什么[M].曾国屏,等,译.上海:上海科技教育出版社,2002:33-34.
② 〔美〕伯顿·R·克拉克.高等教育系统——学术组织的跨国研究[M].王承绪,等,译.杭州:杭州大学出版社,1994:125.
③ 〔美〕伯顿·R·克拉克.高等教育系统——学术组织的跨国研究[M].王承绪,等,译.杭州:杭州大学出版社,1994:125.
④ 〔英〕约翰·齐曼.真科学——它是什么,它指什么[M].曾国屏,等,译.上海:上海科技教育出版社,2002:82-83.

中,其内部治理呈现出来的特点是:科层管理式微,组织自治凸显;个体决策受到限制,集体决策得到强化。从大学基层学术组织等级制和内聚性我们看到,知识权力是学术组织等级制的根源,基于学术责任的决策权的分配倾向于负责人与学术共同体的协商共治。现代大学基层学术组织运行给我们以下启示。

第一,知识权力是组织运行的中心。在大学基层学术组织中,"专业的和学者的专门知识是一种至关重要的和独特的权力形式,它授予某些人以某种方式支配他人的权力"①。每一类基层学术组织中,知识权威是核心,知识权力在大学组织中占据中心位置,学术组织所呈现的等级性是以知识权力为基础的。这一特点反映了大学内部学术组织的学术性本质。基于知识论的学术逻辑是学术组织运行的起点,所以,知识权力是学术权力场域运行的中心。

第二,个人权力与学术共同体权力的融合是组织运行的基础。学术组织是大学的基础性单元,它们承载着大学发展的使命,在各自领域内实现人才培养、科学研究和服务社会的职能。讲座制是一种行使个人化权力的制度,它是以学术的名义行使学术与管理权力,即形成一种一元化领导,"一元化的行政结构有助于使教授成为贵族"②。讲座教授是因为其学术权威被正式任命的职位,一旦从纯粹的学者场域转入有正式任命的带有资源控制权的场域,其身份就发生了变化。这在学院制组织中更为明显,那些掌控学术资源的学术精英被带入一个更为复杂的场域中,他们上受校长(或董事会)下受同行的约束和限制。这时,个人的权力与学术共同体权力很好地融合才能保证学术权力场域运行畅通。正如伯顿·R·克拉克所说,用严密的组织控制的方式所无法取得的效果。强调协同与共享,开放思维下学术组织的运行有利于学科获取更多的发展性资源。权力下放能使组织更好地生存和发展。③ 因此,个人权力与学术共同体权力的融合是学术组织运行的基础。

第三,学术责任是组织运行的底线。在大学组织的学院(系)制组织中,权力是由非个人的单位正式掌握的,分散在许多教授手中,虽然也有一个领导(如院长、系主任、所长等),他是从同行中选举出来的,是自下而上的"任命",不是"自上而下"的任命,他是一群人的临时领导,因为同行的赏识才有这个"位",所在单

---

① 〔美〕伯顿·R·克拉克.高等教育系统——学术组织的跨国研究[M].王承绪,等,译.杭州:杭州大学出版社,1994:125.

② 〔美〕伯顿·R·克拉克.高等教育系统——学术组织的跨国研究[M].王承绪,等,译.杭州:杭州大学出版社,1994:124.

③ 〔英〕托尼·布什.当代西方教育管理模式[M].强海燕,译.南京:南京师范大学出版社,1998:25-26.

位的重大事务由一种投票机制决定,"这种一人一票的权力鼓励某些公开的和隐蔽的政治活动"①。学院式统治是教授们管理整个系或学部、学院、研究生院和大学等组织最偏爱的方式。② 它执行的是一种会议程序,即通过讨论、投票对学术事务实施管理。我们看到,现代大学内部学术组织已经从命令—支配式决策向领导—协商式决策转变。这种转变不仅仅是决策权配置方式的转变,更多地体现了学者的学术责任,正如肯尼迪所言:"每一个教授都教书,多数人撰写论文或书籍和评论别人的东西,多数人和他们的同辈人有着友好或不友好的关系,许多人得到学术的津贴,许多人在学术杂志或书籍上发表他们的研究发现。所有这些人都被学生和其他人看作以某种方式对提高下一代人的能力潜力负责的人。这是相当大的责任,而且是学术责任的本质。"③因此,无论有多大的诱惑,学术权力服务于学术责任,学术责任始终是现代大学内部学术组织运行的底线。

第二节 负责人排序的实证研究——以江苏省为例

任何类型的大学都是时代与环境的产物,大学应坚持的是"既不使传统在适应上成为无定向的顺风倒,也不顽固保守而偏执不化"④。当高等教育从象牙塔中走出并日益融入社会之时,如何处理大学与社会的关系,建立现代大学制度?现代大学制度的症结究竟何在?是外部管理过强,还是内部组织结构科层化太严重?伯顿·R·克拉克在《高等教育系统——学术组织的跨国研究》一书中已经回答了这个问题:高等教育中最佳的端点是基层。⑤ 从这一层面上来说,大学基层学术组织是其重心。通过对相关文献的梳理可以看出,关于基层学术组织的研究多是从基层学术组织本身来研究的,主要探讨基层学术组织这一组织机构的运行、变革与完善,但对其负责人的实证研究较少。"合理的行动系统,其性质是由个人和组织两方面所决定的。"⑥所以,对基层学术组织负责人排序的研究

---

① 〔美〕伯顿·R·克拉克.高等教育系统——学术组织的跨国研究[M].王承绪,等,译.杭州:杭州大学出版社,1994:125.
② 〔美〕伯顿·R·克拉克.高等教育系统——学术组织的跨国研究[M].王承绪,等,译.杭州:杭州大学出版社,1994:126.
③ 〔美〕唐纳德·肯尼迪.学术责任[M].阎凤桥,等,译.北京:新华出版社,2002:25-26.
④ 〔英〕阿什比.科技发达时代的大学教育[M].滕大春,滕大生,译.北京:人民教育出版社,1983:7.
⑤ 〔美〕伯顿·R·克拉克,等.高等教育新论——多学科的研究[M].徐辉,等,译.杭州:杭州大学出版社,1994:25.
⑥ 〔美〕赖特·米尔斯,塔尔考特·帕森斯.社会学与社会组织[M].何维凌,等,译.杭州:浙江人民出版社,1986:145.

有利于认清组织的运行。学院是基层学术组织的主流形式,院长(系主任)(统称"院长")与学院(系)(统称"学院")和党的书记(简称"书记")作为学院的负责人对确定合理的行动系统、组织运行效果起着重要的作用。他们的排序影响着基层学术组织的决策与运行。本部分试图通过实证方法考察高校基层学术组织负责人的配置状况。

一、数据来源与说明

本书的调查对象为江苏省公办本科院校,包括2所"985工程"高校(南京大学和东南大学)、9所"211工程"高校、34所一般本科院校。伯顿·R·克拉克曾经提出,大学的"底层结构遵循的是学科、专门知识和专业化无序状态的逻辑"[1]。有学者据此提出了学科目录逻辑模式、问题导向逻辑模式和单位逻辑模式。[2] 学科目录逻辑模式是根据知识的学科分类来设立基层学术组织的模式。问题导向逻辑模式是基于学科知识基础上,以新出现的但尚未形成学科体系的问题模式来进行学术管理的模式,众多的"研究中心"和"项目单位"就是问题模式的代表。[3] 调查的基层学术组织主要是学科目录逻辑模式的基层学术组织,是以学科和专业为基础,以人才培养和学术研究为基本职能而设置的一般院系,不包括管理型学院(如继续教育学院等)、研究所、强化培养学院等特殊机构。在研究过程中,仅对信息齐全的学院院长、书记进行了统计学分析。45所本科院校中,院长、书记信息齐全的共有596人(其中院长和书记兼任的有22人)。

通过搜集各高校网站的院长和书记的信息,从性别、年龄、学历、职称、海外学术经历等维度来分析院长和书记排序的可能影响因素。其中年龄是指样本选取年份与出身年份的差值;学历是指学院负责人通过正规教育获得的最高学历(包括在海外取得的学历);职称是指学院负责人在样本选取年份之前获得的最高职称;海外学术经历主要是指学院负责人的海外学术经历与教育经历。

领导职位本身不过是权力的基础之一,其他权力基础还包括对重要信息和信息渠道的控制;对有形的资源的掌控;能体现个人某方面特长的工作履历;个人的品质;以及和重要人物保持良好关系。[4] 领导者的个人特征是影响其权力的重要因素,研究个人背景与权力之间的关系是必要的。另一方面,"权力性影响

---

① 〔美〕伯顿·R·克拉克.高等教育新论——多学科的研究[M].徐辉,等,译.杭州:杭州大学出版社,1994:311.
② 郑晓齐,王绽蕊.我国研究型大学基层学术组织的逻辑基础[J].教育研究,2008(3):56-59.
③ 史秋衡,吴雪.大学基层学术组织制度建设的内在逻辑[J].复旦教育论坛,2009(5):28-35.
④ 〔美〕约翰·P·科特.权力与影响力[M].李亚,等,译.北京:机械工业出版社,2013:57.

力具有强制性和威胁性,其核心因素包括职业因素、资历因素和传统观念因素"[①]。我国自古以来就是一个讲究尊卑的国家,宴请、会议的座位安排与个人身份密切相关,会议名单、通知人员的先后顺序都有一定的讲究。"在中国,当数人要进入或者离开一个房间,或者要就坐于同一张桌子时……事实上,每个人都十分清楚他自己的位置在何处。因为那是按照他自己相对于别人的地位和官阶早就确定好了的。因此,每个人都清楚谁应当排在末尾进去,谁又应当出来时走在最前面;或者谁应当居上席,又是谁应当坐下首,等等。"[②]权力性影响力深受传统观念因素的影响,由此可以假设,排列顺序是衡量权力影响力的一个重要指标。

学院书记与院长的排序看似不起眼的小事,但这一现象反映了人们的观念传统和价值取向。本书以江苏省公办本科院校网站公布的院长和书记个人信息的顺序为依据,顺序在前的代表其在组织中具有更多话语权,在权力配置中处于优势,同时也意味着相应的权力更大。"高等学校是以学科为中心建立的学术组织和根据院校事务性工作需要建立的行政(事务)组织形成的二元矩阵结构。"[③]通过书记与院长的排序这一微观视角考察学院组织权力配置现状对于认识当下的学院运行具有现实意义。

二、研究过程与步骤

本书主要采用 EXCEL 和 SPSS17.0 统计软件工具来分析和整理数据,对基层学术组织负责人的背景特征进行统计分析。

具体来说有三个方面:其一,通过归纳分组、图表等方式来对搜集的数据进行归纳和整理,反映数据的直观分布特征;其二,计算数据的特征量,以定量的方式解释数据的特征,主要是通过百分比来分析数据对整体的贡献力度、在整体中所占的比例;其三,通过多元回归分析,来反映基层学术组织负责人的个人背景特征与排序之间的关系。

(一)负责人的描述性统计

1.整体情况

从调查结果看,院长排序在前、在后的人数分别为165名、182名,而书记分

[①] Jackson, M. The Inclusive Approach—Key Factors, On Work Leadership[M]. [sine loco]: Manufactures Com-merce, 1999.
[②] 〔美〕切斯特·何尔康比.中国人的德性[M].王剑,译.西安:陕西师范大学出版社.2007:187.
[③] 胡成功.高校基层学术组织存在问题的原因及改革对策[J].高等教育研究,2007(8):60.

别为113名、114名。① 在347名院长中,排序在书记前的占比为47.6%;在227名书记中,排序在院长前的占比为49.8%。由此可以看出,院长排序在书记前弱于书记,即书记排序在院长前的比例稍大,整体上呈现出学院党政共同负责制的特点。

在347名院长中,理工科学院院长共208名,排序在前、在后的人数分别为97名、113名,排序在书记前的占比为46.7%;在227名书记中,理工科学院书记共118名,排序在前、在后人数分别为64名、54名,排序在院长前的占比为54.2%。两个百分比值与整体情况趋势相似(47.6%、49.8%),但两者差距不一样:208名理工学院院长排在书记前的百分比与118名理工学院书记排在院长前的差距为7.5%,而整体为2.2%。

在347名院长中,文科学院院长共139名,与书记排序在前、在后的人数分别为70、69名,排序在书记前的占比为50.4%;在227名书记中,文科学院书记共109名,与院长排序在前、在后人数分别为49名、60名,排序在院长前的占比为45.0%。两个百分比值与整体情况趋势相反(47.6%、49.8%),即院长排序在书记前的百分比绝对值大于书记排序在院长前的百分比绝对值:5.4%与-2.2%。

我们看到,学院院长、书记排序受到学科类型的影响,从347名院长按理科、文科院长与所在学院书记排序比例(46.7%与50.4%),以及在227名书记信息齐全的学院中,理科、文科学院院长排序在书记前的为45.8%、55%。两组数据说明,理工科学院院长排序在书记前的百分比低于文科学院院长,也可在一定程度推测,文科学院书记比理工学院书记强势。

表3-1 负责人的排序差异

类别	院长在前	书记在前	合计	院长在前占比	书记在前占比
理工科(名)	149	177	326	46%	54%
文科(名)	130	118	248	52%	48%
合计(名)	279	295	574	—	—
占比(%)	49	51	100	—	—

从整体来看,院长在前与书记在前相差不大,说明二者在所调查高校中处于相对均衡的状态。另外,从调查的具体过程可以发现,院长在前与书记在前在同

---

① 这里院长总数为347名,书记为227名,不成对的原因前文已述,只统计信息齐全的院长书记。这也说明院长的信息更齐全,是书记信息齐全人数的1.53倍。

一所高校都存在,这可能与大学学院传统有关或与院长和书记的个人领导风格有关。但也有部分高校排名呈现一边倒的情况,即所有学院都是院长在前或书记在前,这可能与学校对两种角色排序要求有关。

表 3-2　兼任负责人的个人背景特征

类别	性别	年龄	学历	职称	海外学术经历
理工科 (15 名)	男性 10 名 女性 5 名	小于 40 岁 1 名 40~50 岁 6 名 50~60 岁 8 名	硕士 5 名 博士 10 名	副教授 4 名 教授 11 名	3 名有 12 名无
文科 (7 名)	男性 3 名 女性 4 名	40~50 岁 1 名 50~60 岁 6 名	本科 3 名 硕士 2 名 博士 2 名	副教授 4 名 教授 3 名	都没有海外学术经历

2.性别比较

在学院负责人的性别调查中,根据已有的数据,江苏本科院校的学院负责人整体男女比例为 5.34∶1,其中理工科学院院长的男女比例为 9.62∶1,文科则为 5.35∶1;在理工类和文科类学院中,书记的男女比例与院长的男女比例的差别较小,分别为 3.37∶1 和 3.74∶1。这在一定程度上与院长和书记的工作职责及选拔条件有着密切的联系,书记是党系统职务,偏于文科,男女差别相对较小。但从整体上来看,男女比例相差较大,这与整个社会中领导群体中男性多于女性的实际情况具有一致性。

表 3-3　负责人的性别差异分析

性别	顺序	院长		书记		合计	占比 (%)	总占比 (%)
		理工类	文科类	理工类	文科类			
男	排序在前(名)	89	59	52	40	240	48	40
	排序在后(名)	103	61	39	46	249	50	42
	兼任(名)	10	3	—	—	13	2	2
	合计(名)	202	123	91	86	502	100	84
女	排序在前(名)	6	11	12	9	38	40	6
	排序在后(名)	10	8	15	14	47	50	8
	兼任(名)	5	4	—	—	9	10	2
	合计(名)	21	23	27	23	94	100	16
比例		9.62∶1	5.35∶1	3.37∶1	3.74∶1	5.34∶1	—	100

在理工科类学院中,院长排序在前、在后的男女比例分别是14.83∶1与10.3∶1,书记排序在前、在后的男女比例分别是4.33∶1与2.60∶1。由此可见,排序在前的男女比例均大于排序在后的男女比例,但院长排序在前、在后的比例远大于书记排序在前、在后的比例,而且数据呈现的情况表明,性别上,男性院长排序在前与男性书记排序在前差(3.42倍)、男性院长排序在后与男性书记排序在后差(3.96倍)相近,说明对于理工科类学院,无论是书记还是院长,男性排序在前、在后情况具有一致性。

在文科类学院中,院长排序在前、在后的男女比例分别是5.36∶1与7.63∶1,这两个比例与理工类学院相比,是一种倒置,说明文科类学院男性院长排序在前可能性远低于理工科类学院;书记排序在前、在后的男女比例分别是4.44∶1与3.29∶1,与理工类学院相比,排序在前差别不大(4.33与4.44),但排序在后存在一定差别(2.60与3.29),整体上都大于理工类学院。调查数据还表明,男性院长排序在前的比例略大于男性书记排序在前(1.21倍),男性院长排序在后的比例大于男性书记排序在后(2.32倍),这一数据与理工类学院相比,差距要小,说明女性在这类学院中更可能排序在前。

综上,从性别看排序结果,可以得到如下结论:第一,男性院长或书记在负责人群体中具有绝对优势。第二,理工科类学院男性院长或书记、文科类学院书记排序在前的可能性大于排序在后的可能性,文科类院长排序在前的可能性小于排序在后的可能性。第三,理工科类男性院长排序在前的比例最大,同时理工科类学院男性书记排序在后的比例最小,这两个数据说明理工科类男性院长或书记在排序上性别优势更加明显。

表3-4 负责人的性别比例

顺序	院长		书记	
	理工类	文科类	理工类	文科类
排序在前	14.83∶1	5.36∶1	4.33∶1	4.44∶1
排序在后	10.3∶1	7.63∶1	2.6∶1	3.29∶1
兼任	2∶1	1∶1.33	0	0

3. 年龄比较

负责人的年龄结构主要集中在50岁到60岁,占比55%,是基层学术组织负责人的主力军;40岁到50岁所占的比例也较大(为39%),有着较大的影响力;

40岁以下和60岁以上的负责人分别占比5%与1%。所以,在年龄结构上,学院负责人呈现"两头少、中间多"的"橄榄形"结构。40岁以下的年轻教师作为基层学术组织负责人偏少,这可能有两个方面的原因:一是40岁以下的教师行政经历短;二是基层学术组织在一定程度上存在着论资排辈的现象。60岁以上的负责人少是因为我国大学组织中60岁即为退休年龄。

1) 50～60岁年龄段

该年龄段共有院长210名,占347名院长的60.5%,高于2/3,所占比例最大;210名院长中,排序在书记前的院长人数为102,占比48.6%。共有书记106名,占227名书记的46.7%,接近1/2;106名书记中,排序在院长前的书记人数为60,占比56.6%。

在210名该年龄段院长中,理工科学院院长共129名,占比61.4%。在所在学院与书记排序在前、在后的人数分别为61名、68名,排序在书记前的占比为47.3%;在106名书记中,理工科学院书记为55名,在所在学院与院长排序在前、在后人数分别为33、22名,排序在院长前的占比为60.0%。

在210名该年龄段院长中,文科科学院院长共81名,占比38.6%。在所在学院与书记排序在前、在后的人数分别为41名、40名,排序在书记前的占比为50.6%,略高于排序在书记后的百分比;在106名书记中,文科学院书记为51名,在所在学院与院长排序在前、在后人数分别为27名、24名,排序在院长前的占比为52.9%。

2) 40～50岁年龄段

该年龄段共有院长120名,占347名院长的34.6%,高于1/3,所占比例第二。120名院长所在学院排序在书记前的院长人数为56名,占比46.7%。共有书记105名,占227名书记的46.3%,与50～60岁年龄段人数接近;105名书记所在学院排序在院长前的书记人数为46名,占比43.8%。

在120名该年龄段院长中,理工科学院院长共66名,占比55.0%。在所在学院与书记排序在前、在后的人数分别为28名、38名,排序在书记前的占比为42.4%;在105名书记中,理工科学院书记为53名,在所在学院与院长排序在前、在后人数分别为26、27名,排序在院长前的占比为49.1%。

在120名该年龄段院长中,文科科学院院长共54名,占比45.0%。在所在学院与书记排序在前、在后的人数分别为28名、26名,排序在书记前的占比为51.9%,略高于排序在书记后的百分比;在105名书记中,文科学院书记为52名,在所在学院与院长排序在前、在后人数分别为20名、32名,排序在院长前的占比为38.5%。

3) 其他两个年龄段

从 50~60、40~50 岁两个年龄段院长、书记排序来看,两者与整体情况有相同的趋势:从两个年龄段看,文科学院院长排序在书记前的比例大于理工科学院,说明理工科学院院长比文科学院院长在与书记排序上更占优势,表明学科属性对于学院院长、书记排序具有影响;年龄越小,书记排序优势越优于院长,从小于 40 岁的院长书记排序上更能体现这一特点,表明年龄是影响学院院长书记的因素之一。

表 3-5 负责人的年龄差异

年龄（岁）	顺序	院长 理工类（名）	院长 文科类（名）	书记 理工类（名）	书记 文科类（名）	合计（名）	占比（%）	总占比（%）
小于40	排序在前	3	1	5	1	10	34	2
	排序在后	6	3	5	4	18	62	3
	兼任	1				1	4	0
	合计	10	4	10	5	29	100	5
40~50	排序在前	28	28	26	20	102	44	17
	排序在后	38	26	27	32	123	53	21
	兼任	6	1			7	3	1
	合计	72	55	53	52	232	100	39
50~60	排序在前	61	41	33	27	162	49	27
	排序在后	68	40	22	24	154	47	26
	兼任	8	6			14	4	2
	合计	137	87	55	51	330	100	55
60以上	排序在前	3	0	0	1	4	80	1
	排序在后	1	0	0	0	1	20	0
	兼任							
	合计	4	0	0	1	5	100	1
总计		223	146	118	109	596		100

表 3-5 简约后得表 3-6。

表 3-6 不同年龄负责人排序在前与在后的关系

年龄（岁）	院长		书记	
	理工类	文科类	理工类	文科类
小于 40	在前＜在后	在前＜在后	在前＝在后	在前＜在后
40～50	在前＜在后	在前＞在后	在前＜在后	在前＜在后
50～60	在前＜在后	在前＞在后	在前＞在后	在前＞在后
60 以上	在前＞在后	在前＝在后	在前＝在后	在前＞在后

由图 3-1 可以看出，小于 40 岁的年龄段，排序在前与排序在后的变化趋势一致，呈下降—上升—下降的趋势；40～50 岁年龄段，排序在前与排序在后的变化曲线不一致，排序在前的变化是平稳中下降，而排序在后是先下降后又上升，且排序在后的曲线高于排序在前，说明这一年龄阶段的大部分基层学术组织负责人都是排序在后较多（文科院系的院长除外）；50～60 岁年龄段，排序在前与排序在后的整体趋势较为一致，呈下降趋势，且除理工科院长以外，都是排序在前多于排序在后，说明这一年龄阶段的基层学术负责人多是排序在前；60 岁以上年龄段，排序在前的曲线高于排序在后的曲线，说明这一年龄阶段基层学术负责人排序在前的情况是常态。

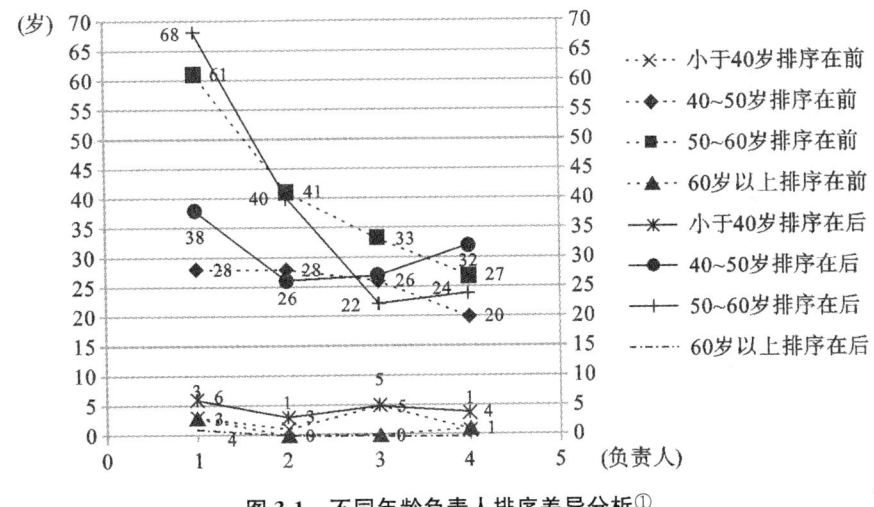

图 3-1 不同年龄负责人排序差异分析①

---

① 图 3-1 中虚线表示排序在前，实线表示排序在后，横坐标 1、2、3、4 分别为理工类院系的院长、文科院系的院长、理工类院系的书记、文科院系的书记。如无特别交代，下文都作相似处理。

另外,从趋势图 3-1 的结点处可以看出,理工科院长的排序除 60 岁以上在前外,其他年龄段都是排序在前低于排序在后;文科院系的院长在 40~60 岁(中间两个年龄段)阶段,排序在前多于排序在后,说明这一年龄段的文科院系的院长在排序中占有优势;理工科书记在 40~50 岁年龄段的排序的前后差异很大,并且排序在前的更多,而其他年龄阶段排序几乎没有差别,说明在 40~50 岁年龄段的书记更有可能排序在前;文科书记的排序在 50 岁以下都是排序在前少于排序在后,而 50 岁以上是排序在前大于排序在后,说明年龄对文科书记的排序有着明显的影响:年龄越大,在排序中越靠前。

4. 学历比较

表 3-7 的数据结果显示,学院负责人整体学历水平较高,博士学历占比 66%。整个学历层次主要集中在博士学历上。其中理科学院的负责人比文科学院负责人的整体学历水平高,理工类博士占比 65%,文科类博士占比 35%。在院长与书记的对比中,院长是博士学历的占比达 73%,而书记是博士学历的占比仅为 27%,院长的博士学历人数是书记的 2.7 倍。这表明,院长的角色除了基层学术组织负责人外,更多体现的是其学术优势,学术经历与水平是考察院长人选的重要因素。我们从一些高校面向全国或全球招聘学院院长条件中也可得到证实,其关键条件是学术水平,然后是其管理协调能力。从不同学历负责人所占比例来看,只有硕士学历的负责人排序在前的比例多于排序在后,与其他学历相比,硕士学历的负责人与排序是正的影响关系。

表 3-7 负责人的学历分布

学历	顺序	院长		书记		合计（名）	占比（%）	总占比（%）
		理工类（名）	文科类（名）	理工类（名）	文科类（名）			
本科	排序在前	6	9	7	7	29	45	5
	排序在后	6	8	8	11	33	50	5
	兼任		3			3	5	1
	合计	12	20	15	18	65	100	11
硕士	排序在前	8	17	28	19	72	53	12
	排序在后	4	13	13	27	57	42	10
	兼任	5	2			7	5	1
	合计	17	32	41	46	136	100	23

(续表)

学历	顺序	院长		书记		合计（名）	占比（%）	总占比（%）
		理工类（名）	文科类（名）	理工类（名）	文科类（名）			
博士	排序在前	81	44	29	23	177	45	30
	排序在后	103	48	33	22	206	52	34
	兼任	10	2			12	3	2
	合计	194	94	62	45	395	100	66
合计		223	146	118	109	596		100

表 3-7 简约后见表 3-8。

表 3-8 不同学历负责人排序在前与在后的关系

学历	院长		书记	
	理工类	文科类	理工类	文科类
本科	在前＝在后	在前＞在后	在前＜在后	在前＜在后
硕士	在前＞在后	在前＞在后	在前＞在后	在前＜在后
博士	在前＜在后	在前＜在后	在前＜在后	在前＞在后

从图 3-2 可以看出，本科学历的负责人排序在前与排序在后有些差异，排序在前呈上升—下降趋势，而排序在后平稳上升，且文科学院的书记排序在后大于排序在前，本科学历的文科学院书记在排序中可能靠后；硕士学历的负责人排序在前普遍多于排序在后的人数，排序在前呈上升—下降的变化趋势，排序在后是上升趋势，且理工科书记的排序差异最大，说明硕士学历对理工科书记的排序有较显著的正向影响；博士学历的负责人排序在前与排序在后的变化趋势较为一致，呈下降趋势，且排序在前少于排序在后的人数，说明博士学历对排序并没有显著的优势。

另外，从趋势图 3-2 的结点来看，在理工科学院，院长是本科学历的排序没有差别，硕士学历排序在前多于排序在后，博士学历排序在后多于排序在前，说明学历对理工科院长排序的影响较为复杂，硕士学历在排序中占优势的可能性最大；文科学院院长为博士学历的排序在后多于排序在前，其他学历是排序在前多于排序在后,说明博士学历与其他学历相比在排序中反而更没有优势;理工科书记的排序为硕士学历排序在前多于排序在后,其他学历则相反,说明硕士学历在理工科书记的排序中占有优势;文科书记为博士的排序在前多于排序在后,其他则正好相反,说明博士学历对文科书记排序的影响较大。

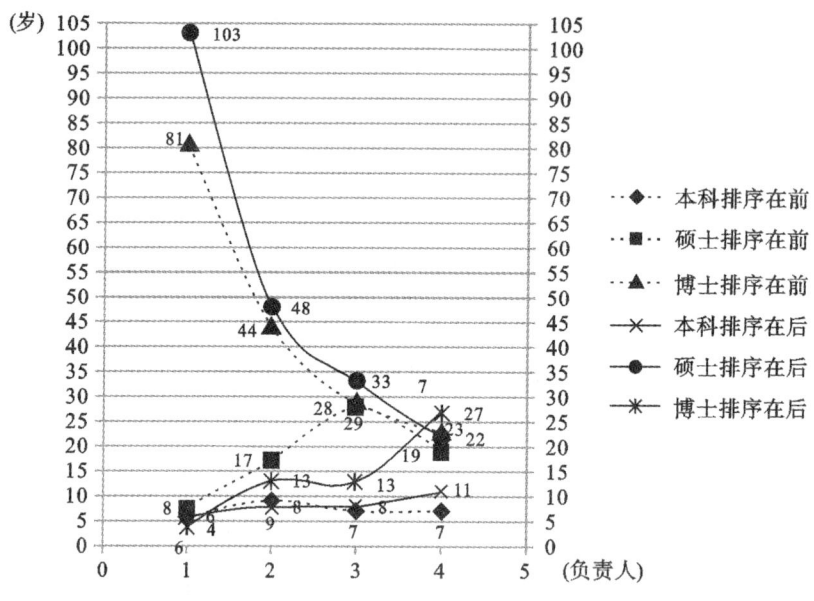

图 3-2 不同学历负责人排序差异曲线

5. 职称比较

从表 3-9 中可以看出,负责人具有教授职称的占比 71%,由此可以看出,基层学术组织整体上表现出教授掌控的局面。其中院长与书记的差异显著,院长具有教授职称的占比为 86%,而书记仅占已有总数的 47%,院长的职称普遍高于书记。在理工科与文科学院负责人中,职称为教授的占比分别是 75% 和 67%,理工科和文科院校之间的职称存在一定的差异,并且在调查过程中发现大部分学院的院长是自身学院学术负责人,说明学术权力在学院层面是由本学院学术权威所主导,教授在高校基层学术组织中具有较强的话语权。从不同职称的基层学术组织负责人所占比例来看,有教授职称的基层学术组织负责人排序在前的比例多于排序在后,与其他职称相比,有教授职称的基层学术组织负责人与排序是正的影响关系,说明高职称对基层学术组织负责人的排序有正向影响。

表 3-9 负责人的职称情况

职称	顺序	院长		书记		合计（名）	占比（%）	总占比（%）
		理工类（名）	文科类（名）	理工类（名）	文科类（名）			
副教授以下	排序在前	1	1	3	3	8	36	1
	排序在后	1	0	5	8	14	64	3
	兼任	—	—					
	合计	2	1	8	11	22	100	4
副教授	排序在前	6	11	31	16	64	43	11
	排序在后	12	12	24	31	79	52	13
	兼任	4	4			8	5	1
	合计	22	27	55	47	151	100	25
教授	排序在前	88	58	30	30	206	49	35
	排序在后	100	57	25	21	203	48	34
	兼任	11	3			14	3	2
	合计	199	118	55	51	423	100	71
合计		223	146	118	109	596		100

表 3-9 简约后见表 3-10。

表 3-10 不同职称负责人排序在前与在后的关系

职称	院长（系主任）		书记	
	理工类	文科类	理工类	文科类
副教授以下	在前=在后	在前>在后	在前<在后	在前<在后
副教授	在前<在后	在前<在后	在前>在后	在前<在后
教授	在前<在后	在前>在后	在前>在后	在前>在后

从图 3-3 中可以看出，副教授以下职称的基层学术组织负责人排序在前和在后的变化在文科、理工学院趋势较为一致，呈上升趋势。文科学院书记的排序差异最大，说明文科书记是副教授以下职称的在排序中可能靠后；教授以下职称基层学术组织负责人排序在前与在后有很大的差异，排序在前是上升—下降的趋势，排序在后呈上升趋势，且文科书记的前后排序差异最大。紧随其后的是理工

科书记的前后排序差异,理工科院长的前后差异也不小,文科学院的院长排序的前后差异相差不大,同时,只有理工科书记是排序在前多于排序在后,其他都是排序在后多于排序在前,说明职称为副教授的排序多是在后;教授职称的基层学术组织负责人的排序趋势较为一致,且理工科院长的排序差异最大,排序在后人数明显多于排序在前的人数,表明教授职称的理工科院长在排序中更有可能靠后。

另外,从趋势图 3-3 的结点来看,理工科院长为副教授职称排序在前与在后一致,为副教授或教授职称则排序在后较多,说明职称在一定程度上与排序是反向的关系;文科学院的院长为副教授职称排序在后多于排序在前,其他则排序在前多于排序在后,说明副教授职称对文科院系的院长的排序没有优势;理工科书记为副教授以下的是排序在后多于排序在前,其他则是排序在前多于排序在后,说明高职称对理工科书记的排序有一定影响;文科书记为教授职称的排序在前多于排序在后,其他则正好相反,说明文科书记为教授职称的在排序中更有优势,高职称对书记排序的正向影响较为显著。

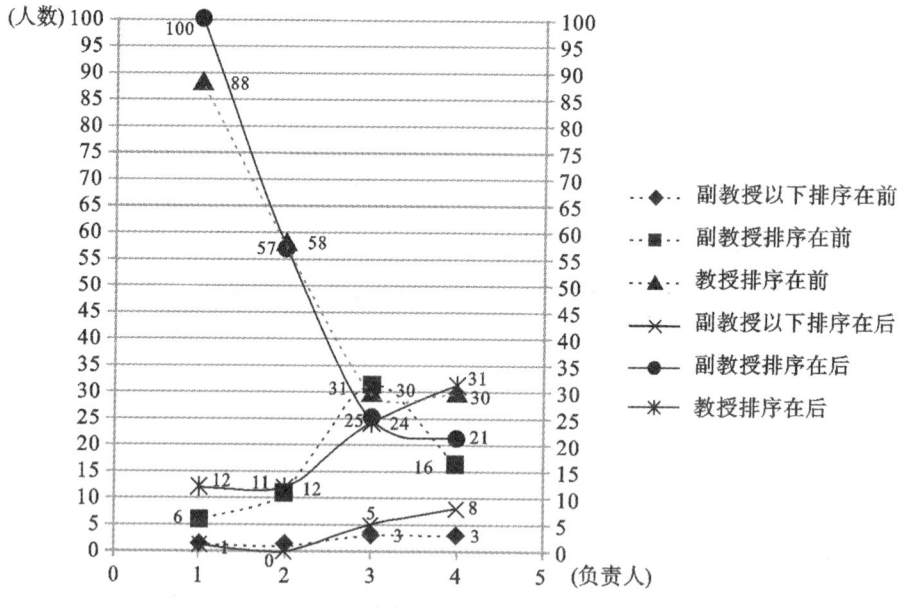

图 3-3　不同职称负责人排序差异分析

6. 海外学术经历比较

在是否具有海外学术经历的调查中,调查结果显示,在江苏省公办本科院校调查数据中,一共有 150 名基层学术组织负责人有海外学术经历,占比 25%,仅为调查人数的 1/4,说明江苏本科院校负责人的整体海外学术经历还有待提高。在具有海外学术经历统计中,院长占比 79%,书记占比 21%,表明院长的学术经历比书记更丰富。理工科院校负责人有海外学术经历的占比为 73%,而文科类占比仅 27%,二者差异较大,表明理工科学院院长比文科学院院长具有海外学术经历的比例高。这种差异主要是由于学科性质的不同,理工科的国际合作交流更多、开放性更强,相应地对理工科学院负责人的国际化要求就更高;而文科对学院负责人的国际交流要求相对较少,比如马克思主义学院的负责人几乎没有海外学术经历。从"有"和"没有"海外学术经历的基层学术组织负责人所占比例来看,有海外学术经历的基层学术组织负责人排序在前与在后没有区别,没有海外学术经历的基层学术组织负责人排序在后多于排序在前,由此可以看出,没有海外学术经历的基层学术组织负责人的排序可能靠后。在理工科学院中,有海外学术经历的院长和书记都是排序在前多于排序在后,而在文科学院中,有海外学术经历的院长和书记都是排序在前少于排序在后,说明海外学术经历对理工科的基层学术组织负责人的排序有很大的影响,在一定程度上成为其获得优越排序的资本,而拥有海外学术经历对文科学院的院长和书记并没有太大影响。

表 3-11 负责人的海外学术经历

海外学术经历	顺序	院长		书记		合计（名）	占比（%）	总占比（%）
		理工类（名）	文科类（名）	理工类（名）	文科类（名）			
有	排序在前	44	12	15	3	74	49	12
	排序在后	42	18	6	7	73	49	12
	兼任	3				3	2	1
	合计	89	30	21	10	150	100	25
无	排序在前	51	58	49	46	204	46	34
	排序在后	71	51	48	53	223	50	38
	兼任	12	7			19	4	3
	合计	134	116	97	99	446	100	75
合计		223	146	118	109	596		100

表 3-11 简约后见表 3-12。

表 3-12　不同海外学术经历负责人排序在前与在后的关系

有无海外学术经历	院长		书记	
	理工类	文科类	理工类	文科类
有	在前＞在后	在前＜在后	在前＞在后	在前＜在后
无	在前＜在后	在前＞在后	在前＞在后	在前＜在后

从图3-4可以看出,有海外学术经历的基层学术组织负责人排序前后有一定的差异,排序在前是有波动的下降,排序在后呈下降趋势,波动较小,且理工科书记的排序差异最大,说明有无海外学术经历对理工科书记排序的影响最为显著;无海外学术经历的基层学术组织负责人排序在前与在后的变化趋势差异显著,排序在前是波动下降,排序在后是波动上升,且理工科院长的排序差异最大,排序在前远小于排序在后,说明没有海外学术经历的理工科院长的排序更有可能靠后,海外学术经历对理工科院长排序的影响较大。

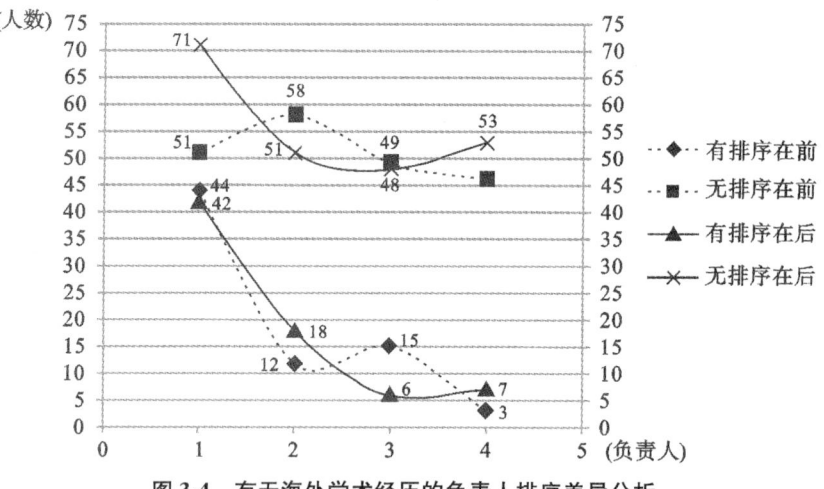

图 3-4　有无海外学术经历的负责人排序差异分析

另外,从趋势图3-4的结点来看,理工科院长有海外学术经历排序靠前较多,无海外学术经历排序在后较多,说明海外学术经历对理工科院长的排序有一定的影响;有海外学术经历的文科院系的院长排序在前少于排序在后,无海外学术经历的文科院长排序在前多于排序在后,说明海外学术经历对文科院长的排序并没有促进作用;有无海外学术经历的理工科书记排序在前都多于排序在后,说明有无海外学术经历对理工科书记的排序没有影响;有无海外学术经历的文科书记排序都是排序在前少于排序在后,说明有无海外学术经历对文科书记的排序没有影响。

从表 3-13 可知,各类高校基层学术组织负责人的海外学术经历有所不同,不同学科、不同层次高校基层学术组织负责人的海外学术经历有所不同。在理工科中,"985 工程"高校和"211 工程"高校的院长有海外学术经历的人数多于没有海外学术经历的人数,而一般本科院校则正好相反,说明海外学术经历已经成为高层次院校的基本资本,大部分高层次理工科学院的院长都拥有海外学术经历;另一方面,理工科学院书记有无海外学术经历也存在一些差异,"985 工程"高校有无海外学术经历的人数相等,而"211 工程"高校和一般本科院校都是没有海外学术经历的人数多于有海外学术经历的人数,进一步说明高层次院校负责人的海外学术经历更丰富。由此可以看出,不同层次高校的理工科基层学术组织负责人的海外学术经历不同,在层次越高的院校,海外学术经历越成为一种常态,海外学术经历不再是一种竞争性资本,只是一种基本资本;而一般本科院校可能相反。

在文科中,文科学院的院长在各类高校中,都是没有海外学术经历的人数多于有海外学术经历的人数,说明在文科学院中,基层学术组织负责人的海外学术水平都很低,没有海外访学经历的人很多;另一方面,"985 工程"高校的文科学院的书记有海外学术经历的人数多于没有海外学术经历的人数,而"211 工程"高校和一般本科院校都是没有海外学术经历的人数多于有海外学术经历的人数,这说明文科学院书记的海外学术经历在不同层次高校存在一定的差异。综上可知,文科学院的书记有无海外学术经历在不同层次高校的差异较小。

表 3-13 不同院校有无海外学术经历的负责人排序差异

类别	顺序	院长				书记				合计(名)	
		理工类(名)		文科类(名)		理工类(名)		文科类(名)			
		有	无	有	无	有	无	有	无	有	无
"985 工程"高校	排序在前	4	1	1	2	3	3	2	0	10	6
	排序在后	11	5	3	4	1	3	1	2	16	14
	合计	15	6	4	6	4	6	3	2	26	20
"211 工程"高校	排序在前	16	12	4	15	6	13	0	12	26	52
	排序在后	18	16	7	11	1	12	2	19	28	58
	合计	34	28	11	26	7	25	2	31	54	110

(续表)

类别	顺序	院长				书记				合计（名）	
		理工类（名）		文科类（名）		理工类（名）		文科类（名）			
		有	无	有	无	有	无	有	无	有	无
一般本科院校	排序在前	24	38	7	41	6	33	1	34	38	146
	排序在后	13	50	8	36	4	33	4	32	29	151
	合计	37	88	15	77	10	66	5	66	67	297
合计		86	122	30	109	21	97	10	99	147	427

基层学术组织负责人背景特征对排序影响因素的结果分析见表3-14。

表3-14 负责人排序差异的结果分析

影响因素	院长		书记		整体情况
	理工类	文科类	理工类	文科类	
男女比	在前＞在后	在前＜在后	在前＞在后	在前＞在后	性别与排序在前和在后的关系不大，无论性别如何，在前＜在后
年龄	60岁以上，在前＞在后	40～60岁，在前＞在后	40～50岁，在前＜在后；50～60岁，在前＞在后	50岁以下，在前＜在后；50岁以上，在前＞在后	年龄与排序是正的关系，年龄超过50岁，在前＞在后
学历	硕士，在前＞在后；博士，在前＜在后	博士，在前＜在后	硕士，在前＞在后；其他学历，在前＜在后	博士，在前＞在后	与其他学历相比，硕士学历的基层学术组织负责人与排序是正的影响关系
职称	职称与排序是负的关系	副教授，在前＜在后；其他职称，在前＞在后	职称与排序是正的关系	教授，在前＞在后	与其他职称相比，有教授职称的基层学术组织负责人与排序是正的影响关系
海外学术经历	有海外学术经历，在前＞在后	无海外学术经历，在前＞在后	无论有无海外学术经历，在前＞在后	无论有无海外学术经历，在前＜在后	有学术经历的基层学术组织负责人在排序中更有优势

（二）负责人背景特征对排序影响的多元回归结果

院长和书记的统计指标主要有排名、性别、年龄、学历、职称、是否有海外学术经历。自变量是性别、年龄、学历、职称、是否有海外学术经历；因变量为院长与书记的排序。

1. 研究假设

假设 H1：负责人的性别与排序有关。

假设 H2：负责人的年龄与排序呈正相关。

假设 H3：负责人的学历与排序是正相关。

假设 H4：负责人的职称越高在排序中越靠前。

假设 H5：有海外学术经历的负责人在排序中更靠前。

2. 变量测量

首先，对因变量基层学术组织的负责人排序进行数值转换，排在第一位的基层学术负责人得 2 分，排在第二位的基层学术负责人得 1 分，基层学术组织负责人由一人兼任的得 0 分，其中共有 22 个样本是院长与书记兼任，得分为 0。通过 SPSS17.0 统计软件对剩下的 574 个样本分析计算可得出院长与书记的平均等级。

由赋值可知，得分越高代表排序越靠前。从表 3-15 可知，"985 工程"高校和"211 工程"高校的书记得分高于院长得分，即这两种类型院校，书记的排序靠前；而一般院校的院长得分高于书记得分，即院长排序在前。从整体来看，书记的得分略高于院长，但得分相差不大。由此可以看出，不同类型院校基层学术组织负责人的排序不同。

"985 工程"高校的院长和书记的排序得分相差较大；"211 工程"高校的院长和书记的排序得分差值最小；一般本科院校的院长和书记排序得分相差较大，且院长排序得分更高；整体上院长和书记排序相差不大，在一定程度上反映了基层学术组织在院长书记排序上比较均衡。由此可以看出，层次越高的院校院长排序在书记前的可能性越大。从整体来看，在基层学术组织中，书记排序在前的比例略高于院长，说明学院整体上更可能认同书记的地位。从纵向院校层次来看，"211 工程"高校排序均分最接近整体均分，说明"211 工程"高校的学院院长与书记排序更均衡；而"985 工程"高校和一般本科院校与整体均分差别较大，院长和书记在排序上更偏离整体情况。

表 3-15　不同层次高校基层学术组织负责人排序平均得分

	有效样本(N)	最小值(Min)	最大值(Max)	均值($Mean$)	标准差($Std.\ D$)
"985 工程"高校基层学术组织负责人排序平均得分					
院长	31	1	2	1.2581	0.44480
书记	15	1	2	1.5333	0.51640
"211 工程"高校基层学术组织负责人排序平均得分					
院长	99	1	2	1.4747	0.50190
书记	66	1	2	1.4848	0.50360
一般本科院校基层学术组织负责人排序平均得分					
院长	217	1	2	1.5207	0.50072
书记	146	1	2	1.5000	0.50172
所有本科院校基层学术组织负责人的平均等级得分					
院长	347	1	2	1.4841	0.50047
书记	227	1	2	1.4978	0.50110

其次，年龄作为一种定量数据，可以进一步计算出不同类型高校的基层学术组织负责人年龄的平均分。

从表 3-16 可知，各类高校基层学术组织负责人平均年龄差异不大，最小的是 46.7000，最大的是 51.8919。可以看出，整体上书记的年龄比院长的年龄小，同时不同类型高校基层学术组织负责人的年龄存在一定的差异：一般本科院校基层学术组织负责人的平均年龄最小。这在一定程度上体现了高校层次对基层学术组织负责人年龄上的要求不同，层次越高的高校可能对个人经历和相关经验要求更高，基层学术组织负责人的年龄相对较大些；低层次高校则相反。

表 3-16　不同层次高校基层学术组织负责人年龄平均得分

		有效样本(N)	最小值(Min)	最大值(Max)	均值($Mean$)	标准差($Std.\ D$)
"985 工程"高校基层学术组织负责人年龄平均得分						
院长	理工科	21	35.00	58.00	50.1429	5.15059
	文科	10	47.00	58.00	51.8000	3.82390
书记	理工科	10	38.00	57.00	46.7000	5.85093
	文科	5	49.00	57.00	51.8000	3.56371

(续表)

		有效样本(N)	最小值(Min)	最大值(Max)	均值(Mean)	标准差(Std. D)
"211工程"高校基层学术组织负责人年龄平均得分						
院长	理工科	62	38.00	75.00	50.1774	5.88001
院长	文科	37	41.00	59.00	51.8919	4.27385
书记	理工科	32	36.00	57.00	47.5938	5.23548
书记	文科	34	39.00	59.00	49.2353	5.14669
一般本科院校基层学术组织负责人年龄平均得分						
院长	理工科	125	31.00	61.00	49.8160	5.10753
院长	文科	92	37.00	59.00	49.0543	4.95998
书记	理工科	76	29.00	58.00	48.0000	5.62850
书记	文科	70	30.00	60.00	48.0857	5.93624
所有本科院校基层学术组织负责人的年龄平均得分						
院长	理工科	208	31.00	75.00	49.9567	5.32999
院长	文科	139	37.00	59.00	50.0072	4.87153
书记	理工科	118	29.00	58.00	47.7797	5.50856
书记	文科	109	30.00	60.00	48.6147	5.64359

从表3-17可以看出,"985工程"高校的院长排序在前的年龄要小于排序在后,书记则正好相反,这说明"985工程"高校基层学术组织负责人在遴选时更看重其学术水平,并不是年龄越大在排序中越有优势;而"211工程"高校与一般本科院校的基层学术组织负责人都是年龄大的在排序中更靠前,这在一定程度上反映了在非"985工程"高校,基层学术组织负责人的年龄较大且更具有排序上的优势。

表3-17 不同类型高校基层学术组织负责人的平均年龄

类型	顺序	院长		书记	
		理工类	文科类	理工类	文科类
"985工程"高校	排序在前	50.00	48.33	49.17	52.00
"985工程"高校	排序在后	50.19	53.29	43.00	51.67

(续表)

类型	顺序	院长		书记	
		理工类	文科类	理工类	文科类
"211工程"高校	排序在前	50.82	52.37	47.79	50.77
	排序在后	49.65	51.39	47.31	48.29
一般本科院校	排序在前	50.16	49.40	48.41	49.50
	排序在后	49.48	48.68	47.57	46.75

第三,线性回归模型试图建立因变量与某些解释变量之间的线性关系,当某些解释变量取属性值时,我们常常引进虚拟变量进行处理。① 例如,学历有本科、硕士和博士三个阶段划分,我们就以本科学历为参照类,引进2个虚拟变量。

$$E_2 = \begin{cases} 1 & 硕士学历 \\ 0 & 不是硕士学历 \end{cases} \qquad E_3 = \begin{cases} 1 & 博士学历 \\ 0 & 不是博士学历 \end{cases}$$

表3-18 变量名称及定义或计算方法汇总

变量类型	变量名称		变量定义或计算方法
因变量	排序(Y)		院长与书记的平均排序得分分别为1.4813和1.5022
自变量	性别(X_1)		男性编码为1,女性编码为0
	年龄(X_2)		院长和书记的实际年龄
	是否有海外学经历(X_5)		"有"编码为1,"无"编码为0
	学历(X_3)	E_2	本科、硕士、博士分别编码为0、1、0
		E_3	本科、硕士、博士分别编码为0、0、1
	职称(X_4)	P_2	副教授以下、副教授、教授分别编码为0、1、0
		P_3	副教授以下、副教授、教授分别编码为0、0、1

3. 模型构建

为检验基层学术组织负责人背景特征与排序的关系,本书分别从基层学术组织负责人的性别、年龄、学历、职称和海外学术经历这5个维度出发构建其排序的多元回归模型;分别对江苏省"985工程"高校、"211工程"高校、一般本科院校和所有本科院校的基层学术组织负责人的背景特征与排序构建多元回归模型。

---

① 施锡铨,范正绮. 数据分析与统计建模:社科研究中的统计学方法[M]. 上海:上海人民出版社,2007:173.

1)模型
$$Y=\beta_0+\beta_1 X_1+\beta_2 X_2+\beta_3 X_3+\beta_4 E_2+\beta_5 E_3+\beta_6 X_4+\beta_7 P_2+\beta_8 P_3+\beta_9 X_5+\varepsilon$$

模型中 Y 为因变量,即基层学术组织负责人的排序;X_1、X_2、X_3、X_4、X_5 为自变量,分别为基层学术组织负责人的性别、年龄、学历、职称、海外学术经历情况;E_2、E_3 为学历的虚拟变量,P_2、P_3 为职称的虚拟变量。

2)"985 工程"高校基层学术组织负责人背景特征与排序的回归分析

由表 3-19 可知,模型的 R^2 为 0.191,表明回归模型中的因变量基层学术组织负责人排序在 19.1% 的程度上能被预测变量解释,且回归模型中的 $F=1.533$,其相伴概率 $P=0.193$,大于 0.05,在 0.05 的水平上不显著,表明模型中的自变量不能显著预测因变量。

表 3-19 "985 工程"高校基层学术组织负责人背景特征与排序检验结果

模拟	R	R^2	调整后 R^2	F 值	$Sig.$ 值
强行进入法	0.437	0.191	0.066	1.533	0.193

3)"211 工程"高校基层学术组织负责人背景特征与排序的回归分析

由表 3-20 可知,模型的 R^2 为 0.331,表明回归模型中的因变量基层学术组织负责人排序在 33.1% 的程度上能被预测变量解释,且回归模型中的 $F=10.954$,其相伴概率 $P=0.000$,在 0.01 的水平上显著,表明模型中的自变量能显著预测因变量。

表 3-20 "211 工程"高校基层学术组织负责人背景特征与排序检验结果

模拟	R	R^2	调整后 R^2	F 值	$Sig.$ 值
强行进入法	0.575	0.331	0.301	10.954	0.000

根据表 3-21 的检验可知,自变量 X_1,X_2,X_3,E_2,P_2,X_5 的相伴概率都大于 0.01 或 0.05,表明基层学术组织负责人的性别、年龄、学历、副教授职称、海外学术经历与排序的相关性不显著。

由表 3-21 建立的回归方程:
$$Y=1.486-0.003X_4$$

基层学术组织负责人职称的回归系数 $B=-0.003$,与假设方向相反,且 $t=-3.828$,相伴概率 $P=0.000$,在 0.01 的水平上通过显著性检验,表明模型中的自变量职称能显著预测因变量基层学术组织负责人的排序,假设 H4 通过验证。且职称每下降 1,排序的平均等级会上升 0.003。

表 3-21　"211 工程"高校基层学术组织负责人背景特征与排序的回归系数分析表

自变量	回归系数		t 值	$Sig.$ 值
	未标准化	标准化		
（常量）	1.486		351.462	0.000
性别（X_1）	0.000	−0.024	−0.346	0.730
年龄（X_2）	1.092E−5	0.012	0.159	0.874
学历（X_3）	0.000	0.021	0.259	0.796
E_2	0.002	0.140	1.765	0.080
职称（X_4）	−0.003	−0.354	−3.828	0.000
P_2	0.002	0.143	1.663	0.098
海外学术经历（X_5）	−0.001	−0.130	−1.847	0.067

4）一般本科院校基层学术组织负责人背景特征与排序的回归分析

由表 3-22 可知，模型的 R^2 为 0.237，表明回归模型中的因变量基层学术组织负责人权力排序在 23.7% 的程度上能被预测变量解释，且回归模型中的 $F=15.136$，其相伴概率 $P=0.000$，在 0.01 的水平上显著，表明模型中的自变量能显著预测因变量。

表 3-22　一般本科高校基层学术组织负责人背景特征与排序检验结果

模拟	R	R^2	调整后 R^2	F 值	$Sig.$ 值
强行进入法	0.486	0.237	0.221	15.136	0.000

根据表 3-23 的检验可知，自变量 X_1、X_2、P_2、X_5 的相伴概率都大于 0.01 或 0.05，表明基层学术组织负责人的年龄、副教授职称、海外学术经历与排序不能显著相关。由表 3-23 建立的回归方程：

$$Y = 1.497 + 0.003X_1 + 0.002X_3 - 0.003E_2 + 0.004X_4$$

基层学术组织负责人性别的回归系数 $B=0.003$，与假设方向相同，且 $t=2.091$，相伴概率 $P=0.037$，在 0.05 的水平上显著，因此模型中的自变量性别与因变量基层学术组织负责人的排序是显著相关，假设 H1 通过验证。倘若性别为男性，在排序中会上升 0.003。

基层学术组织负责人学历的回归系数 $B=0.002$，与假设方向相同，且 $t=2.108$，相伴概率 $P=0.036$，在 0.05 的水平上显著，因此模型中的自变量性别与因变量基层学术组织负责人的排序是显著相关,假设 H3 通过验证,且学历每上升 1,排序的平均等级会上升 0.002。虚拟变量 E_2 的回归系数为 $B=-0.003$,与假设方向相反,且 $t=-2.795$,相伴概率 $P=0.005$,在 0.01 的水平上通过显著性检验,表明模型中的基层学术组织负责人的排序与硕士学历有关。对于相同性别和职称来说,硕士学历比本科学历的排序低 0.003。

基层学术组织负责人职称的回归系数 $B=0.004$,与假设方向相同,且 $t=3.101$,相伴概率 $P=0.002$,在 0.01 的水平上显著,因此模型中的自变量性别与因变量基层学术组织负责人的排序是显著相关,假设 H4 通过验证。职称每上升 1,排序会上升 0.004。

表 3-23　一般本科高校基层学术组织负责人背景特征与排序回归系数表

自变量	回归系数		t 值	$Sig.$ 值
	未标准化	标准化		
(常量)	1.497		245.534	0.000
性别(X_1)	0.003	0.101	2.091	0.037
年龄(X_2)	$-2.481E-6$	-0.001	-0.024	0.981
学历(X_3)	0.002	0.117	2.108	0.036
E_2	-0.003	-0.146	-2.795	0.005
职称(X_4)	0.004	0.226	3.101	0.002
P_2	-0.002	-0.107	-1.543	0.124
海外学术经历(X_5)	0.002	0.066	1.349	0.178

5)江苏本科高校基层学术负责人背景特征与排序的回归分析

由表 3-24 可知,模型的 R^2 为 0.244,表明回归模型中的因变量基层学术组织负责人排序在 24.4% 的程度上能被预测变量解释,且回归模型中的 $F=25.359$,其相伴概率 $P=0.000$,在 0.01 的水平上显著,表明模型中的自变量能显著预测因变量。

表 3-24　基层学术组织负责人背景特征与排序的检验结果

模拟	R	R^2	调整后 R^2	F 值	$Sig.$ 值
强行进入法	0.494	0.244	0.234	25.359	0.000

根据表 3-25 可知,基层学术组织负责人性别的回归系数 $B=0.001$,与假设方向相同,且 $t=1.837$,相伴概率 $P=0.067$,大于 0.05,在 0.05 的水平上不显著,因此模型中的自变量性别与因变量基层学术组织负责人的排序不是显著相关,假设 H1 未通过验证。

基层学术组织负责人年龄的回归系数 $B=-2.262E-6$,且 $t=-0.043$,相伴概率 $P=0.965$,大于 0.05,在 0.05 的水平上不显著,因此模型中的自变量年龄不能显著预测因变量基层学术组织负责人的排序,假设 H2 未通过验证。

在基层学术组织负责人学历的回归系数 $B=0.000$,且 $t=-1.526$,相伴概率 $P=0.127$,大于 0.05,在 0.05 的水平上不显著,因此基层学术组织负责人的学历与排序不存在显著相关关系,假设 H3 未通过验证。虚拟变量 E_2 的回归系数为 $B=0.002$,与假设方向相同,且 $t=3.420$,相伴概率 $P=0.001$,在 0.01 的水平上通过显著性检验,表明模型中的基层学术组织负责人的排序与硕士学历有关。

学院负责人职称的回归系数 $B=-0.003$,与假设方向相反,且 $t=-4.679$,相伴概率 $P=0.000$,在 0.01 的水平上通过显著性检验,因此学院负责人的职称与影响力显著相关,假设 H4 通过验证。虚拟变量 P_2 的回归系数 $B=0.002$,与假设方向相同,且 $t=1.847$,其相伴概率 $P=0.065$,大于 0.05,在 0.05 的水平上不显著,表明职称为副教授与院系负责人的影响力不存在显著的相关关系。

由表 3-25 建立回归方程:
$$Y=1.495+0.002E_2-0.003X_4+0.001X_5$$

基层学术组织负责人海外学术经历的回归系数 $B=0.001$,与假设方向相同,且 $t=2.013$,相伴概率 $P=0.045$,在 0.05 的水平上通过显著性检验,表明模型中的自变量海外学术经历能显著预测因变量基层学术组织负责人的排序,假设 H5 通过验证。当受教育程度为本科或博士($E_2=0$),方程为:$Y=1.495-0.003X_4+0.001X_5$,表示职称每上升 1,排序会下降 0.003;海外学术经历每上升 1,排序会上升 0.001。

当学历为硕士($E_2=1$),方程为:$Y=1.495+0.002E_2-0.003X_4+0.001X_5$,表示对于相同的海外学术经历和职称来说,硕士学历的排序比本科学历的排序高 0.002。

表 3-25　负责人背景特征与权力等级回归模型回归系数表

自变量	回归系数 未标准化	回归系数 标准化	t 值	$Sig.$ 值
（常量）	1.495		405.006	0.000
性别（X_1）	0.001	0.070	1.837	0.067
年龄（X_2）	$-2.262E-6$	-0.002	-0.043	0.965
学历（X_3）	0.000	-0.068	-1.526	0.127
E_2	0.002	0.145	3.420	0.001
职称（X_4）	-0.003	-0.263	-4.679	0.000
P_2	0.002	0.098	1.847	0.065
海外学术经历（X_5）	0.001	0.079	2.013	0.045

通过对"985 工程"高校、"211 工程"高校、一般本科院校和所有本科院校的多元回归分析（见表 3-26）可知："985 工程"高校基层学术负责人的背景特征与排序没有显著关系；"211 工程"高校基层学术组织负责人仅职称与排序显著相关，且是相反的关系；一般本科院校的性别、学历、职称与排序显著相关，并且是正的相关关系，且对于相同性别和职称来说，硕士学历比本科学历的排序低 0.003。所有本科院校的检验结果显示，性别、年龄、学历与基层学术组织负责人的排序没有明显的关系，职称与排序是负的相关关系，海外学术经历与基层学术组织负责人的排序是正的影响关系。另外，对于相同的海外学术经历和职称来说，硕士学历的排序比本科学历的排序高 0.002。

表 3-26　不同层次高校基层学术组织负责人排序的影响因素

类型	基层学术组织负责人排序的影响因素
"985 工程"高校	没有显著相关因素
"211 工程"高校	与职称是负相关
一般本科院校	与性别、学历、职称是正相关，且在其他条件相同的情况下，硕士学历比本科学历的排序低
所有公办本科院校	与职称是负的相关关系，与海外学术经历是正的相关关系，且在其他条件相同的情况下，硕士学历比本科学历的排序高

三、研究结论

基层学术组织负责人的背景特征与其排序的关系共涉及 5 个研究假设,假设检验结果如下所示。

(一)性别与基层学术组织负责人的排序

基层学术组织负责人的性别与排序的关系并不十分显著,仅在"211 工程"高校中与排序显著相关。这与前面的描述统计较为统一:无论是男性还是女性,排序在后的人数都多于排序在前的人数,说明性别对排序的影响不大。这在一定程度上反映出在基层学术组织负责人排序中,男女性别并不是主要影响因素,男性与女性在领导力方面没有差异,只是存在领导风格的不同。

(二)年龄与基层学术组织负责人的排序

从对"985 工程"高校、"211 工程"高校、一般本科院校和所有本科院校的多元回归分析可知,各模型基层学术组织负责人的年龄与权力排序关系都未通过显著性检验。这主要是由于基层学术组织负责人的年龄相差不大,大部分都是在 40~60 岁,其中年龄在 50~60 岁的占一半以上,这说明排序在前的院长与书记有很大可能集中在这一年龄阶段,相应的年龄对排序的影响就很小。这与前面描述有些差别,但差别不大。描述统计结果显示,从整体来看,年龄超过 50 岁在排序中有可能靠前,但这种优势仅在 1% 左右,说明年龄大于 50 岁的基层学术组织负责人在排序中具有一定优势,但这种优势并不十分明显。

(三)学历与基层学术组织负责人的排序

基层学术组织负责人的学历与排序的关系并不十分显著,仅在"211 工程"高校中与排序显著相关。这在一定程度上可能是因为当前基层学术组织负责人的学历都较高,因此学历不再是稀缺的资源,对排序的影响就相对较弱,"认识到竞争优势(无论是持续的还是非持续的)只会为那些拥有有价值且稀缺的资源的企业所享有,并不意味着普通的(即非稀缺的)资源不重要。相反,这些有价值但普通的资源可有助于企业在产业竞争中获得竞争均势,使企业在竞争中得以存活下去(Barney,1989)"①。高等教育的大众化、学历的普遍性提升使得学历只是一种基本资源,不能在竞争中取得优势。从学历这一资源来看,院长与书记在权力配置的竞争中处于竞争均势。分析结果显示,在一般本科院校中,学历与排序是

---

① 〔美〕杰伊·B·巴尼,〔新西兰〕德文·N·克拉克. 资源基础理论——创建并保持竞争优势[M]. 张书军,苏晓华,译. 上海:格致出版社、上海人民出版社,2011:65-66.

正的相关关系,说明学历越高排序越靠前,但对于相同性别和职称来说,硕士学历比本科学历的排序低 0.003,这说明在一般本科院校,博士学历在排序中更有竞争优势,这可能与一般本科院校博士学历人数少有关;从整体来看,相同的海外学术经历和职称条件下,硕士学历的排序比本科学历的排序高 0.002,这说明具有硕士学历的基层学术组织负责人比本科学历的排序更具优势。前面的描述性统计也印证了这一点,从不同学历的基层学术组织负责人排序前后所占的比例可以看出,与其他学历相比,硕士学历的基层学术组织负责人与排序是正的影响关系。由此可以看出,只有高的学历才能与排序是正的相关关系,并且在一般本科院校,基层学术负责人拥有博士学历的院长具有更大的话语权。

(四)职称与基层学术组织负责人的排序

除"985 工程"高校外的高校基层学术组织负责人的职称与排序都有关系,但在每一类型高校中有所不同。"211 工程"高校基层学术组织负责人的职称与排序是负的相关关系;一般本科院校基层学术组织负责人的职称与排序是正的相关关系。从整体看,基层学术组织负责人的职称与排序是负的相关关系。职称在一定程度上代表学术水平,在一般本科院校,高职称对排序有促进作用,而"211 工程"高校中职称与排序是负的相关关系,这说明一般本科院校基层学术组织负责人在排序上更看重职称。

(五)基层学术组织负责人的海外学术经历与排序

检验结果显示,"985 工程"高校、"211 工程"高校和一般本科院校的基层学术组织负责人的海外学术经历与排序没有显著的相关关系。但从整体来看,基层学术组织负责人的海外学术经历排序表现出正的影响关系,海外学术经历每上升 1,排序的平均等级会上升 0.001。描述性统计的结论也反映了这一点,从整体来看,无海外学术经历的基层学术组织负责人排序在后多于排序在前,从侧面反映出有海外学术经历的基层学术组织负责人在排序中更有优势。但各类院校中海外学术经历对排序并没有影响,这在一定程度上可能是因为各类院校的检验样本量不足,影响了实际检验的结果,但整体数据的样本量较大,海外学术经历对排序有显著的影响。

从研究可以看出,不同层次院校基层学术负责人排序的影响因素有差异。"985 工程"高校基层学术组织负责人的排序与相关变量没有显著影响因素;"211 工程"高校基层学术组织负责人的排序仅与职称是负的相关关系;一般本科院校基层学术组织负责人的排序与学历、职称都是正的相关关系,同时与性别也有显著的相关关系。

第四章

大学精英学院组织制度的产生与发展

大学精英学院的出现大概发生于20世纪70年代末80年代初。关于精英学院的研究随着其在我国本科高校的实践积累而逐渐展开,前文对2010年以后精英学院的本质、我国精英学院的运行以及精英学院背景下学生的发展等相关方面的研究进行了初步梳理。本部分主要从概念内涵到生成探源,从宏观规模到微观模式,试图还原精英学院的整体面貌,对精英学院发展的共性问题进行反思与探讨,以期促进我国精英学院未来科学合理的发展,并分析我国大学精英学院的产生、运行以及存在的问题。

第一节 精英学院组织产生背景分析

通过对精英学院的研究分析以及对其实践的考察发现,美国的荣誉教育与本书中的精英学院类似,此外从美国与我国、历史与现实的维度,主要对美国精英学院的产生背景以及我国精英学院的产生来由进行初步分析,试图弄清精英学院组织的产生背景。

一、美国精英学院

通过对相关文献的分析与研究发现,美国的荣誉教育类似于我国的精英学院教育,它指"大学和社区学院为了寻求满足最能干学生的学习需求而提供大量的机会和经历。荣誉教育的目标包括选拔出那些能力卓越和志存高远的荣誉学生;为这些荣誉学生提供挑战自我的学术机会,让他们在最高水平上发挥自己最大的潜能"[1]。这说明,从本质上说,美国的荣誉教育尤其是荣誉学院(在大学内部独立设置一个专门实施荣誉教育项目的二级学院)同样是对优秀的学生进行特殊的培养,与我国的精英学院具有一定程度的相似性。

---

[1] 沈蓓绯.荣誉学院:美国高校本科生"拔尖创新人才"培养模式研究[J].高教探索,2010(4):59-63.

（一）荣誉教育的产生原因与意义

美国的高等教育具有良好的结构层次。为何会产生荣誉教育？皮特(2008)追寻荣誉教育的历史发现，荣誉教育最早出现在1930年的斯沃斯莫尔(Swarthmore)学院，这是一所有声望的小型文理学院，注重学生个体以及学校的声誉发展。当时，学校校长艾戴乐(Frank Aydelotte)决定要做两件事情：第一件是提供给最好的学生最丰富的教育经验，另外一件则是提高学校的学术声誉。在校长和学校所有人的共同努力下，这所小型的文理学院最终实现了这一目标。① 但是，随着时代的发展，美国高等教育市场化节奏的加快，荣誉教育发展的背景和理念在悄悄地发生变化。隆(Long)认为荣誉项目的产生可能是学校之间对优秀生源的竞争以及对一些州人才流失的高度关注所产生的，被视为是吸引优秀学生的竞争工具。② 皮特(Peter)以美国亚利桑那州为例，叙述了荣誉教育发展的背景。在20世纪90年代中期，亚利桑那州想弄清楚留在本州大学学习的杰出大学适龄学生的情况，结果显示虽然大多数学生愿意留在本州，但是本州排名前5%的高中毕业生中仅仅只有20%的学生愿意留在本州接受大学教育，而在这其中国家绩优学生仅仅只有15%。而亚利桑那州最优秀的高中毕业生离开本州去追求学士学位，再也不回来。这一现象成为亚利桑那州高等教育发展甚至是本州人力资源流失的一个长期问题。这些问题并不是亚利桑那州大学特有的，在其他州的许多大学里，他们逐渐失去有才能的学生、教职人员以及高等教育政府的支持。而要解决这一问题，他们必须要给那些有才能、有抱负的学生提供更好教育的机会，荣誉教育成了较为理想的选择。③

（二）荣誉教育的发展

隆(Long)考察了美国高等教育机构中荣誉项目与荣誉学院的发展，调查结果显示荣誉项目已广泛出现在美国高等教育系统中，近一半的公立四年制学院、大学以及许多私立大学都有荣誉项目的存在。④ 另外，美国有专门为全国的本科荣誉项目、荣誉学院以及参与荣誉教育事务的教师、学生等提供支持和服务的协

---

① Peter C Sederberg. The Honors College Phenomenon[M]. Lincoln：National Collegiate Honors Council，2008：13.

② Bridget Terry Long. Attracting the Best：The Use of Honors Programs To Compete for Students [J]. Educational Resources Information Center，2002.

③ Peter C Sederberg. The Honors College Phenomenon[M]. Lincoln：National Collegiate Honors Council，2008：11.

④ Bridget Terry Long. Attracting the Best：The Use of Honors Programs To Compete for Students [J]. Educational Resources Information Center，2002.

会组织,称为美国高校荣誉教育理事会(National Collegiate Honors Council, NCHC)。据 NCHC 数据统计,美国目前已有 1200 家高等教育机构加入该协会。

(三)荣誉教育的实践

我们在外文文献的阅读中发现,荣誉教育的实践问题研究是核心内容,主要包括荣誉学生选拔的问题以及荣誉学生培养的问题。

在荣誉学生的选拔方面,美国高等教育荣誉项目与荣誉学院基本采取本人基于自身兴趣进行申请,由项目或学院进行审核选拔,其中的一项审核标准是成绩。虽然与美国的入学考试相比我国具有一定的科学性,但这种以成绩作为主要标准的选拔方式在美国高等教育领域仍受到质疑。安奎尼(Aquino)认为选拔识别能从荣誉课程中受益和取得成功的学生是一件具有挑战性的事情。大多数情况下对于学生的选拔都是基于高中平均成绩和标准化考试,但是很多研究表明这样的选拔形式并不能达到好的效果。埃雷克(Erik)对纽约州立大学布法罗分校 2006~2008 年荣誉学院的学生进行研究,结果表明,在高中时期跳级获得大学学分的学生比通过传统选拔标准识别的学生在本科学术生涯中有更好的预测成绩。[1]

在荣誉学生的培养与发展方面,主要有:第一,对荣誉课程的研究。荣誉课程是荣誉教育的主要培养方式。虽然研究者对荣誉课程关注的侧重点各有不同,但最终都是为荣誉课程的设计与实施提供建议。例如,格瑞西姆(Gresham)对印第安纳州立大学 500 多名荣誉学生中的 20 个学生样本的职业理性和对荣誉教育的看法进行调查,以对荣誉课程的设立提供相应建议。结果显示大多数学生的职业理想与学生在专业上的努力是一致的,交叉学科课程的开设有利于荣誉学生的职业发展。另外,荣誉课程也应涉及艺术领域,以满足学生自身的发展。[2] 麦克瑞肯(McCracken)认为荣誉课程的设置倾向于现代主义,而学生更喜欢后现代的教育理论。荣誉项目应该根据这样的变化做出变革。[3] 第二,对课程

---

[1] Erik A D'Aquino. Understanding Student Academic Performance Differences in College Based on Advanced Placement College Credits Earned in High School: A Comparison between Honors and Non-Honors Students[D]. ProQuest LLC, Ph. D. Dissertation, State University of New York at Buffalo. 2011.

[2] Pamela Malone Gresham. An Exploratory Study of the Career Aspirations and Self-Perceptions of University Honors Program Students[D]. ProQuest LLC, Ph. D. Dissertation, Indiana State University, 2010.

[3] Tim McCracken. Double Coding: Some Characteristic Differences between Modernism and Postmodernism and the Implications for Honors Education[C]. The NISOD Conference on Excellence in Teaching Austin, 1987.

以外培养方式的研究。斯卡格(Scager)等通过研究发现创设一个富有挑战性的环境更有利于促进荣誉学生充分发展自身的才能。[1] 瓦伍瑞思基(Wawrzynski)指出大学的荣誉项目为了增强大学生的体验,提供额外的学习机会来丰富学生的学术活动,如小班化研究、实习和社区服务。另外,学生的学习生活社区的环境对荣誉学生的发展也具有一定的影响。[2]

就笔者目前所搜集的相关文献和资料看,除美国荣誉教育与我国高校精英学院教育类似外,还未发现其他国家和地区的高等教育系统内类似机构的相关研究。

(三)基本结论

首先,在研究内容方面,整体上缺乏对精英学院本质的探讨。关于精英学院的研究主要关注其具体的运行特点和培养模式等描述性的研究,并未对其是什么、为什么以及如何生成做出深入的探讨与反思。"是什么""为什么"以及"如何生成"的问题是精英学院发展的逻辑前提,是指导实践的重要依据。例如,目前研究中对精英学院概念的理解存在两种不同观点,这两者观点也许是作者基于自己的正常理解所做的定义,但其背后的实质却有着本质的区别。精英学院到底是对精英的培养,还是为了培养精英(即精英学院关注的是培养对象的需求还是培养目标的问题)?抑或二者兼具,并在发展过程中有着更为深层的内涵?显然目前的研究并没有较为清楚合理的界定,这些问题需要进一步思考与探索。

其次,在研究对象方面,目前关于精英学院现状的研究主要集中于"985工程"高校,研究者忽视了我国精英学院目前向一般本科高校发展的现状。尽管有研究者意识到这种趋势,但并未深层次去研究这种现象背后真正的本质与意义,以及在实践中各层次、各类型高校精英学院发展的特点和其中存在的问题。精英学院的发展需要了解整体的现状,仅仅局限于某一类型高校的精英学院进行研究,容易忽略精英学院整体发展中的问题,从而形成"凸透镜"视角,将"985工程"高校精英学院的问题放大到整个本科高校的精英学院,影响我国高校精英学院整体的科学发展。

最后,在研究视角方面,从整体上看,与我国高校精英学院相类似的美国荣

---

[1] Karin Scager, Sanne F Akkerman, Albert Pilot, Theo Wubbels. How to persuade honors students to go the extra mile: creating a challenging learning environment[J]. High Ability Studies, 2013 (24):115-134.

[2] Matthew R Wawrzynski, Madden Katherine, Jensen Christopher. The Influence of the College Environment on Honors Students' Outcomes[J]. Journal of College Student Development, 2012(53):840-845.

誉教育的相关研究,其研究视角重视微观方面,如荣誉项目的实践、荣誉课程的实施以及荣誉学生的发展;更注重采用实证调查的方法对具体的问题进行解决,更具有实用性,这与美国整个社会的实用主义思想有着较为直接的联系。总体而言,美国荣誉教育尤其是荣誉学院的发展理念与实践经验对我国精英学院的发展具有一定的借鉴意义,但从宏观视野考察精英学院对于其发展轨迹、趋势更具有启示作用。

二、我国精英学院产生的背景

社会的发展需要拔尖创新人才的推动,高等教育强国的目标需要高质量人才的涌现,拔尖创新人才培养问题引起了从国家、社会到大学本身各个层面的重视与反思,精英教育在高等教育大众化时代的背景下显得意义重大。而高校拔尖创新人才培养的组织方式是怎么样的?发展到哪一步了?这些问题尚需要进一步深入研究。

第一,微观层面的拔尖创新人才培养是高等教育研究的热点与趋势。通过"知网"的数据平台,以"精英教育""拔尖创新人才培养""精英学院""荣誉学院"为篇名关键词进行搜索,共查询博、硕士论文24篇,核心以上期刊论文共130余篇。通过文献阅读与分析发现,早期研究主题主要是关于精英教育与大众教育之间的关系,更多集中在较为宏观层面的探讨。而近年来,大众化背景下精英教育的相关研究已逐渐从宏观层面转向微观层面,2010年以后的相关文献更是侧重于微观层面的拔尖创新人才培养研究,其中精英学院是研究的重要领域之一。

第二,精英学院是我国高校在拔尖创新人才培养探索方面的重要实践。根据已有相关研究结果显示,我国"985工程"高校中已有20所高校设立精英学院,并且这种发展趋势逐渐蔓延到"211工程"高校以及一般本科高校。随着精英学院的实践探索范围不断扩大,其已经成为我国高校拔尖创新人才培养的重要组织形式。因此,我国高校精英学院的发展亟待从理论研究和实践研究方面加以关注。

本部分以全国782所本科高校为对象,调查设有精英学院这一内部机构的高校数量及其具体运行状况。基于国内外相关研究、文献资料与最终调查结果,按照"是什么、为什么、怎么做"的总思路对我国高校精英学院进行研究,试图回答两个问题:一是我国高校精英学院的本质问题(是什么、为什么);二是我国高校精英学院的现状以及实践中存在的问题(怎么做)。从概念内涵到生成探源,从宏观规模到微观模式,试图还原精英学院的整体面貌,并对精英学院发展的共性问题进行反思与探讨,以期促进我国精英学院未来科学合理地发展。

第二节 精英学院的本质与生成缘由

高校组织是一个开放系统,肩负培养人才、创新知识、服务社会的重要使命。大学早已摆脱昔日"象牙塔"逐渐处于社会中心的地位和高等教育普及化的发展趋势,让高校内部组织的变化与外部环境的关系日益密切。外部环境,即高校的宏观环境,包括政治环境、经济环境及科技环境等。政治环境对高校发展的影响,主要体现在可以通过制定法律法规,利用财政拨款、运用意识形态等不同形式有效保证领导权,以引导高校的发展方向。经济环境,指构成大学生存和发展的经济发展水平、经济体制和经济结构,是影响高校改革发展的决定因素之一。科技环境是指大学所处的社会环境中的科技要素以及与该要素直接相关的各种现象的集合,主要包括社会科技水平、社会科技力量。[①] 社会本身是一个大系统,每一个组成部分都息息相关、密不可分。各因素之间以及单因素与高校之间相互影响、相互作用。国家与社会的稳定离不开经济的发展,而经济的发展需要生产力的推动。21世纪,知识经济的到来进一步强化了人才、知识以及科技竞争,"科学技术是第一生产力"已得到广泛认同,人才和知识已成为经济发展的核心力量。作为承担人才培养和知识创新重任的教育,尤其是高等教育,必须追随社会前进的脚步。在高等教育即将普及化的背景下,在科教兴国、人才强国等国家战略指导下,高等教育发展最终的落脚点在于高质量的人才培养,尤其是拔尖创新人才的培养,而这一点在近年国家的各项教育相关政策中已有明确体现。正如各高校在精英学院成立背景中的表述,精英学院的产生是外部环境发展的必然产物。

无论是为寻求自生发展的合法性,还是对资源需求的迫切性,外部环境的变化影响着高校的内部改革,"学校为了生存必须对环境做出反应。在过去的几十年中,环境对许多学校发生影响的深度和广度几乎是成倍增长的"[②]。"如果大学拥有大量的为社会服务的知识,但是缺乏把这些知识用于实践的决心和责任感,那么公众就会认为大学是无用的,失去了存在的根据,因此就不会为大学提供经费了。"[③]作为直接为国家和社会提供人力资源的高校,人才培养的质量成为影响高校声誉甚至其合法性的一个重要因素,"高等教育的声誉和影响都应归功于为

---

① 刘向兵,李国立. 大学战略管理导论[M]. 北京:中国人民大学出版社,2006:52.
② 〔美〕罗伯特·伯恩鲍姆. 大学运行模式[M]. 别敦荣,主译. 青岛:中国海洋大学出版社,2003:15-16.
③ 〔美〕约翰·S·布鲁贝克. 高等教育哲学[M]. 王承旭,等,译. 杭州:浙江教育出版社,2001:22.

其买单的主流社会"①。处处体现着功能主义的现代社会,往往倾向于"从更广大的社会价值和目标来理解高等教育,以及从证明高等教育对社会创造财富所能产生的影响大小方面来评判其效益的趋势"②。面对国家、社会对经济社会发展的重视、对拔尖创新人才的渴求,高校无论是从自身使命的角度,还是获取资源的角度,都不会忽略拔尖创新人才培养这一重要战略规划,而精英学院的平台优势成为高校实施这一战略的良好路径。

外部环境的引导、内部发展的需求,让拔尖创新人才培养在高校的战略地位愈渐提高。高校对拔尖创新人才培养的实践探索也从最开始的单个实验班、多元实验班,到各类培养计划等,直至精英学院的产生。

一、精英学院的特点

(一)拔尖创新人才与精英学院

1. 拔尖创新人才

"拔尖创新人才"一词最早出现在中共十六大报告中,报告指出要"造就数以亿计的高素质劳动者、数以千万计的专门人才和一大批拔尖创新人才"。随后该词成为政府相关文件、学术研究以及新闻报道中的专业用语。2010年,《国家中长期教育改革和发展规划纲要(2010—2020年)》中多次提及拔尖创新人才的培养,"拔尖创新人才"再次成为热点。作为高等教育的培养目标之一,拔尖创新人才及其培养受到学术领域的广泛关注。

在已有研究中,对于"拔尖创新人才"的概念却鲜有达成共识的规范性定义,更多的是研究者基于某种语言背景需要而进行的简单阐述,这种相对局限、单一的界定是有一定偏颇的。也有研究者认为,"拔尖创新人才"与"精英人才"属于相似概念。"精英"是一个历史的、发展性的概念,不同时期"精英"的含义是不同的。19世纪资产阶级革命以前的西方国家中,精英主要指的是贵族和统治阶级上层,可以看出对精英的评价标准主要是从政治经济学的角度出发,将身份、地位、财产作为衡量精英的标准。随着社会的发展,精英的评价标准发生了变化,不再具有等级的束缚,并被赋予了新的内涵与要求。日本社会学家麻生诚认为,"英才,在一定的社会中有比普通人更优秀的内在属性或者有较好的外在属性;在一定的领域内和在一定的水平基础上,通过他们的领导职能可使全社会的各种价值得到增值或得以保持下去;在决定全社会的结构方面,他们起主导的作用

---

① 〔英〕罗纳德·巴尼特.高等教育理念[M].蓝劲松,主译.北京:北京大学出版社,2012:9.
② 〔英〕罗纳德·巴尼特.高等教育理念[M].蓝劲松,主译.北京:北京大学出版社,2012:9.

和骨干作用;他们蕴藏着一定的集团意识和特殊的文化财产,并具有高度构造化方向发展的倾向"①。这说明,随着现代社会分工的深入和细化,"精英人才"已经演变成为一个相对宽泛的概念,并不局限于少数几个人,而是指各行各业的杰出人才,呈现多元性特点。高晓明运用"种加属差"的逻辑方法对"拔尖创新人才"这一概念进行了详细的剖析。他认为,"拔尖创新人才"首先是属于"人才"的类型之一,并且兼具"拔尖"与"创新"的特质。"拔尖"并非是绝对的少数,而是一个相对的范畴。"创新"不仅指更新或创造新东西,而更应指改变、变革、革新,其范围应该覆盖各个行业,不断地进行元创新。

笔者认为,"拔尖创新人才"应该是"精英人才"的下属概念,属于精英人才的类型之一,与精英人才相比更具备详细鲜明的特征。高晓明对拔尖创新人才的阐释更符合本书的主旨,故本书采用其定义:拔尖创新人才作为我们的教育培养目标,意指在我们所生活的这个富于个性和突破的时代中,在各行各业那些试图通过变革来引领发展,从而为整个社会经济的顺利转型做出突出贡献的杰出人物,精深的专业造诣、强烈的社会责任感以及勇于批判和变革的勇气应作为其基本的素质特征。②

2. 精英学院的特点

总的来说,我国本科高校的精英学院具有生源选拔性、目标精英性、培养特殊性以及建制实体性的特点。

生源选拔性。精英学院的首要特征表现在学生的来源上,与高校普通学院的学生高考志愿报考录取不同,精英学院的学生多数通过二次选拔、自主招生的方式进行录取。虽然各高校精英学院的选拔范围、形式以及标准各不相同,但其选拔性的生源选择方式是精英学院的一个显著特点。

目标精英性。所谓目标精英性,是指精英学院人才培养的目标定位于精英类型,致力于培养高素质的拔尖创新人才。当然,这里的拔尖创新人才主要是指广义上的拔尖创新人才,毕竟不同类型高校的培养目标在理论上和实践上都是不同的,但其主要核心本质是追求卓越的、创新的高素质人才,旨在突破高等教育现状下的培养质量。

培养特殊性。"特殊",即与"普通、一般"相对,不同于同类的事物或平常的情况。培养特殊性主要是相对普通学院的学生培养而言。在培养模式上,精英学院在人才培养过程中积极探索,不断创新培养模式、拓宽培养体系。在培养资

---

① 〔日〕麻生诚.英才的形成与教育[M].王桂,等,译.长春:吉林人民出版社,1987:23.
② 高晓明.拔尖创新人才概念考[J].中国高教研究,2011(10):65-67.

源上,精英学院普遍通过教师的优质化、学习的自由度、奖学金名额占比、各种海外学习机会等各项软硬件资源优先配置来确保拔尖创新人才的培养质量。

建制实体性。相比于其他类似拔尖创新人才培养的组织形式,精英学院的核心特点是它的建制实体性。在具体实践中,作为拔尖创新人才培养普遍组织形式的实验班多数是依附于专业学院或某行政部门之下(如教务处、团委等),以获得更好的运行与发展。"学院是具有实体性、主体性、自主性特性的大学内部组织结构形式和管理模式"[①],精英学院通过采用新型学院的组织形式突破了原来相应组织形式的依附性、狭窄性,提高了组织运行效率,拓宽了发展探索平台。

二、相关概念辨析

精英学院作为近年来高校内部的新型内部机构,学者还未系统深入地对其进行界定和剖析,这一点从已有研究文献中模糊混淆的概念界定中即可发现。例如,陈金江将本科精英学院定义为在本科教学改革不断深化的过程中出现的,以培养本科拔尖创新人才为导向的一种特殊探索性组织机构。[②] 易萍认为精英学院是指高校为了对拔尖创新人才进行特殊培养而特设的组织机构。[③] 廖颖对精英学院的界定是指从重点大学里衍生出来的、不以学科专业为界限、在教学管理上相对独立、针对智力拔尖学生开展特别教育的组织机构,旨在培养拔尖创新型人才的特殊教学组织。[④] 以上相关界定属于描述性定义,虽然在一定程度上描述了精英学院的特点,但却未完全揭示出精英学院的本质与共性。甚至在一些研究中,各种精英班、实验班被列入精英学院的研究范畴,造成研究对象的混乱。为了更好地理解这一概念,确定精英学院概念的内涵和外延,厘清说明本书中的具体研究对象,对精英学院与其他相类似的概念进行逐一辨析显得十分必要。

(一)实验班、项目计划与精英学院

我国高校选拔优秀学生进行特殊培养的历史由来已久,其组织形式伴随着高等教育的改革与发展而愈发多样化。纵观当前各高校的精英化人才特殊培养,主要存在三种组织形式:实验班、项目计划和精英学院。从本质上看,三种组

---

① 杨如安.学院制的内涵及其特性分析[J].教育研究,2011(3):41-44.
② 陈金江.中国大学本科精英学院运行模式研究——基于多案例的分析[D].武汉:华中科技大学博士学位论文,2010:9.
③ 易萍.我国研究型大学拔尖创新人才培养模式研究——以精英学院为例[D].成都:西南交通大学硕士学位论文,2014:10.
④ 廖颖.高校精英学院人才培养的现状与走向研究——以西南交通大学茅以升学院为例[D].成都:西南交通大学硕士学位论文,2014:11.

织形式均是选拔部分优秀学生进行特殊培养,以实现某一培养目标。但三者之间又有着一定的区别。

1. 实验班

实验班是我国进行人才特殊培养最早的组织形式。早在 1978 年改革开放后,社会与政府关注到我国早慧儿童(天才)的教育问题,中国科技大学最早成立少年班对该类学生进行特殊培养。在经历近 6 年的实践后,教育部于 1985 年决定扩大试点,在北京大学、清华大学等全国 13 所重点高校开办少年班。虽然少年班在各种质疑声中逐渐淡出视野(目前仅有中国科技大学少年班、西安交通大学少年班仍在招生),但其实验班的组织形式成为我国高校初期进行精英化特殊培养形式的选择。如教学改革的"教改班"、创新培养的"创新班"、各学科人才培养基地的"基地班",等等,可以说,实验班是我国高校进行人才特殊培养的中坚力量。

实验班,顾名思义即为以班级为组织形式,将选拔的部分学生集中进行培养,具体运行以及培养模式根据不同高校以及实验班成立目的不同而不同。主要包括以下几种模式:一是采取虚拟组织模式,学生归各专业学院管理,在原来普通课程的基础上,在实验班进行额外培养课程的"补习"。二是学院层级的实体班级模式,这种模式下学生由专业学院统一负责管理,单独组班,注重的是专业知识的强化和提高,如重庆大学在机械、电气、经管 3 个优势特色专业开设的实验班。三是学校层级的实体班级模式,这种模式与精英学院最为接近。实验班一般由学校直接负责和管理,挂靠教务处运行,以有利于各项资源尤其是教学资源的有效调配。这种模式更强调人才培养模式的创新,所有教学培养计划与普通班级相区别,由专家教授统一特殊制定,形成较为完整、系统的培养模式。这种实验班模式的采用通常因为具体运行中涉及多方利益,单个学院的能力与力量难以协调,如西南大学的"吴宓班"和"袁隆平班"。

2. 项目计划

项目是指一系列有明确目标和目的的、独特的、复杂的相互关联的活动,并依据规范完成。美国项目管理协会(Project Management Institute,PMI)在其出版的《项目管理知识体系指南》(*Project Management Body of Knowledge*,PM-BOK)中将项目定义为:项目是为创造独特的产品、服务或成果而进行的临时性工作。"计划"是管理学的名词,通常包含两种解释:一种是动词,即为制定目标并确定为达成这些目标所必需的行动;一种为名词,是指一种具体的行动方案,是指为实现组织既定的目标所制定的具体行动方案。① 在这里,"计划"作名词解

---

① 刘汴生.管理学[M].北京:科学出版社.2011:87.

释,是一种具体的行动方案。从两者的定义可以看出,"项目"和"计划"都是为了实现某一特定目标所进行的特殊行动方案。目前我国拔尖创新人才培养计划主要包括国家计划和校本计划,如国家层面的"基础学科拔尖学生培养试验计划"(简称"珠峰计划")、卓越人才培养计划等。在高校层面,大多数项目计划是为了响应国家的培养计划而进行的,如清华大学"清华学堂人才培养计划"、复旦大学"望道计划"、南京大学"英才培养计划"等,这些计划是各高校针对中组部"珠峰计划"进行的具体举措。也存在部分"校本计划",如南昌大学"本硕实验班计划"、江西师范大学"中正学子计划"等。但不得不提的是,班级作为最基本的教学组织形式,是项目计划的具体实施单位,如清华大学的"清华学堂计划",共开设数学班、物理班、钱学森力学班、计算机科学实验班、化学班、生命科学班。

3. 三者之比较

实验班作为班级,是最基本的教学组织形式;项目计划是实现某特定目标的特殊行动方案;精英学院是独立的特殊二级教学单位,在大学的组织结构中具有实体建制的地位。严格地说,精英学院是在各种实验班和项目计划的基础上逐渐演变发展而来的,实验班是项目计划和精英学院的具体实施单元,是最小的"活动细胞"。实验班具有组织灵活性,实践操作性强;精英学院具有规模性,覆盖面广,其实体建制较之具有更多的职能和更大的自主权,能够充分有效利用学校资源;项目计划介于两者中间。为了更好地说明三者间的关系与区别,笔者将从纵横两种不同的方面进行具体分析。

第一种情况为纵向比较,在一所高校内同时包含实验班、项目计划、精英学院三种拔尖创新人才培养形式。此时,精英学院是核心的管理单位,相应的项目计划和不同类型的实验班均在精英学院内加以组织实施,如南京大学的匡亚明学院。具体关系如图4-1所示。

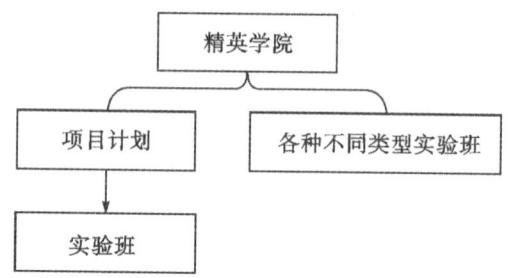

图4-1　实验班、项目计划、精英学院三者纵向关系图

第二种情况是横向比较,一所高校内仅包含一种特殊培养的组织形式,三者在组织运行、组织架构、学生管理、培养模式等方面有各自普遍的特点。具体比较如表 4-1 所示。

表 4-1 实验班、项目计划、精英学院三者横向关系比较

组织形式	组织运行	组织架构	学生管理
实验班	学院层级(隶属学院) 学校层级(挂靠教务处)	虚拟架构	由专业学院管理
项目计划	挂靠教务处或相关部门,组织相关机构运行;或成立相应工作小组	虚拟架构	由专业学院管理
精英学院	绝大部分独立运行,少数学院依托相关部门运行	有实体建制,部门机构设置相对较为完善	主要由精英学院自主管理,存在特殊合作形式由精英学院和专业学院共同管理

(二)高校内部普通二级学院与精英学院

学院制最早起源于欧洲中世纪大学,后经美国高等教育完善发展。我国于 20 世纪 20 年代引入学院制,1952 年为适应计划经济体制,我国大学借鉴苏联模式,进行大规模的院系调整,学院制被遗弃,暂时性地退出了历史舞台。改革开放后,为了学科的发展、复合型与创新型人才的培养以及高校的有效管理,学院制再次成为高等教育体制改革中的理性选择。目前我国高校主要采用校—院—系三级管理体系,学院是高校内部直接参与教学、科研和管理的实体性机构。[①]高校一般按照一级学科或二级学科进行学院设置,如哲学院、传播学院等,也有些学院是以相近的学科群类组建,如生命科学学院。总的来说,高校内部的普通学院主要根据学科类群划分,是按照不同学科、专业性质分别设置的学术和行政管理机构。精英学院与普通的二级学院相比,最大的特点是精英学院并不是按照学科专业进行设置的,而是在因材施教培养理念的指引下以培养各类拔尖创新人才为目标的特殊二级学院。另外,两者在生源、教师聘用、培养模式、教学模式等方面存在显著区别。

(三)其他一些特殊学院的界定

在已有的研究中,复旦大学的复旦学院被研究者界定为精英学院的研究对

---

① 宜勇.大学组织结构研究[M].北京:高等教育出版社,2005:143.

象,对此笔者表示质疑。复旦学院成立于2005年,最早主要是配合学校书院制改革,负责一、二年级的通识教育。后经历多年实践与探索,于2012年7月进行调整,形成新的本科生院——复旦学院,整合了原复旦学院、教务处、本科招生办公室等相关机构,全面推行4年住宿书院制度。这一模式是复旦大学在人才培养模式上改革的大举措,其并不属于"试点性质",而面对的是全校所有学生。虽然复旦大学的生源质量优越,并致力于拔尖创新人才的培养目标,但从精英学院的本质来看,复旦学院并不符合精英学院生源选拔性、培养特殊性以及二级教学单位或二级学院实体建制的这些特征,事实上与其他精英学院并无太多共性。因此,笔者认为,复旦学院不应属于精英学院的研究范畴。

另外,有些高校的拔尖创新人才培养虽然冠以"学院"的名称,但在实质上并未形成系统的培养模式和实体运行的建制,从某种程度上而言,这类性质的学院本质上仅属于一般的实验班或项目计划的组织形式,而并不在本书的范围之内。如华东师范大学二十一世纪人才学院,在具体运行上,该学院是校团委联合学校各部门搭建培养拔尖创新人才的统一平台,并未形成独立运行的系统;而在培养模式上,主要是在现有学院学习的基础上利用课余时间给学生"开小灶",并且仅面对优秀的大三学生以及研究生。

(四)精英学院与荣誉学院

荣誉学院(Honors College),最早出现在美国高等教育领域。在我国,一些精英学院也将自身定位为荣誉学院(Honors College),根据笔者目前的调查,全国62所高校精英学院中有14所定位为荣誉学院。那么本书定义的精英学院与荣誉学院之间是什么样的关系?我国荣誉学院与美国荣誉学院是否相似?又有何区别呢?为了本书开展研究的合理性和科学性,笔者将从我国精英学院与荣誉学院的比较、我国荣誉学院和美国荣誉学院的比较两个层次进行重点剖析,以诠释相似概念之间的关系。

1.我国精英学院与荣誉学院的比较

从相关研究文献来看,国内学者对"高校内选拔优秀学生进行特殊培养,以期培养拔尖创新人才"的这类新型的内部机构并未形成较为统一的概念,目前主要存在"精英学院"和"荣誉学院"两个概念。"精英学院"这个概念大多出现在博、硕士论文和期刊论文中,其主要突出"精英"的特点,指代"学院"的组织形式。具体论述前文已经涉及,这里不再过多赘述。而"荣誉学院"这个概念更多地出现在一些高校对学院自身性质的定位以及对这些学院的具体研究中。如浙江大学竺可桢学院、上海大学钱伟长学院、中南大学升华荣誉学院、天津外国语大学求索荣誉学院等。从已有研究的研究对象来看,精英学院的研究中通常涵盖了"荣誉学院"性质的高校。

从实体学院本质来看,通过对国内已有的这一新型学院进行分析比较发现,那些将自身定位为荣誉学院与未做出定位的两者间并没有显著的本质差异。首先在生源上进行了严格的选拔,在培养模式上区别于普通学院,在培养目标上为培养各类拔尖创新人才,在组织形式上采取实体运行的独立建制。除了这些特点以外,荣誉学院在课程和学位授予上加入了"荣誉"的特点。但对于国内的荣誉学院,仍未有明确的内涵界定,更多的局限于自己的定位。按照这样的逻辑,严格意义上讲,"精英学院"应该是"荣誉学院"的上位概念,即"精英学院"包括"荣誉学院","荣誉学院"是"精英学院"的一种形式,在实践层面并非所有的"精英学院"都定位为"荣誉学院"。鉴于此,所以在本书中将采用涵盖性更广泛的"精英学院"这一概念。

2. 中美两国大学荣誉学院比较

谈及美国的荣誉学院,首先必须要了解美国的荣誉教育(Honors Program)。美国的荣誉教育是指"大学和社区学院为了寻求满足最能干学生的学习需求而提供大量的机会和经历。荣誉教育的目标包括选拔出那些能力卓越和志存高远的荣誉学生;为这些荣誉学生提供挑战自我的学术机会,让他们在最高水平上发挥自己最大的潜能"[1],这一理念最早在1921年由斯沃斯莫尔(Swarthmore)学院的院长弗兰克·艾戴乐(Frank Aydelotte)首先提出。经过长期的发展,美国形成专门为全国的本科荣誉项目、荣誉学院以及参与荣誉教育事务的教师、学生等提供支持和服务的协会组织,称为美国高校荣誉教育理事会(National Collegiate Honors Council,NCHC)。据NCHC数据统计,美国目前已有1200家高等教育机构加入该协会。而荣誉学院是在大学内部独立设置一个专门实施荣誉教育项目的二级学院。[2]

在内涵层面,根据NCHC官网发布的荣誉教育项目以及荣誉学院的特征描述,在生源选拔性、师资聘用条件、学硬件设施和参与各项科研实验室的权利等方面,美国的大学与学院都给予了特殊要求和特殊的政策支持,与我国较为相似。另外,在两者产生的辐射性和示范性作用上也颇具一致性,如荣誉教育项目的特征中提出"荣誉教育项目为全校师生提供示范作用,展示如何培养优秀的学

---

[1] 沈蓓绯. 荣誉学院:美国高校本科生"拔尖创新人才"培养模式研究[J]. 高教探索,2010(4):59-63.
[2] 吕杰昕,夏正江. 美国高校荣誉教育项目的缘起、现状与借鉴[J]. 全球教育展望,2013(9):53.

生,如何达到优秀的标准"①。而在我国一些学者的研究中,拔尖创新人才培养教育被视为荣誉教育。吕成祯、钟蓉戎认为我国荣誉教育的模式主要包括荣誉学院、荣誉项目、荣誉计划、实验班、基地班、特色班和卓越班,等等。② 可见我国的拔尖创新人才培养教育与荣誉教育有一定的相似性。而中美两国的荣誉学院分别作为拔尖创新人才培养教育和荣誉教育的一种组织形式或模式,都属于独立运行的特殊二级学院,在学院地位、制度、培养、经费等方面具有相应的自主权。当然,因为美国荣誉教育历史较为悠久,以及各国高等教育背景的不同,两国的荣誉教育以及荣誉学院并非完全相同,两者在具体的实践中存在差异,但这并不影响两者本质内涵的相似性。

在事实层面,2012年10月30日"大学荣誉学院论坛"在南京师范大学举行,来自国内外十几所高校荣誉学院的院长及代表出席,包括美国亚利桑那大学、北京大学、浙江大学、华中科技大学、上海交通大学、南京大学、东南大学、河海大学、江南大学、常州大学、浙江师范大学以及南京师范大学等高校。从出席论坛的高校来看,包括了美国大学的荣誉学院、我国高校的荣誉学院以及一些高校自身并未直接定位为荣誉学院的精英学院。可见,从事实的角度看,在我国高等教育领域,高校的精英学院与荣誉学院属于同一领域概念,而与美国大学的荣誉学院具有相似性质。

三、精英学院生成探源

精英学院作为高校拔尖创新人才培养的组织形式之一,正逐渐成为当前我国本科高校拔尖创新人才培养模式的新选择。其在我国高等教育领域的产生与发展,是国家发展的需求还是高校自身发展的战略需求?是外部力量的推动还是内部变革的突破?为了解决这个问题,本书将从历史研究和文本调查的角度窥探精英学院的产生。

(一)我国高校拔尖创新人才培养组织形式的历史变迁

要想真正了解精英学院的由来与形成,就不能回避我国拔尖创新人才培养及其组织形式发展的历史。从前文中我们知道,我国高校精英化人才培养包括实验班、项目计划、精英学院等几种形式。那么,不同组织形式分别在什么时期

---

① NCHC. Basic Characteristics of a Fully Developed Honors Program[EB/OL]. http://nchchonors. org/faculty directors / basic characteristics of a fully developed honors program / ,2012-7-15.
② 吕成祯,钟蓉戎. 荣誉教育:我国拔尖创新人才培养模式研究[J]. 国家教育行政学院学报,2014(1):55.

产生？它们之间有什么联系？什么原因促使了这些组织形式的产生？通过剖析我国高校拔尖创新人才培养的发展历史，以解答上述疑问，了解我国不同时期拔尖创新人才培养的状况，并从中探寻精英学院形成与发展的原因及特点。

1. 少年班的成立与实验班的兴起（1978~1998年）

1）高校人才特殊培养的雏形：少年班的成立与发展

少年班是针对早慧儿童进行的特殊教育。中国科技大学于1978年3月创办我国首个少年班，拉开了我国拔尖创新人才培养的序幕。早在1974年，著名的物理学家、诺贝尔获得者李政道教授回国，针对当时中国的教育，向毛主席和周总理建议"理科人才也可以像文艺、体育那样从小培养"[①]。但因当时所处时期众多因素和条件的限制，这样的建议并未得到实施。改革开放初期，中国社会经济百废待兴，人才需求迫切，国家希望早出人才、快出人才。而当时的高等教育在经历"文化大革命"十年的创伤后，刚刚起步，人才培养青黄不接。恰逢其时，1977年江西冶金学院教师倪霖向国务院方毅副总理推荐智力超常的13岁少年宁铂。1个月后，方毅副总理做出亲笔批示：如果情况属实，大学应予以破格培养。作为中科院下属单位的中国科技大学，成为批示下的"大学"之选。随后，各地纷纷致信发现早慧儿童，中国科技大学组织专门人员赴各地进行实地考察。1978年2月，中国科技大学向中国科学研究院递交关于创建少年班的申请报告，同年3月少年班在中国科技大学成立。追溯中国科技大学成立少年班的背景与历程，少年班的成立实属偶然却也必然。偶然的是一封信催生了少年班，必然的是恰逢国家社会经济发展变革的需求。正如中国科技大学原副校长尹鸿钧描述少年班成立的意义时指出："在那样一个科技人才严重断档的特殊年代，少年班的出现是服务于国家的人才战略需求的。"

如果说少年班的成立存在一些偶然的因素，那么少年班的扩大与发展却更多的体现了国家政策的作用与引领。中国科技大学少年班创立后，受到了一些质疑，在听取了中国科技大学少年班的办学情况汇报后，1979年5月教育部同意中国科技大学少年班继续招生，少年班作为大学内部的一个正式组织在中国科技大学生存下来。[②] 这一教育史上的改革与创新在几年的实践后获得了中央领导的重视，1983年12月28日，邓小平做出批示："科大少年班可以搞。"要求有关领导落实。20世纪80年代中期，邓小平非常关注信息产业发展，建议在少年中

[①] 朱源. 少年班——高等教育早出人才的一种新方式[J]. 高等教育研究, 1985(10):63-69.

[②] 刘献君, 张晓冬. "少年班"与"精英学院"：绩效诉求抑或制度合法化——基于组织理论的新制度主义分析[J]. 现代大学教育, 2011(5):8-15.

培养专门从事软件业的人才,鼓励其他学校效仿中国科技大学创立少年班。[①]1985年,教育部决定在除中国科技大学之外的北京大学、清华大学、复旦大学、南京大学、西安交通大学等全国12所重点高校开办少年班,扩大试点。而这个决定直接推动了少年班的发展。但是在发展的同时,"揠苗助长"、失败典型等负面效应,让社会公众对少年班的质疑越来越大。大部分大学少年班在种种的质疑声中纷纷停办,目前仅有中国科技大学和西安交通大学仍在招生。回顾历程,虽然少年班的发展在我国高等教育历史上跌宕起伏、饱受争议,最终趋于平寂,但不得不提的是其特殊的实验班组织形式为我国拔尖创新人才培养的发展奠定了重要的基础。

2)实验班的兴起:教学改革的推动

为了改变我国在新中国成立初期高等教育单一的窄口径专业教育模式和"文化大革命"中教育全面停滞的状态,培养新时期国家所需人才,改革开放后,我国实行了一系列高等教育改革,规划调整新时期的人才培养目标。如1985年中共中央颁布的《关于教育体制改革的决定》指出,"高等学校担负着培养高级专门人才和发展科学技术文化的重大任务"。"……要针对现存的弊端,积极进行教学改革的各种试验,例如改变专业过于狭窄的状况,精简和更新教学内容,增加实践环节,减少必修课,增加选修课,实行学分制和双学位制……"1993年《中国教育改革和发展纲要》进一步指出"高等教育担负着培养高级专门人才"的重大任务,而在随后下发的《纲要实施意见》中更明确提出:"在培养基础学科人才的同时,要重视培养社会主义急需的高层次应用型和复合型人才"。为了适应国家新时期培养高层次人才的目标,国内著名高校纷纷在人才培养模式和教学改革方面进行了积极的调整和实践探索。根据调查数据显示,1984年,浙江大学首开先河,在广泛调研和分析的基础上,充分利用雄厚的工科和理科优势,把教学改革的"试验点"放在工程训练领域,创办工科混合班,以培养工科拔尖创新人才。1994年,为了配合国家高层次复合型人才的需求,浙江大学进一步扩大推广实验班模式,成立了工程教育高级班。1985年,中国科技大学针对高考成绩优异的学生,仿照少年班模式开办了教学改革试点班(简称"试点班",又称"零零班")。在同一时期成立的实验班还有:1989年南京大学为了贯彻国家教委保护基础学科而成立的基础学科教学强化部;1992年武汉大学为打破学科专业之间的封闭状态,培养专通结合型人才而举办的人文科学、数理经济等试验班;1994年北京大学为打破过窄的专业界限,让学生受到更加宽广的基础教育而开办的

---

① 董建江,俞路石.少年班24岁[N].中国教育报,2002-3-31(1).

文科实验班和理科实验班等。这些实验班是当时我国本科教育教学改革的先锋区、试验区,为拔尖创新人才的特殊培养积累了成功的经验,打下了良好的基础。

3) 小结

第一,国家政策的引领。从1978年至20世纪末,处处留有改革开放初期国家社会发展变革的烙印。而高等教育的改革也在国家政策的相关指引下全面展开,尤其是1985年的《关于教育体制改革的决定》和1993年的《中国教育改革和发展纲要》,充分调动了高校勇于创新的积极性和主动性。从前文的历史追溯中可以看出,从少年班的发展到实验班的兴起,在种种动力因素中,国家政策的引领发挥着核心的作用,促进了我国拔尖创新人才培养的产生并推动其进一步发展。

第二,少年班模式的影响。虽然国家政策的引领是实验班产生的核心动力,但作为实验班雏形的少年班模式对其产生同样有着重要的影响。研究发现,凡是初期进行教改实验班探索的高校,都有创办少年班的经历,虽然少年班最后停办,但其办学经验和模式在后期教改实验班中起到了重要的作用。如东南大学吴健雄学院的发展历程中,1985年成立少年班,1990年将生源由单一的少年生改为由应届保送生、已录取的电类专业新生中的优异生和特招少年生共同组成,并改名为强化少年班,逐渐向普通实验班转型。可见,少年班的成立与发展在一定程度上助推了各高校教改实验班的形成。

2. 实验班的多样化与精英学院的初创(1999~2008年)

1) 实验班的成熟与多样化

如果说实验班的兴起源于我国高等学校的教学改革,那么其真正的成熟与多样化发展无疑与社会发展背景下的高等教育变革紧密相关。

世纪之交,全世界呈现经济一体化、文化多元化、社会信息化等趋势,新的时代发展机遇摆在中国的面前,人才强国的战略被加以强调。1999年,为了应对我国改革开放后社会经济出现的一系列变化,国家制定了《面向21世纪教育振兴行动计划》,高校扩招全面启动,高考录取率直线上升。据教育部公布数据统计显示,1998年高校招生人数108万,1999年扩招实施后,当年的招生人数达160万,比前一年的招生人数增长近50万。以后的几年内高校招生人数继续快速增长,2002年高校招生人数与1999年相比翻了一倍,达到320万。[①] 我国的高等教育逐渐从精英教育时代向大众化教育时代发展,越来越多的学生受到了高等阶段的教育。但如同其他经历"入学人数爆炸"现象的国家一样,数量的扩大导致

---

① 相关数据来源于教育部官网。

了新的质量问题,为少数人服务的高教结构,已不适应不断扩大的学生群体的广泛能力、兴趣和动机需求。① 由于学生人数的突然增长,当时高等教育的各项资源显得捉襟见肘,无论是在硬件设施还是教学环境都受到了严峻的考验:教师的不足、大班教学的笼统、传统的教学模式,等等。而这一切最终所呈现的是高等教育大众化背景下"一刀切"的教育模式和缺乏个性指导的人才培养现状,高等教育质量的下降和精英教育的弱化成为新时期高等教育的软肋。面对高等教育大众化的重大变革,"因材施教""分类培养"的理念与呼声一浪高过一浪,高校与教育者开始探索人才培养模式的创新,此时高校拔尖创新人才的特殊培养与扩招前的高等教育相比更加迫切,也更具意义。

与此同时,我国高等教育的育人理念和培养目标在世界高新技术发展需要和21世纪社会对人才的需求影响下发生了重大的变化。首先是全面素质教育理念。全面素质教育理念是指教育不只是传授知识和培养能力,而应在此基础上,促进学生身心发展的过程,把人类文化向个体心理品质"内化"。注重知识传授、能力培养和素质内化三者和谐融合的育人理念。② 就高校而言,全面素质教育更体现了全面发展的理念,针对高校在人才培养中存在过度的专业教育和功利导向倾向,其着眼点在于从整体上提高人的素质,增强人对社会的适应力。其次是创新人才的培养目标。培养创造力是21世纪社会对新型人才的要求,是全世界高等教育的共识。1996年联合国教科文组织在《教育——财富蕴藏其中》报告中指出:"教育的任务是毫无例外地使所有人的创造才能和创造潜力都能结出丰硕的成果",可见培养创新人才是世界高等教育发展的趋势。而"创新""创新人才"一词在我国权威文献中出现最早出现于20世纪90年代末期,江泽民同志曾在多个场合和会议上指出创新对于国家的重要性,而教育是培养创新精神和创新人才的摇篮。1998年《高等教育法》明确指出:"高等教育的任务是培养具有创新精神和实践能力的高级专门人才。"新世纪高校的人才培养进入了创新人才培养的主导模式。

在高等教育大众化的背景下、在新时期高等教育育人理念和人才培养目标的变革下,高校人才培养的实践开始转变思路,积极探索,以适应大环境的变革。虽然应对变革的策略并非仅有实验班的单一模式和路径,很多高校也根据自身的情况实行了大刀阔斧的改革,如复旦大学的复旦学院。但是毕竟更多的变革

---

① 〔加〕约翰范德格拉夫,等.学术权力:七国高等教育管理体制比较[M].王承绪,等,译.杭州:浙江教育出版社.2001:9.

② 潘懋元,等.中国高等教育百年[M].广州:广东高等教育出版社.2003:92.

是未知的,是需要不断试错纠偏的,同时,还需要大量的资源投入以及高校所有利益相关者的通力合作。从"性价比"来看,大范围的变革对大部分高校来说难度指数高,可实践性较弱,而实验班的组织形式因其固有的"船小易掉头"的优势和特点,获得更多高校人才培养模式创新实践的青睐。各类创新实验班、国学班、基础学科强化班、基地班都成为通专结合培养以及创新人才培养的试验区。

2) 精英学院的发展期

伴随时代背景的变革,实验班模式也显现出一些问题:第一,实验班类型的多样化和松散性,导致高校不能有效管理。在前文的论述中提到,高等教育不同阶段的发展、多样化的培养目标和培养模式导致各类实验班、基地班、创新班、提高班应运而生,甚至在一所高校中包含了多个实验班的培养平台。如浙江大学,自 1984 年工科混合班创办后,分别成立培养高素质复合型人才的工程教育高级班、培育学生创新创业能力的创新与创业教育强化班。众多实验班谁来管理、如何管理,成为一些高校尤其是拔尖创新人才培养探索较早高校的困扰。第二,实验班模式平台的狭窄性,不利于拔尖创新人才培养的全方位系统性探索和教学改革的深化。虽然实验班模式具有灵活性、操作性强的特点,但随着人才培养模式系统化改革的深入,其平台的狭窄性逐渐凸显。就高校内部而言,实验班的运行更多处于专业学院层面,资源的投入容易产生浪费。经验交流平台不畅不利于人才培养模式的后续发展,尤其是在涉及核心的人才模式变革时,各方利益相关者难以协调,从而阻碍了改革进程。就高校外部而言,实验班的平台难以吸引外界第三方资源,难以提升学校的社会声誉。

为了解决这些问题,有效整合利用特殊平台资源,精英学院作为拔尖创新人才培养体制机制的创新形式正式出现,成为高校拔尖创新人才培养的新型特殊机构。2000 年浙江大学成立我国首个精英学院——竺可桢学院,并在成立之时继续扩大规模,增加文科实验班和理科实验班,对各类拔尖创新人才培养的每个环节,包括教学管理、学生管理、教师管理以及各项资源做了进一步的完善,成为独立运行的实体机构,专门负责对精英培养多样化模式的探索和实践,为全面推进本科教学改革积累经验。[①] 自此之后,精英学院开始在我国高等教育领域立足发展。从地区分布来看,较早成立精英学院的高校主要集中在浙江、江苏、北京及陕西等地区,这几个地区是我国高校特别是竞争力强的高校集中的区域。从成立精英学院的高校来看,我国共有 19 所高校成立精英学院,其中"985 工程"高

---

① 陈金江. 中国大学本科精英学院运行模式研究——基于多案例的分析[D]. 武汉:华中科技大学博士学位论文,2010:40.

校 13 所,"211 工程"高校 2 所,普通本科高校 4 所,说明"985 工程"高校更早认识到拔尖创新人才培养需要通过改变传统的教学组织形式才能得以实现。从成立时间来看,自 2000 年始,高校对于拔尖创新型人才培养开始重视,到 2007 年、2008 年达到高峰,这说明,高校拔尖创新型人才培养兴起的一个重要原因在于高校扩招,或者说,1999 年扩招后,引起了高校对于拔尖创新人才培养的重视。

表 4-2 2000～2008 年我国本科高校成立精英学院概况

序号	学校名称	所属地区	类型	精英学院	成立时间
1	浙江大学	浙江	"985 工程"	竺可桢学院	2000 年
2	西北工业大学	陕西	"985 工程"	教育实验学院	2001 年
3	北京航空航天大学	北京	"985 工程"	高等工程学院	2002 年
4	浙江师范大学	浙江	普通本科	初阳学院	2002 年
5	东南大学	江苏	"985 工程"	吴健雄学院	2004 年
6	浙江工业大学	浙江	普通本科	健行学院	2004 年
7	浙江工商大学	浙江	普通本科	章乃器学院	2005 年
8	南京大学	江苏	"985 工程"	匡亚明学院	2006 年
9	四川大学	四川	"985 工程"	吴玉章学院	2006 年
10	北京大学	北京	"985 工程"	元培学院	2007 年
11	南京师范大学	江苏	"211 工程"	强化培养学院	2007 年
12	大连理工大学	辽宁	"985 工程"	创新实验学院	2007 年
13	浙江理工大学	浙江	普通本科	启新学院	2007 年
14	中国科学技术大学	安徽	"985 工程"	少年班学院	2008 年
15	华中科技大学	湖北	"985 工程"	启明学院	2008 年
16	中南大学	湖南	"985 工程"	升华荣誉学院	2008 年
17	中国矿业大学	江苏	"211 工程"	孙越崎学院	2008 年
18	西北农林科技大学	陕西	"985 工程"	创新实验学院	2008 年
19	哈尔滨工业大学	黑龙江	"985 工程"	英才学院	2008 年

资料来源:根据各高校官网资料汇总整理。

3)小结

第一,社会变革的推动。从整体来看,这一时期拔尖创新人才培养的发展特点与社会变革息息相关。在内涵价值上,高等教育大众化的变革引发了高等教育理念的反思,此时拔尖创新人才培养与之前相比具有更深刻的价值和意义,本质上推动了拔尖创新人才培养的发展,提高了高校对拔尖创新人才培养的意识和重视的程度。在组织模式上,国际化、全球化发展促进了国家人才需求的多样和高等教育育人观念的转变,而这样的变化对高校人才培养模式探索以及探索的多样性起到了巨大的引领作用,给实验班的多样化发展奠定了坚实的基础,也为精英学院的产生提供了契机。

第二,实验班模式不能满足新的需求。实验班在拔尖创新人才培养上具有一定的组织形式优势,如组织灵活、可实践性强等。但在社会以及高等教育高速变革的时代,实验班模式平台的狭窄性成为影响拔尖创新人才培养难以深化发展的因素。多样化实验班的管理问题和人才培养模式探索的深入需要高校进行拔尖创新人才培养体制机制的创新。

3.精英学院的发展期(2009年至今)

1)精英学院的快速发展

精英学院在2009年之后,保持快速增长的趋势。根据笔者的调查数据显示,2009～2014年的短短5年内创办精英学院的高校新增近43所(见表4-3),与之前8年内的19所相比,在一半的时间内增长1.3倍。可见,这一时期精英学院的发展速度之快、规模之大。其中,"211工程"高校以及普通高校创建精英学院的比例增加,而这一现象与国家社会的需求以及高校自身发展的规划息息相关。

表4-3 2009～2014年我国本科高校成立精英学院

序号	学校名称	类型	备注	成立时间
1	天津大学	"985工程"	求是学部	2009年
2	电子科技大学	"985工程"	英才实验学院	2009年
3	河海大学	"211工程"	大禹学院	2009年
4	江南大学	"211工程"	至善学院、君院学院	2009年
5	山西大学	普通本科	初民学院	2009年
6	辽宁石油化工大学	普通本科	教育实验学院	2009年
7	上海应用技术学院	普通本科	工程创新学院	2009年
8	广东财经大学	普通本科	创业教育学院	2009年
9	上海交通大学	"985工程"	致远学院	2010年
10	重庆大学	"985工程"	弘深学院	2010年

(续表)

序号	学校名称	类型	备注	成立时间
11	兰州大学	"985工程"	萃英学院	2010年
12	山东大学	"985工程"	泰山学堂	2010年
13	武汉大学	"985工程"	弘毅学堂	2010年
14	西南交通大学	"211工程"	詹天佑学院	2010年
15	河北联合大学	普通本科	以升创新教育基地	2010年
16	杭州师范大学	普通本科	经亨颐学院	2010年
17	湖北文理学院	普通本科	孔明学院	2010年
18	北京师范大学	"985工程"	励耘学院	2011年
19	北京邮电大学	"211工程"	叶培大学院	2011年
20	苏州大学	"211工程"	敬文书院	2011年
21	安徽大学	"211工程"	文典学院	2011年
22	西南大学	"211工程"	含弘学院	2011年
23	上海大学	"211工程"	钱伟长学院	2011年
24	天津外国语大学	普通本科	求索荣誉学院	2011年
25	江苏大学	普通本科	卓越学院	2011年
26	浙江农林大学	普通本科	集贤学院	2011年
27	南京工程学院	普通本科	创新学院	2011年
28	江苏师范大学	普通本科	敬文书院(卓培部)	2011年
29	中山大学	"985工程"	逸仙学院	2012年
30	中国地质大学	"211工程"	李四光学院	2012年
31	中南财经政法大学	"211工程"	文澜学院	2012年
32	沈阳航空航天大学	普通本科	创新学院	2012年
33	常州大学	普通本科	华罗庚学院	2012年
34	杭州电子科技大学	普通本科	卓越学院	2012年
35	南京理工大学	"211工程"	教育实验学院	2013年
36	渤海大学	普通本科	卓越学院	2013年
37	哈尔滨商业大学	普通本科	英才学院	2013年

(续表)

序号	学校名称	类型	备注	成立时间
38	南京工业大学	普通本科	2011学院	2013年
39	南京邮电大学	普通本科	贝尔英才学院	2013年
40	聊城大学	普通本科	季羡林学院	2013年
41	北京工业大学	"211工程"	樊恭烋学院	2014年
42	首都师范大学	"211工程"	燕都学院	2014年
43	南昌大学	"211工程"	前湖学院	2014年

资料来源:根据各高校官网资料汇总整理。

进入21世纪以来,我国始终将人才强国战略摆在重要地位,国家意识到建设创新型国家,实现民族伟大复兴,关键是能不能在科学技术上有超越他国的能力,关键是我国能否培养和造就世界最高水平的科学家。"钱学森之问"一直拷问着我国的高等教育质量,尤其是引起对拔尖创新人才培养的反思。2009年,为了回应"钱学森之问",尽快推进拔尖创新人才培养改革的试点,教育部联合中组部、财政部筹备实施"基础学科拔尖学生培养试验计划"。2010年,《国家中长期教育改革和发展规划纲要(2010—2020年)》出台,提出教育要适应建设创新型国家的需要,要加快从教育大国向教育强国、从人力资源大国向人力资源强国迈进的要求,强调高等教育应提高人才培养质量,"着力培养信念执着、品德优良、知识丰富、本领过硬的高素质专门人才和拔尖创新人才","探索高中阶段、高等学校拔尖学生培养模式"。为了更好地贯彻该精神,国务院办公厅随后发布关于开展国家教育体制改革试点的通知,决定在部分地区和学校开展国家教育体制改革试点。这一系列强有力的政策引领,推动了精英学院的快速发展。

与此同时,值得关注的是,近年来在精英学院发展的队伍中,普通本科高校的身影逐渐增多,截至2014年,已创办精英学院的高校中40%是普通本科高校。笔者认为,如果说研究型大学精英学院的发展是拔尖创新人才培养历史经验循序渐进的积累,或者是外部国家政策支持的直接推动,那么普通本通高校精英学院的发展动力严格意义上讲并非主要来自外部,而更多的来源于高校自身发展的规划。我国的高等教育结构始终保持"金字塔状",若想在同类高校中脱颖而出、获得更多的发展机遇,普通本科高校需要在激烈的竞争环境中(如争取生源、社会声誉、培养质量等)寻求自身的特色与发展。在高校进行内外部环境分析后,已经获得合法性地位的精英学院,以其因材施教的理念、拔尖创新人才的培养平台、人才培养模式的创新区、教学改革的试验田成为普通本科高校发展的突破口。而这一点在很多普通本科高校成立精英学院的目的和定位中可以明显看出,如浙江工业大学以健行学院打造学校教育品牌[①];天津外国语大学求索荣誉学院旨在突出办学特色,实施因材施教[②];山西大学着眼将初民学院打造成为人才培养的品牌[③];辽宁石油化工大学教育实验学院是学校整体战略发展的一项重要举措[④]……这些都不失为普通本科高校在自身战略规划下创办精英学院的证明,而并非对"985工程""211工程"等高水平大学无意识"拍脑袋"的盲目模仿。但值得关注的是,虽然高校在创办精英学院时做出了相应的定位与规划,但在实践过程中却存在过于单一、同质的培养模式。

2)小结

第一,高校自身发展的规划。与被国家政策被动牵引相比,精英学院大规模产生的重要原因之一是高校自身发展的规划。这种主动式的发展战略无论是从积极性、效率性、还是从实践性、效果性等各个方面而言,都有着截然不同的意义。正如唯物主义辩证法指出:事物的变化发展是内因和外因共同作用的结果,内因是事物变化发展的根据;外因是事物变化发展的条件;外因通过内因起作用。高校自身发展的需求就是精英学院发展的内因,在与国家整体政策环境这样的外因共同作用下,精英学院在发展规模和发展速度上迅速扩大和提升,并仍在不断成长与发展。

第二,精英学院功能的强化。精英学院取代传统的实验班,成为新时期拔尖创新人才培养的新形式。而在不同的高校,因为学校发展的历程和自身发展战略的不同,精英学院肩负着多样的功能与职责。如大连理工大学的创新实验学院,除了最核心的拔尖创新人才的培养、人才培养模式的探索与创新之外,还承担着学校创新创业教育、创新成果的孵化与转化等。功能的强化成为新时期精英学院的特点。

(二)精英学院产生的原因分析

高校精英学院官网中"学院简介"一栏,是高校自身对学院成立背景、定位以及发展的阐述,能够较为准确地表达高校创办该学院的初衷。为了科学直观地

---

① 浙江工业大学健行学院官网[EB/OL]. http://www.jxxy.zjut.edu.cn/index! chinesedanye.do?id=2046.
② 天津外国语大学求索荣誉学院官网[EB/OL]. http://honors.tjfsu.edu.cn/xygk1.htm.
③ 山西大学初民学院官网[EB/OL]. http://cmxy.sxu.edu.cn/xygk/index.htm.
④ 辽宁石油化工大学教育实验学院官网[EB/OL]. http://jysyxy.lnpu.edu.cn/xygk.htm.

分析精英学院产生的原因,笔者对62所高校精英学院的成立背景、原因和目的进行调查,资料显示,在高校精英学院的成立背景中,"高等教育大众化背景""因材施教""人才培养质量的提高""人才培养模式的创新""示范和先导试验区""拔尖创新人才的培养""优秀学生的培养""人才培养品牌""学校竞争力的提升"等成为高频词。

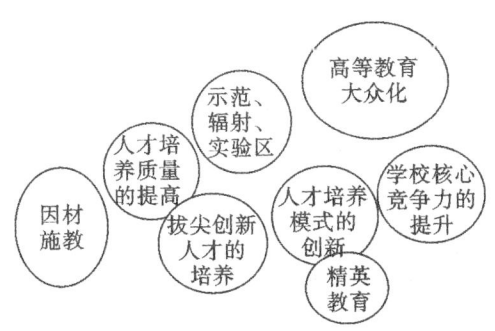

图 4-2　精英学院成立关键词

根据调查结果,结合拔尖创新人才培养的历史梳理,笔者认为精英学院的产生与兴起是在因材施教理念的影响下,高校基于国家社会对拔尖创新人才需求的宏观背景,为获取资源与声誉以促进高校自身发展的战略规划指导下,以试点"特区"为路径,规避传统组织形式的弊端,创新人才培养模式的新选择。

1.因材施教理念是精英学院产生的基础

精英学院成立背景调查结果显示,"因材施教"成为核心关键词之一,是众多精英学院成立的理念基础和追求。"因材施教""满足优秀学生的学习需求""对优秀学生进行特别培养"……这样的表述出现在大部分精英学院的简介中,充分表明高校希望通过精英学院这样的特殊平台实现因材施教,以满足不同学生,尤其是优质生源的学习成长需求。

所谓因材施教,是指针对学习者的兴趣、能力等具体情况进行不同的教育。这一教育理念最早出现在孔子的教育思想和教育实践中。在《论语》中,对孔子因材施教的实例有诸多记载,可以说孔子的因材施教无处不在,虽然众多弟子性格、天赋和才能各有不同,但在孔子的教育和引导下,都有较好的发展。而在西方心理学研究中,霍华德·加德纳的多元智能理论也为因材施教理念提供了科学的佐证。在教学与评估的个性化方面,霍华德·加德纳指出:有史以来的绝大多数学校,都是统一制式学校,教育所有的学生都采用相同的方法和相同的内容,对学生的评估也采用相同的方式。这种教育方式表面看起来毕竟是公平的,因为对待每个人都是平等的。但是,这种教育方式在本质上却是不公平的。以个人为中心的教育,并非是以自我为中心的教育,也不是自恋式的教育,而应该是一种非常严肃认真地对待学生之间差异的教育。① 从某种程度而言,多元智能理论与孔子的因材施教教育理念不谋而合。多元智能理论从心理学的角度出发,用科学的方法证明、补充、发展了中国古代先哲的教育思想,使因材施教有更充分的依据和说服力。

随着社会的发展,教育的作用和意义发生了重大的变化,尤其是在近现代社会,"社会本位论"和"个人本位论"的教育目的观对高等教育有着深刻的影响。"面对高等教育的价值冲突,不应做非此即彼的选择,而应该通过制度创新寻求整合,使得不同主体的价值取向都能得到实现。"②这就要求高等学校的人才培养也应该从各个角度出发寻求整合。基于个人角度,学生可以根据自身能力与兴趣,获得更多有利于自身发展的途径,而不会被埋没于茫茫人海、千人一面的传统教育模式中。基于社会角度,因材施教能够满足现代社会对于各种人才的需求,尤其是解决当今拔尖创新人才缺乏的现状。2013年12月1日,北京师范大学教授顾明远先生在江苏师范大学的"第三次工业革命与教育改革"讲座中提道:"2011年9月美国著名经济和社会学家、美国经济趋势基金会(FOET)创始人杰里米·里夫金出版了专著《第三次工业革命》,勾勒了一个建立在新传播技术和新能源结合基础上的新经济时代。第三次工业革命对教育提出了新的要求:培养的多样化、培养的个性化、创新人才的培养、国际人才的培养、终身教育。"显然,教育"一刀切"的培养模式在当今社会是不合时宜的,作为与社会经济发展紧密联系的高等教育,单一培养模式更是不可取的,这也就表明高校必须树立因材施教的培养观念。

2. 内外环境推动是精英学院产生的动力

经过对调查资料的分析发现,不同时期、不同类型高校的精英学院成立背景有所不同。在早期成立精英学院的"985工程"高校,普遍都拥有悠久的优秀人才特殊培养的历史,这一类高校的精英学院是伴随我国高等教育改革历史不断演变和发展的产物,是精英学院的先锋队伍,为后续"985工程"高校以及其他类型高校拔尖创新人才培养提供了模式和经验借鉴,如2000年成立的浙江大学竺可桢学院、2001年成立的西北工业大学教育实验学院、2006年成立的南京大学匡

---

① 〔美〕霍华德·加德纳. 多元智能新视野[M]. 沈致隆,译. 北京:中国人民大学出版社,2008:60.
② 潘懋元. 现代高等教育思想的演变——从20世纪到21世纪初期[M]. 广州:广东高等教育出版社,2008:19.

亚明学院、2008年成立的中国科学技术大学少年班学院等。而后期成立精英学院的"985工程"高校,尤其是2009年以后成立的精英学院,多数是高校为了响应相关国家政策创办,或者是相关政策的直接产物。"211工程"高校以及一般本科高校的精英学院,绝大部分是在2009年以后成立的。据统计,2009年以前成立的精英学院中"211工程"高校仅有2所,一般本科高校仅有4所。而一般本科高校中2009年前成立的精英学院全为浙江省高校,均在早期成立,笔者认为这与浙江大学竺可桢学院的发展不无关系,是受其经验辐射影响。而2009年以后成立的"211工程"高校以及一般本科高校的精英学院,尤其是普通本科高校的精英学院,更多源于高校对国家政策的解读、对社会需求的适应、对自身发展的战略部署,通过精英学院的合法性组织平台打造人才培养品牌,发挥"人才培养"这一高等教育的核心职能,提升学校的竞争力和社会声誉。

具体而言,高校精英学院成立的原因或目的可以归纳为以下三点。

一是为了响应国家相关政策,实现人才培养模式的改革与创新,培养适合社会需求的高素质拔尖创新人才。政策的影响在精英学院产生过程中具有十分重要的作用,这一点在相应精英学院的简介中都有明确的表述。

2010年兰州大学萃英学院:"为了贯彻实施人才强国战略,培养基础学科领域国际领军人才,根据《国家中长期人才发展规划纲要(2010—2020)》和《国家中长期教育改革和发展规划纲要(2010—2020)》的部署,教育部于实施'基础学科拔尖学生培养试验计划'。兰州大学作为实施该计划的院校之一,于2010年8月成立了萃英学院。"[①]

2011年北京师范大学励耘学院:"贯彻落实科学发展观及《国家中长期教育改革和发展规划纲要》,面向建设创新型国家、建设人力资源强国需求,遵循高等教育发展规律和人才成长规律,坚持以学生全面发展为本,紧紧围绕学校战略发展目标,转变教育思想,更新教育观念……创新人才培养模式与管理模式,着力培养基础学科拔尖学生。"[②]

2012年中山大学逸仙学院:"在国家加快启动教育体制改革试点、推进实施各类卓越人才培养计划的背景下,逸仙学院基于本科教育创新实验区的管理定位,大胆尝试跨专业院系进行因材施教与'优生优培'的育人机制,努力打造科教结合、院所协同、紧扣国际前沿、学科交叉融合、有利于拔尖学生脱颖而出的综合

[①] 兰州大学萃英学院简介[EB/OL]. http://cycollege.lzu.edu.cn/www/HdclsContentDisp.asp?ClassId=1.

[②] 北京师范大学励耘学院简介[EB/OL]. http://lyxy.bnu.edu.cn/.

性人才培养基地。"①

二是形成示范区和试验区,带动全校人才培养模式的改革,促进人才培养质量的提高。在62所高校精英学院的简介中,近70%的精英学院在对自身成立原因或目的进行表述时,提到人才培养模式的试验田,发挥示范与引领作用。

2011年北京邮电大学叶培大学院:"是我校探索拔尖创新人才培养模式的重要基地;深入探索并实践多种人才培养模式,进一步加大对优秀学生的培养力度,对全校教学改革起到引领和示范作用,进而全面提高人才培养质量。"②

2011年西南大学含弘学院:"西南大学'拔尖人才培养计划'是学校为贯彻落实《国家中长期教育改革和发展规划纲要》精神,深化本科教学改革的一项有力举措,旨在通过实施计划,探索拔尖人才培养新途径,带动全校本科人才培养模式改革,提升人才培养质量。含弘学院作为拔尖人才培养计划的组织实施机构应运而生。"③

2014年北京工业大学樊恭烋学院:"高等工程教育人才培养模式创新实验区;通过对人才培养模式的改革与探索,为全校各专业办学提供辐射和示范,促进人才培养质量的整体提升。"④

三是根据学校发展战略,以精英教育为突破点,凝练高校办学特色,打造人才培养品牌,提升学校竞争力。这一成立原因多数出现在一般本科高校的精英学院中,体现出精英学院对于一般本科高校而言,是其寻求自身发展的路径选择。

2007年浙江理工大学启新学院:"为进一步深化本科教育教学改革,开创建设知名教学研究型大学的新局面,2007年6月学校决定成立启新学院,建立精英人才培养模式的创新区,树立学校的品牌形象。"⑤

2009年山西大学初民学院:"是山西大学积极探索高素质创新人才培养模式的试验基地。着眼于打造具有山西大学特色的本科精英教育……将初民学院打造成为山西大学人才培养的品牌。"⑥

2013年渤海大学卓越学院:"实施卓越发展计划,在人才培养、学科建设、科学研究、师资队伍建设以及现代大学制度建设等方面综合实力显著增强。以精

---

① 中山大学逸仙学院简介[EB/OL]. http://yss.sysu.edu.cn/college/lndex.aspx.
② 北京邮电大学叶培大学院[EB/OL]. http://zsb.bupt.edu.cn/content.php? p=0_33.205.
③ 西南大学含弘学院简介[EB/OL]. http://hanhong.swu.edu.cn/s/hanhong/index3/20151202.
④ 北京工业大学樊恭烋学院简介[EB/OL]. http://fgx-hc.bjut.edu.cn/.
⑤ 浙江理工大学启新学院简介[EB/OL]. http://gx.zstu.edu.cn/.
⑥ 山西大学初民学院简介[EB/OL]. http://cmxy.sxu.edu.cn/.

英教育为起点,不断凝练办学特色。"①

三大原因之间虽有区别但又紧密相关。一方面,国家政策引导与高校发展具有同一性,政策的出台即是对高校发展的引导,因此严格意义上讲,精英学院的产生无论是国家对于拔尖创新人才的重视,还是高校发展的突破口,都有一定的内在统一性。另一方面,人才培养模式的改革与创新才是人才培养质量提升的关键,高校希望通过试验区培养模式的创新经验,提升学校竞争力,带动人才培养质量提高。透过现象看本质,探究三大原因的形成,其实归根结底来源于两大主体:国家和高校(此处的"国家"具有较为宏观的内涵,更多体现高校外部的环境),即可引申为高校的外部环境与内部环境。

3. 政策试点影响是精英学院产生的路径

1) 政策试点的内涵

在我国各项实践改革中,"抓典型""逐步推广""以点带面"等词汇处处可见,而这些正是政策试点在实践中的相关术语。"政策试点"是我国政策过程中的一种特有的工作方法,它诞生于革命时代,并在之后不断被试炼于国家发展中的各个领域,如经济、医疗、住房等,得到广泛认可。

什么是政策试点?学术界认为政策试点包含狭义、广义两个方面。狭义的政策试点是指政策测试,广义的政策试点包含政策生成和政策测试两个方面。前者主要是为验证政策方案的正确性、可行性,并获得实施这些方案的具体化细则,而在一定范围内进行的一种局部性的决策施行活动。而后者是寻求一种新的政策方案或制度而进行的局部试验,两者可能同步或交叉实行。政策试点的具体类型主要包括各种形式的试点项目、试验区等。② 政策试点在历经不同的发展阶段的试炼与打磨后,其运作程序逐渐完善并制度化,已经从基本的经验总结上升到一种方法论。政策试点方法论具有探索性、创新性、科学性等特点,能够有效服务于改革实践和制度创新。在我国的各项政策过程中,处处都有政策试点的身影,如1985年北京师范大学等高校进行"高校内部管理体制改革"试点,1992年全国9个省、市、自治区开展"分税制"试点,1997年全国382个小城镇进行"小城镇户籍制度改革"试点,2000年安徽等地进行"农村税费改革"试点,等等。另外,1980年经济特区的启动,开启了以试验区为核心的全新试点方式,之后以经济特区为代表的各种类型试验区在政府政策过程中被加以运用。可见,政策试点在我国政策过程中、在改革发展中的重要作用。

---

① 渤海大学卓越学院简介[EB/OL]. http://210.47.178.3/page/depatl/zyxy.
② 周望. 中国"政策试点"研究[D]. 天津:南开大学博士学位论文,2012:29-30.

2)精英学院的产生与政策试点路径紧密相关

精英学院的产生与政策试点方法论之间有何关系呢？笔者认为，两者间具有较为紧密的联系，精英学院是我国政策试点方法论在宏观层面的直接作用和微观层面的隐性影响下的产物。

第一，宏观层面的直接作用。所谓宏观层面的直接作用，是指国家制定相关政策，进行政策试点，直接推动精英学院的产生与发展。在前文对拔尖创新人才培养的历史梳理中可以看出，拔尖创新人才培养的各个历史发展时期都离不开国家政策的重要身影。而作为国家政策过程的一种长期有效机制，政策试点的方法同样运用于教育改革领域。这一点，从各项政策文件中就可以明显看出。如为进一步深化教育体制改革，根据《国家中长期教育改革和发展规划纲要（2010—2020年）》的精神与部署，2010年国务院办公厅发布关于开展国家教育体制改革试点的通知，决定在部分地区和学校开展国家教育体制改革试点。文件在高等教育部分中提到了"设立部分试点学院，开展创新人才培养试验；实施基础学科拔尖学生培养试验计划（北京大学等17所部属高校）等等"。类似这样的政策试点成为高校人才培养模式改革和精英学院产生的直接动力。

第二，微观层面的隐性影响。在国家政策试点直接作用的同时，这种具有中国特色的"典型示范、逐步推广、以点到面"的政策试点改革经验与改革路径已经上升为一种改革的方法论，被应用到很多微观领域，其影响已深入具体组织内部的改革实践中，这就是微观层面的隐性影响。从一定的逻辑上来说，高校精英学院正是这一方法论在微观领域的应用实践。高校在进行自身发展规划改革或践行国家相关政策时，在内部采取了试点试验的举措。多所高校在精英学院的创立目的中提到为高校的教学改革、人才培养模式创新积累经验，并起到引领示范和辐射作用，进而全面提高人才培养质量。这种策略与路径的采用无疑受到了政策试点方法论的影响。

3)精英学院的发展受政策试点影响

在精英学院的发展历程中，首批发展的精英学院中近90%产生于"985工程"高校，这一数据如何解读？是偶然的结果吗？笔者认为，政策试点中的选点对这一现象的产生有着重要的影响。在我国政策试点的选点工作中，通常包括自主选择和主动申请两种方式，但无论是何种方式，其都要遵循一点，即试点的标准。"由于政策试点是一次试错的过程，其所带来的风险和成本不容忽视，这就要求参与试点工作的地区或部门具备相应的能力和条件"[①]，如参加试点的积

---

① 周望.中国"政策试点"研究[D].天津:南开大学博士学位论文,2012:129.

极性、人力物力条件,等等。这意味着在选择试验点时必须将候选者的整体发展状况、综合实力以及改革实践能力等条件都纳入参考范围。而在高等教育领域内,层次与水平高的大学与一般本科院校相比各方面都占有明显的优势,如优势学科、师资的力量、学生的素质、发展的视野平台,等等。基于此,无论是政府的自主选择,还是高校的主动申报,层次较高的高校更容易受到青睐,获得政府部门或地方部门的资助。

与此同时,在高校内部进行精英学院发展规划时,选择相对优秀的学生作为培养对象,一方面精英学院的目的是通过教学改革和模式创新以培养高质量的拔尖创新人才,优质生源的选拔有利于培养目标的实现。从另一个角度而言,这与前文提到的政策试点中试点选择方式和标准的问题有异曲同工之妙。同样,高校在内部教学改革试验区的培养对象选择上,要想尽可能有效地实现改革,积累改革经验,必须考虑培养对象的积极性、个人能力、学习态度等。并且,在政策试点中具有示范性质的试点,还会调高相关的选择标准以达到形成表率和榜样的示范效应。作为全校人才培养、教学改革的试验田,精英学院具有典型的示范作用和先锋效应,因此,基于效率性,高校难免将相对优秀的学生选为试验区的培养对象。就两者的目的性和高校改革成果的效率性而言,将相对优秀的学生作为试验培养对象,不仅更接近高校培养拔尖创新人才的诉求,而且符合从经济学角度的顾虑,以达到有效范围、有效时间、有效空间的利益最大化。

第三节　我国精英学院的现状透视

精英学院创办至今,已初具规模。在目前各高校的办学实践中,精英学院的模式呈现出某些共性和相应的特点,当然也不缺乏独具个性的举措和模式。本书以实际调研结果为依据,从宏观和微观两个层面对我国本科高校精英学院的发展模式进行概述、归纳以及总结。宏观层面主要分析精英学院的整体发展概况,微观层面则立足于精英学院的具体运行(包括组织运行和培养模式),并最终探究精英学院的共性模式。

一、精英学院发展现状与特点

(一)精英学院发展现状

根据对已有研究的梳理,目前精英学院的研究大多数仅局限于某一特定的区域或类型的高校,如"985工程"高校、教育部直属高校等。为全面了解我国本科高校精英学院的情况,本书将调查范围锁定为全国 782 所本科高校(截至 2014 年 7 月 9 日教育部官网公布的全国高校名单,其中不包括独立院校)。经过对所有高校官网逐一的调查,按照精英学院的生源选拔性、目标精英性、培养特殊性以及建制独立性的特点进行筛选,结果显示,自 2000 年浙江大学竺可桢学院成立以来,我国成立精英学院的本科高校共有 62 所,在全国本科高校中占比为 7.92%。

其中有两所高校的情况需要特殊说明:一是沈阳化工大学虽设有创新实验学院,但官网没有创新实验学院的相应介绍和相关材料,无法判断其是否属于精英学院范畴,因此本书并未将其统计入研究对象之中,以确保研究的科学性。二是南京工程学院的创新学院,我们在调查过程中发现,其在办学模式上与一般的精英学院有一定的差别,但从本质而言,其符合精英学院的生源选拔性、培养特殊性、目标精英性、建制独立性的特点,因此笔者认为其属于精英学院的范畴。

(二)精英学院宏观发展特点

看清事物的本质必须从多角度、多维度思考,不一样的角度会呈现不一样的风景。同样,精英学院作为我国高校近年来拔尖创新人才培养的主要阵地,要想更好地了解其发展特点,就要从多元维度进行透视,寻找不一样的风景。下面将从本科高校类型、地域分布、成立时间、精英学院命名等不同的角度进行分类剖析精英学院的发展特点。

1.结构层次性

从高校类型分析发现,目前我国的精英学院在各个不同类型的本科高校中均有分布。其中"985 工程"高校 22 所,"211 工程"高校 16 所,普通本科高校 24 所,分别占比 35%、26% 和 39%。从各类型院校的基数来看,创办精英学院的高校仍然主要集中在高等教育"金字塔"结构的上层部分。

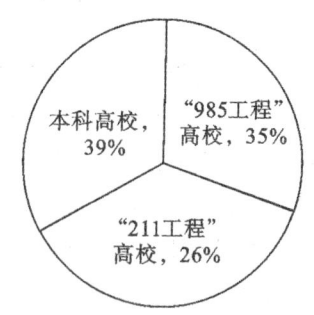

图 4-3 精英学院在不同类型本科高校中的比例分布

2.发展地域性

从地域分布来看,创立精英学院的本科高校分布在北京、上海、江苏、浙江等 19 个省份以及直辖市。其中江苏地区本科高校创办精英学院的数量最多,达到 14 所,占总数的 23%;浙江、北京两地区精英学院数量次之,分别为 8 所和 6 所。

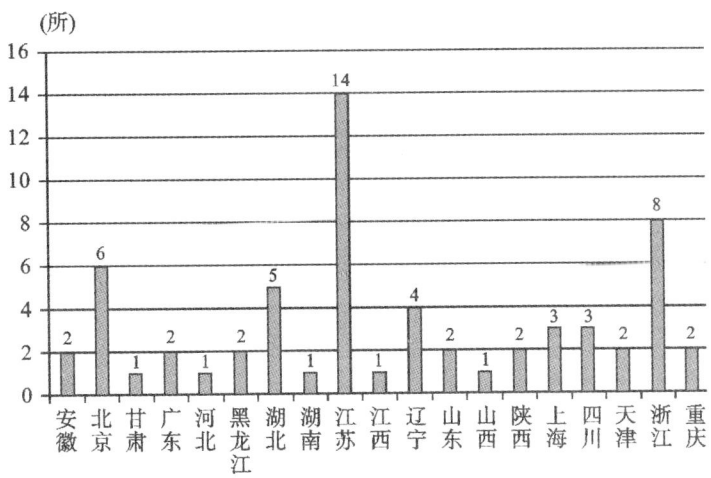

图 4-4 精英学院地区分布示意图

3. 增长快速性

从各高校精英学院的成立时间分析可见,近年来,我国高校精英学院整体处于线性增长趋势。其中,2009 年以来,精英学院发展规模强势突破,并在 2011 年达到顶峰,一年内有 11 所高校创办精英学院。这一现象的出现并非偶然,而是兼具天时、地利、人和。一方面,通过前期高校的探索,精英学院办学经验已趋于成熟;另一方面,正值国家发展对创新人才尤其是拔尖创新人才的迫切需求之际,而高校自身发展的诉求推动战略选择。

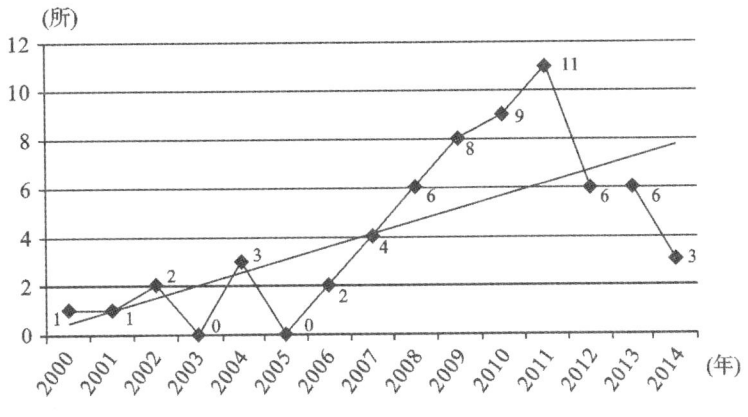

图 4-5 精英学院发展趋势

4. 命名多重性

从精英学院命名来看,主要有三种形式:人物命名、内涵命名和功能命名。

在调查的结果中,我国目前的精英学院中以人物命名的有 21 所,突出文化内涵命名方式的有 23 所,以功能命名的有 18 所。

表 4-4 精英学院命名类型统计表

命名类型	数量	主要名称示例
人物命名	21	竺可桢、匡亚明、章乃器、吴健雄、孙越琦、大禹、詹天佑、钱伟长、元培等
内涵命名	23	励耕、健行、至善、萃英、求是、致远、文典、启新、弘深、集贤等
功能命名	18	教育实验学院、创新实验学院、英才学院、高等工程学院等

第一种以历史上杰出名人、知名校友的名字作为学院的名称,这也是精英学院中较为主流的命名形式,如竺可桢、匡亚明、章乃器、吴健雄、孙越琦、詹天佑、钱伟长、蔡元培等。研究发现,这些人大多是某一领域的杰出人才,并担任过学校的校长或和学校有一定的关系。通过人物命名,不仅可以依靠人物本身的知名度增加学院的知名度,提高学院声誉,还可以用先辈们优秀的品质和成就激励学院的学生成长,营造一种优秀的场域。第二种命名多采用具有某种精神和高尚品质的词汇,意在突出精英学院的文化内涵或对某种精神品质的追求。重庆大学弘深学院在官网简介中明确指出:"'弘深'源自于 1929 年《重庆大学筹备会成立宣言》中'当有完备弘深之大学一所'之'弘深'一词。'弘深'者,'宽广深沉、博大精深'也。预示着弘深学院培养的学生胸襟宽广、思想深邃、知识渊博、学术精深,知识、能力、素质全面协调发展,成长为引领未来的社会精英、业界领袖。"第三种命名则直抒胸臆,表明精英学院的主要功能和价值,如西北工业大学的教育实验学院、南京师范大学的强化培养学院等。

5. 定位多样性

纵观创办精英学院的高校类型,已不仅仅局限于高层次、高水平大学,而逐渐扩散至许多一般本科高校。在我国高等教育的"金字塔"结构中,"塔尖"与"塔中"的高校在生源、师资、特色、声誉等各方面都有较为不同的区别,因此,作为高等教育大众化时代下拔尖创新人才培养"特区"的精英学院承袭创办高校不同类型的特点,而呈现出培养目标、发展定位的多样性。"985 工程"高校代表了我国最高水平的一流大学,其创办精英学院的目的在于拔尖创新人才与未来各领域领军人才的培养,并带动全校人才培养质量的提高,向世界一流大学迈进。"211 工程"高校是仅次于"985 工程"高校的高水平大学,虽然在培养目标上其同样力争培养拔尖创新人才,但主要立足高校自身优势和特色不断创新模式,让精英学院的发展展现出勃勃生机;一般本科高校在发展精英学院的定位上并未盲目跟风,而是紧密结合高校发展的整体战略,培养高素质的创新人才和辐射地方的复合型人才。

6. 功能多元性

虽然拔尖创新人才培养是精英学院的主要目的,但无论从历史视角还是从现实视角,无论是从理论视角还是实践视角,精英学院的功能都并非单一的拔尖创新人才培养。笔者认为,目前精英学院的功能包括显性和隐性两大层面。

在显性功能上,除了作为高等教育大众化时代下拔尖创新人才培养"特区"外,精英学院还发挥着教学改革试验以及人才培养模式创新的作用。这一点在已调查的全国 59 所精英学院中似乎已经达成某种共识,在相应的官网简介中都有提及。

如果说拔尖创新人才的培养、人才培养模式的创新是精英学院的显性功能的话,那么提高高校社会声誉则是精英学院的隐性功能。在市场配置资源起决定性作用的现实背景下,积极参与竞争成为当今高校无法逃避的生存之道。伯顿·R·克拉克(Burton R. Clark)将高等教育的市场分为消费者市场、劳动力市场和院校市场。① 简单地讲,消费者市场即学生市场,劳动力市场即就业市场,院校市场则是院校间的竞争。而精英学院通过特色命名、人才培养质量的提高和培养模式的创新,形成高校品牌效应,带动高校社会声誉的整体提升,扩大知名度,从而在消费者市场、劳动力市场以及院校市场上占据更多份额,促进高校深入发展。正如华中科技大学李培根校长在华中科技大学 2007 年暑期工作会议上的报告中所指出的:"从长远来看,影响一所大学声誉的最重要因素是她的毕业生在社会上的总体表现。未来华中科技大学的竞争是我们的精英学生与其他名校精英学生的竞争。这方面的效果可能十年也无法看出,但从长远来看,是非常有利于学校发展的。"②

二、精英学院制度的基本要素

作为我国高校拔尖创新人才培养的二级机构,精英学院主要承担各高校拔尖创新人才的培养和本科教育教学改革的试验,在促进高校发展、创新人才培养

---

① 〔美〕伯顿·R·克拉克.高等教育系统——学术组织的跨国研究[M].王承绪,等,译.杭州:杭州大学出版社,1994:178.

② 陈金江.中国大学本科精英学院运行模式研究——基于多案例的分析[D].武汉:华中科技大学博士学位论文,2010:40.

上发挥着重要的作用。为了更清晰、透彻地分析我国高校精英学院的具体模式和特点,本部分将按照高校精英学院这一内部组织的特征,从组织运行、人才培养两个主要方面对我国的本科高校精英学院模式进行分析。组织运行是一个组织的根本所在,是组织的动力源泉。精英学院作为高校内部区别于专业学院的新型学院,如何在合理的高校内部框架体系内正常高效运作,需要突破原先体制,创新模式。根据笔者的调查,因各自高校情况不同,我国本科高校精英学院的组织运行主要在创办形式和组织架构上呈现出不同的模式。

(一)创办形式

从创办的主体来看,可分为独立创办和协作创办两种形式。

1. 独立创办模式

所谓独立创办模式,即指办学主体是高校自身,无其他第二方或第三方的加入。这种创办模式主要借助高校自身行政与学术力量,依靠高校内部资源推动创办。目前我国本科高校的精英学院绝大部分属于这种模式。

独立创办模式通常包括两种创办形式:一种精英学院是在原来平台的基础上成立。如在各类校级或院级实验班的基础上成立学院,当然,这里"原来的平台"并非仅是指实验班,也有一些高校利用学校的创新教育平台加以调整。如南京工程学院在原校级机器人创新实验室、电子创新实验室、电工电子实训基地的基础上成立创新学院;大连理工大学的创新实验学院的前身部分教师自发组织学生成立创造性研究小组,后在发展过程中不断变迁演变而成为如今的创新实验学院。另一种属于创生类型,即直接生成。这类创办形式主要出现在一些一般本科高校中,因前期并未有相应"特区"形式的探索和经验的积累,而是在借鉴国内高校相关办学经验的基础上创设精英学院,如杭州师范大学经亨颐学院等。

2. 协作创办模式

协作创办模式,顾名思义与独立创办模式不同,是由两方或两方以上共同协作办学。这种创办模式,办学主体除了高校自身外,还有第二方资源的投入,如企业、国家相关部门等。目前我国本科高校精英学院中属于协作创办模式的有华中科技大学的启明学院和中国地质大学的李四光学院。

启明学院由华中科技大学和业界共同创办。2008年9月,丝宝集团向华中科技大学捐赠2200万港币启动启明学院大楼建设,并成立华中科技大学丝宝教育与科技创新促进中心,向全国和全校选拔优秀学生,进行高素质人才培养的探索。①

---

① 华中科技大学启明学院[EB/OL]. http://qiming.hust.edu.cn/.

李四光学院是由中国地质大学(武汉)同中国科学院地质与地球物理研究所、测量与地球物理研究所、地球化学研究所、广州地球化学研究所、古脊椎动物与古人类研究所、南京地质古生物研究所、地球环境研究所、遥感与数字地球研究所等单位合作共建,是较为典型的高校与科研院所的合作模式;旨在整合校内外的优质教学科研资源,高效落实产学研合作,通过优质平台共享,推进知识发现、技术创新、人才培养的协同发展。[①]

总体而言,无论是高校与企业的合作,还是与国家科研院所的合作,精英学院协作创办模式通过第二方资源的引入,不仅是对有限的高校自身资源的有力补充。从另一角度而言,也是高校开放办学、产学研动态结合的模式创新,在人才培养尤其是拔尖创新人才培养上注入了更多模式创新的活力与可能性。例如,与企业的合作模式,首先能够在资金方面获得大力支持,避免过度占用其他学生的培养经费,以免引起教育公平问题;其次对学生的实践、研究、社会化等方面的立体化培养开拓了渠道,如启明学院构建科学的教学生态,让学生有更多的机会参与到企业的实践中,让企业中具有资深经验的人士参与到教学活动中来,以实现人才培养与业界的紧密结合。与科研院所的合作模式,可以充分利用先进、丰富的科研资源,挖掘拔尖创新人才后续培养的潜力。

(二)组织架构

精英学院具有生源选拔性、目标精英性、培养特殊性以及建制实体性的特点,作为区别于专业学院的特殊新型学院,正是其特殊性决定了高校如果要保证这一战略实施的有效性,则必须进行组织架构的重新设计与安排。

就我国目前本科高校精英学院实际运行情况来看,精英学院的组织架构模式分为两种:一种是单一的行政架构,而另一种是行政与学术相结合的架构模式。在62所高校调查对象中,除了5所精英学院没有相关信息外,有47所精英学院采用单一的行政架构模式,剩余10所精英学院采用行政与学术相结合的组织架构。就调查结果来看,第一种模式即单一的行政架构模式是目前精英学院组织架构的主要模式。

1.单一行政架构模式

行政架构是指处理各项行政事务的部门规划结构。通常下设党政办公室、综合办公室、教务办公室、学生办公室等,由院长、副院长以及相关工作人员组成,不同部门的职责不同。党务办公室主要负责处理日常党政事务及日常管理

---

① 中国地质大学李四光学院[EB/OL]. http://lsgxy.cug.edu.cn/12lsg/Article/Index.htm.

工作等；教务办公室主要负责起草并实施教学工作计划、工作流程和教学管理规章制度，人才培养方案的制定、修改与完善等教学方面的工作；学生办公室则主要负责学生思想政治教育工作，负责指导学院团工委、学生会工作等学生管理相关工作。而在具体实践中，并非每个精英学院的组织机构都有以上部门，根据不同高校的具体情况，相关部门设置会有所差异。一般组织结构如图4-6所示。

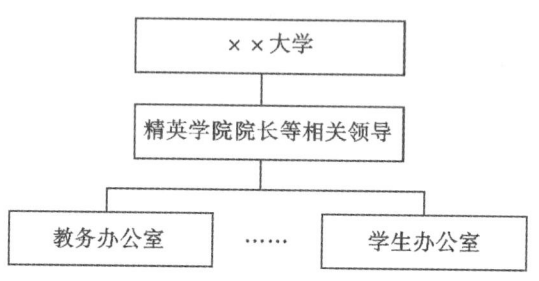

图 4-6　精英学院单一行政结构示意图

精英学院直接由学校进行管理，大部分精英学院的院长由学校领导兼任。根据笔者调查的结果，62所精英学院中，有32所精英学院的院长由学校领导兼任，其中包括校长、副校长、党委副书记、教务处处长等，剩余精英学院的院长多数为院士、教授等具有较高科研水平和丰富管理经验的优秀人才。

这一现象表明：首先，精英学院对于各高校的重要战略地位以及高校对其的重视程度；其次，精英学院涉及学校多方部门的协作与资源的利用，通过高校顶层行政力量的协调，宏观调控全校上下各种力量与资源，以搭建培养平台，更充分地保证精英学院模式的顺利实行。

2. 行政与学术相结合模式

行政与学术相结合模式是指除了行政架构体系之外，精英学院还设有学术事务相关的专门机构。精英学院通常涉及多个不同专业方向人才的培养，如何保证培养方案的科学性、培养质量的可靠性以及精英学院发展的科学性，专业学术人员的参与必不可少。而与普通学院相比，精英学院普遍没有自己的教师与专家，虽然在具体培养过程中可以协调相关专业学院的力量进行教学与管理，但不难避免协调过程中的矛盾与相关工作职责的确认，造成培养过程中的责任推卸，难以管理，效率低下。成立专门的学术机构是针对这一弊端的有效解决措施。国家在"基础学科拔尖学生培养试验计划"即"珠峰计划"的实施方案中明确指出："试验区成立教授委员会或其他相应的学术组织，负责制定创新人才培养方案，对试验区的年度预算、发展规划等提出咨询意见，对教师的学术水平进行

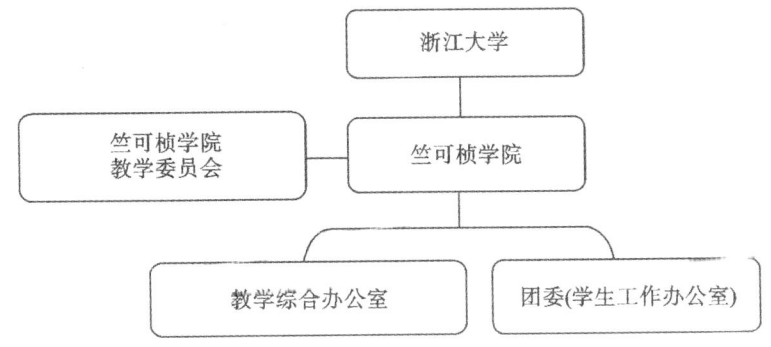

图 4-7　浙江大学竺可桢学院组织机构图

资料来源:浙江大学竺可桢学院官网。

评价,对教师评聘、教学科研工作等进行学术把关。"如北京师范大学励耕学院的专家委员会,浙江大学竺可桢学院的教学委员会,华中科技大学启明学院的教学指导委员会、咨询委员会和学习委员会等,主要负责培养计划的总体设计,学生选拔方案、培养方案的咨询与审定,以及计划实施的指导等。这些学术机构是拔尖创新人才教育教学改革和管理等重要事项的决策评议机构和咨询机构,是学校实施教授治学治教、科学培养的重要举措。

从学理上讲,大学是一种特殊的组织,其根本特性在于学术性。而在我国高等教育领域,高等教育系统主要采取行政命令的形式进行管理。随着西方观念的引入和大学的改革,我国大学中的学术权力从无到有,从弱到强,逐步受到高等教育管理者的关注与重视。精英学院作为特殊的拔尖创新人才培养组织,其所涉及的学术性与专业性更强,学术机构的成立具有重要的现实意义。

(三)人才培养

人才培养是高等教育的核心职能之一,精英学院创立的目标即是为了培养高素质的精英创新人才,其全部的价值集中于人才培养之上。而作为关系到人才培养质量的一个重要因子,人才培养模式的创新一直受到国家政策与高校自身的重视。因此,精英学院人才培养模式研究是透视我国精英学院现状的重要窗口。

人才培养本身是一个较为复杂的过程,学界对人才培养模式的定义也是各有见解,但总体来看主要从过程论和要素论的角度对人才培养模式进行界定。综合各家之言可以发现其主要的内涵包括:有一定的思想和理论作为指导,具有可操作性,涉及培养的整个过程等。因每个高校的学科优势不同,精英学院培养人才的专业方向及目标不同,其具体的培养方案和模式存在区别。笔者主要结合实际的调查结果,从较为宏观的角度探究我国本科高校精英学院正在实行的具有共性的人才培养模式及其特点,以揭示我国高校精英学院的人才培养模式现状。

1."通识＋专业"培养模式

在对 62 所精英学院的具体资料进行整理分析后发现,"通识教育与专业教育"出现的频率较高,同时,"厚基础、宽口径""大类基础＋个性培养""尊重个性、强化能力、拓展素质"等表述也十分频繁。经过笔者详细的甄别和判断,除部分精英学院无相关介绍外,共有 22 所高校精英学院直接表述为"通识＋专业"培养模式;23 所精英学院虽然表述上有所不同,但其实质表达的同样是"通识＋专业"相融合的培养模式。总体而言,近 4/5 的精英学院培养模式聚焦于"通识＋专业"相融合的培养模式。

那么,什么是"通识＋专业"相融合的培养模式呢?简单地讲,"通"注重知识的广博性、贯通性;"专"侧重知识的专门性、深度性。通专结合意在培养全面发展的人。具体来看,新中国成立初期,因社会经济发展的需要,我国高等教育积极学习苏联模式,大学专业口径划分过窄,普遍采用专才教育模式,而这从当时的"又红又专"等培养目标中就可以明显看出。随着社会发展,这种专才模式培养出的人才越来越难以符合现代社会的需求,自 1995 年素质教育提出以来,"厚基础、宽口径"成为新时期高等教育改革的潮流。而随着高等教育国际化的影响,国际一流大学的办学理念与思想在我国高等教育领域引起众多研究者和实践者的反思,通识教育逐渐出现在我国高等教育改革中。

通识教育有着丰富的内涵,它与欧洲的自由教育有着密切的联系,19 世纪后期,美国将欧洲的自由教育演变为弥补专业教育的通识教育,我国学者杨叔子、余东升认为,通识教育"是美国高等教育在其历史发展中,将西欧的自由教育与美国的本土实践相结合而产生的一种高等教育思想和实践"[1]。的确,通识教育在美国的高等教育历史长河中不断演化,如今的通识教育更强调知识的融会贯通。最早提出通识教育概念的美国帕卡德教授指出:"美国大学为学生提供的通识教育,包括古典学、文学和科学方面的有关课程内容,它是学生进行任何专业学习的准备。它为学生提供所有知识分支的教学,使学生在致力于学习一种特殊的、专门的知识之前对知识的总体状况有一个综合的全面的了解。"[2]通识教育的基本立足点在于培养一个完整的人,注重人的素质的全面发展以及人的思维

---

① 杨叔子,余东升.文化素质教育与通识教育之比较[J].高等教育研究,2007(6):1-7.
② 蔡映辉.高校通识教育课程设置的问题及改革对策[J].高等教育研究,2004(6):76-79.

方式的训练,以获得适应现代社会生活、生存所必需的能力。

对于专业教育,国内学者的观点存在不同的看法。陈向明认为"专业教育"不同于"专才教育",前者是指对按照专业划分对学生施加的教育内容,而专才教育意在培养精通某一专业甚至对某一个小专业的某一方面进行深入研究的人才。① 而祝家麟等人认为专业教育即为专才教育,是培养一个专门领域从事专门职业或专门岗位的专门人才的教育。② 显然,两位学者的观点截然不同,但无论如何定义,在两位学者文章的最终论断中无一不表达出这样一种观点,即当今我国高等教育领域需要寻求通识与专业的融合。正如王建华而言,"如果说离开了专业教育,高等教育就失去根基,那么没有了通识教育,大学就失去了灵魂"③。通识教育与专业教育是高等教育的两翼,失去任何一个,高等教育都将失去平衡。

为什么精英学院会普遍选择"通识+专业"融合的培养模式呢?笔者认为,首先,与精英学院的培养目标和理念相符合。"通识+专业"融合的培养模式力求通中有专、专中有通、专通结合,培养能够全面发展的人。而精英学院旨在培养各行各业杰出的拔尖创新人才,通专结合、全面发展的能力与素养是必不可少的。其次,受到国外一流大学培养模式的影响。哈佛大学、耶鲁大学、斯坦福大学等,都是现今世界当之无愧的一流大学,是拔尖创新人才的摇篮。这些一流大学绝非偶然的成功经验证明了其通识教育培养模式的科学合理性。因此,"通识+专业"融合的培养模式成为现阶段培养拔尖人才较为理性的模式选择。最后,精英学院是"通识+专业"融合的培养模式的实验探索平台。其实,"通识+专业"融合的培养模式并不仅仅出现在精英学院的人才培养实践探索中,浏览国内的各大高校人才培养模式,大多都有涉及,但如何做并且做好,却一直是个问题。甚至有些高校虽然声称进行相关模式改革,其实是"换汤不换药",将原来的公共基础课加以通识教育的虚名。怎样才能高效地进行融合培养模式的探索?精英学院不失为最好的实验平台。一流的资源配备,灵活的体制机制,在试验成熟的基础上再进行推广辐射全校,是较为科学合理的选择。

精英学院虽然呈现千篇一律的通识教育与专业教育相融合的共性模式,但是实践做法却又各有不同,尤其是在通识教育模式的实现形式上。精英学院的通识教育模式按照学生接受教育的场所(课堂内与课堂外)不同分为两种形式,

---

① 陈向明.从北大元培计划看通识教育与专业教育的关系[J].北京大学教育评论,2006(3):71-86.
② 祝家麟,陈德敏.大学通识教育与专业教育的矛盾冲突与融合[J].中国高教研究,2002(6):17-20.
③ 王建华.高等教育的理想类型[J].高等教育研究,2010(1):1-10.

即第一课堂通识教育模式和第二课堂通识教育模式。两种模式在教学场所、教学形式、实现模式、特点上都各具特色,详情如表4-5所示。

表4-5 第一课堂和第二课堂通识教育模式比较

要素	第一课堂通识教育模式	第二课堂通识教育模式
教学场所	课堂内	课堂外(包括校内、社会等)
教学形式	班级教学为主,以课程为主要载体	形式多样,规模不限(包括讲座、活动、交流会、社会实践等)
实现模式	课程模块结构的改革与创新	课外项目与活动的拓展;书院制模式的探索
特点	知识系统化,呈现完整的知识体系	能力实践化,拓展度高,参与度深

1)第一课堂通识教育模式

第一课堂通识教育模式,是指通识教育主要通过课堂教学实现,重点在于课程的安排和课程模块的设置与开发。笔者在不同层次的精英学院中随机挑选6所精英学院("985工程"高校:东南大学吴健雄学院、电子科技大学英才实验学院;"211工程"高校:河海大学大禹学院、北京工业大学樊恭烋学院;普通本科高校:南京邮电大学贝尔英才学院、湖北文理学院孔明学院),对其第一课堂通识教育课程进行研究,表4-6为6所大学精英学院的详细通识教育课程内容。

表4-6 6所大学精英学院通识教育课程安排

精英学院	学校类型	通识教育课程
东南大学吴健雄学院(机械动力强化班)	"985工程"	通识教育基础课程:思政类(中国近现代史纲要、马克思主义基本原理、毛泽东思想和中国特色社会主义理论体系概论、思想道德修养与法律基础、形势与政策);英语类(大学英语Ⅳ、大学英语高级课程Ⅰ1等);计算机类(大学生计算机基础、程序设计与算法语言);高数类(工科数学分析(英文)、几何与代数(A)、概率统计与随机过程);基础物理、物理实验、就业导论、军事理论、工程学导论(新生研讨课)、人文社科类、生命科学导论、自然科学与技术科学类、经管类、全英文工程类专题系列研讨

(续表)

精英学院	学校类型	通识教育课程
电子科技大学英才实验学院（电子信息专业）	"985工程"	人文素质课（中国文化概论、创造心理学、管理与领导学等）；数理化生基础课（数学分析、线性代数与解析几何、随机数学、大学物理、近代物理学、大学化学、生命科学等）；电子信息大类基础课（电磁场与波、信号与系统、模拟电路基础、电路分析基础、微型计算机原理及接口技术等）
河海大学大禹学院（水利类、土木类、工程力学类）	"211工程"	通识课程：公共必修课、通识选修课（自然科学类、人文社科类、经济管理类、艺术类）
北京工业大学樊恭烋学院	"211工程"	通识教育课程包括基础教育模块和通识教育模块。通识教育模块包括大学生思想政治修养类课程群、军事体育类课程群、计算机基础类课程群、跨专业通识教育类课程群；基础教育模块包括数学基础课程群、物理基础课程群、学科基础课程群
南京邮电大学贝尔英才学院（"信息科技英才班"）	一般本科	通识教育类核心课程：数学类（数学分析、线性代数与解析几何、离散数学、复变函数与数理方程、随机数学）；物理类（大学物理、大学物理实验、量子物理）；英语类（大学英语、综合英语等）；计算机基础类（高级语言程序设计、微型计算机原理与接口技术、数据结构等）；综合素质类（管理学原理、创造学等）
湖北文理学院孔明学院（经济、管理、法学类）	一般本科	通识教育课程包括通识教育必修课程（军训类、思政类、大学英语类、计算机基础类、高等数学类）；通识教育选修课程（用文写作、美术鉴赏、英语口语与沟通、国际关系、批评性思维、演讲与口才、聆听音乐等）；通识教育核心课程（经济学类、管理学类、法学类）

资料来源：根据各高校精英学院官网或人才培养方案整理而成。

从以上6所精英学院的通识教育课程来看，总体而言，各精英学院对于通识教育课程结构进行了科学深入的探索。首先，课程广度上，在原先课程结构的基础上进行优化，去除繁复空洞的课程，增加更丰富的常识类课程、素质类课程、跨专业课程；其次，在课程厚度上，通识教育课程占比较高，充分体现"厚基础"的通识教育理念。在东南大学吴健雄学院机械动力强化班的人才培养方案中,通识教育基础课程学分达62分,合计1200学时,占总学分的60.8%。另外,在通识教育课程结构上,利用必修选修的形式,将通识课程分为必修课程、选修课程,充分遵循学生个性需求,实现学习自由。

与此同时,各个不同精英学院之间通识教育课程同样也存在着差异。首先,对通识教育课程的范围界定不同。有些学校将公共必修课和其他通识课程一并纳入通识课程范围,有些学校则将两者分为不同课程模块,穿插学习。其次,在通识教育广度上,文理科专业高校之间的差异明显。在精英学院的通识教育课程体系中,理科专业的通识教育课程纳入较多的综合素质类、人文素质类的课程,而在文科专业的通识教育课程中除了基本的公共必修课外,跨专业通识课程出现并不频繁。

2)第二课堂通识教育模式

第二课堂教育模式是指区别于课堂日常教学活动,在课堂外(包括宿舍、活动中心等校内场所,以及校外场所)进行的各种素质能力的培养。精英学院第二课堂通识教育实现模式包括素质拓展模式和书院制模式。

素质拓展方面。课堂外的素质拓展是第二课堂通识教育最为普遍的实现模式。其实践形式包括课外活动、沙龙讲座、项目竞赛、社会实践等,意在提升学生的人文修养,陶冶道德情操,培养责任意识、团队精神,强化创新能力,促进全面发展。每个精英学院的素质拓展形式都根据自身专业特色、文化内涵、培养目标进行量身打造,展现出独具匠心的第二课堂教育。例如,北京航空航天大学高等工程学院,结合专业特色安排丰富多彩的课外活动。一年级暑期赴飞机、发动机工厂进行认识性实习;赴航天城参观实习;和研究生、博士生共同举办系列讲座(含科技、经济、人文等各方面)以拓宽学生的知识面。渤海大学卓越学院开展晨训、登山等活动;开设特色体育课;开展读书交流、文化沙龙等活动;设置科研兴趣小组、语言兴趣小组、摄像兴趣小组等,注重个性发展。天津大学求是学部,开展"领导力培养计划""创造力提高计划""国学传承计划""读书思辨计划""身心健康计划"等多项特色课外训练项目,使学生真正实现全面成长成才。

为了确保学生参与活动的积极性和效果,精英学院普遍辅以学分制管理,充分发挥第二课堂对第一课堂的补充、延续和拓展作用。表4-7为河海大学大禹学院水文与水资源工程专业课程体系,从表中可以看出,通识课程与素质拓展相辅相成,形成河海大学大禹学院通识教育的两大途径。

表 4-7　河海大学大禹学院水文与水资源工程专业课程体系表

课程体系			课程性质	学分	比例(%)
理论课程	通识课程	公共必修课	必修	29	17.0
		通识选修课 自然科学类	选修	1	4.7
		通识选修课 人文社科类		4	
		通识选修课 经济管理类		2	
		通识选修课 艺术类		1	
	专业课程	学科基础课	必修	49.5	29.0
		专业主干课		27	15.8
	个性课程	专业内选修课	选修	14	8.2
		专业外选修课 跨学科/专业课程		3	1.8
		专业外选修课 国际交流学习			
实践课程			必修	40	23.5
总学分(不含素质拓展学分)				170.5	
素质拓展		创新创业	必修	共10学分,详见《河海大学素质拓展实施办法》	
		社会实践			
		公益活动	选修		
		文艺体育			
		社会工作			
		其他活动			

资料来源:河海大学大禹学院本科培养方案。

书院制模式。书院制模式是近年来我国高等教育领域实现人才培养模式创新的重要探索,是在继承中国古代书院"师生共处、学生互助"的传统基础上,借鉴国外住宿学院制度建立的一种对学生实施通识教育,并承担学生思想品德、行为养成等方面教育的新型学生教育模式[①],是第二课堂通识教育模式的典型模式。在精英学院的通识教育人才培养模式中,采用书院制模式的有北京大学元培学院、苏州大学敬文书院、南昌大学前湖学院、南京工业大学 2011 学院、湖北文理学院孔明学院共 5 所精英学院。虽然书院制模式在精英学院中并不普遍,

---

① 郭俊.书院制教育模式的兴起及其发展思考[J].高等教育研究,2013(8):76-83.

但作为第二课堂通识教育的模式前沿,其系统性的模式特色值得关注。

书院制主要贯彻"以生为本"理念,以学生发展为目标,以文化教育平台建设和校园文化活动为主要手段,通过非形式教育、多元文化交流和社会实践活动,丰富高校教育文化资源,弥补学科专业教育的不足,实现高校全方位育人的教育影响,以促进大学生的社会性发展和综合素质提高。① 书院主要承担"母亲"的职责,负责第一课堂以外的学习生活与养成教育,实现课堂教育、实践教育、养成教育相融合。其主要特征包括以下几点。

第一,开展第二课堂教育,促进行为与人格的养成。第二课堂是书院育人功能的核心,是通识教育的重要阵地。各高校在书院制的实践中,积极拓展第二课堂,建设培养体系,以加强学生各项能力提升和人格养成。目前各高校的第二课堂主要有书院通识教育和书院活动等形式。书院通识教育侧重对通识教育第一课堂的补充,在课程和计划上注重融合书院特色文化,如苏州大学敬文学院的"1328"模型;书院活动以学生团队为载体,开展各类主题活动。

第二,构建学习生活社区,发挥公共空间育人功能。

文化育人。书院制的一大特点是将原来学生的住宿休息场所转变为学生学习生活成长的空间。传统的宿舍仅有休息功能,学生通常选择到图书馆、教室学习,学生宿舍对学生的成长没有发挥应有的作用。书院由不同专业、不同年级学生组成,这种由不同思维品质的"异质性"成员构成的群体更有助于学生的成长和发展,社区公共空间将学生的学习与生活融为一体。而书院特有的文化建设给予了书院更多的文化底蕴,让学生受到良好的熏陶。

自我管理育人。书院实行学生自我管理的模式,以培养学生的自我管理能力。书院设有学生自我管理委员会,全部由书院学生选举产生,履行自我管理、自我服务、自我教育的各项职能。自我管理育人更强调学生的自主性,把属于学生的时间、空间、事务、关系以及各种矛盾的处理交给学生,发挥导师的引领作用,更有利于学生在学校这种相对独立的时空中社会化,锻炼其发现问题、分析问题和解决问题的能力,培养其创新潜质和高尚人格。

第三,实行导师制,提供师生交流平台。导师制是联系第一课堂与第二课堂、促进通识教育的良好途径。在国内实施书院制模式的几所高校中,都明确规定实施导师制。在导师类型上,各个高校在导师设置上有所不同。苏州大学敬文书院是我国系统实施书院制的精英学院之一,具有相对完善的导师构成(见表4-8)。这些不同方面的导师有着各自的优势和长处,通过互补,形成立体网络式

---

① 和飞.现代大学书院制的内涵与发展目标[J].肇庆学院学报,2013(1):1-4.

的育人体系,解决学生专业学习的困惑、心理不适以及生活中的矛盾与冲突,帮助他们形成正确的世界观、价值观和人生观,将社会主义核心价值体系融入日常学习与生活中。导师制可以让每个学生获得个性化的指导,增加学生与老师交流的机会,及时解决学生成长中遇到的问题,对学生的价值、习惯、兴趣等产生积极的影响。

表 4-8 苏州大学敬文书院导师制一览表

导师类型	配备人数	构成	主要职责
常任导师	3	由辅导员担任,常驻书院办公	负责学生的日常思想政治教育和管理工作
学业导师	19	由学校选聘具有高级职称或具有博士学位的优秀在职教师或退休教师担任	负责学生的学业辅导和生涯发展辅导
助理导师	2	由学校选聘责任心强的研究生担任	辅助常任导师和学业导师开展工作
社区导师	1	由学校选聘责任心强的大学生担任	负责引导书院学生培养良好的生活习惯和健康的生活方式

2.分段式培养模式

分段式培养是指高校按照一定的培养理念和模式在本科培养期间进行分段培养,也有部分学校精英学院尤其是一流高层次大学将本、硕、博阶段打通进行统一连贯性培养,主要采用"X+Y""X+Y+Z"的分段模式。每所精英学院并不局限于单一的分段模式。

在现阶段我国的精英学院分段培养中主要有以下几种模式。

第一,以"通识+专业"的培养模式为分段依据,形成两段制培养模式。即第一阶段强调宽基础的通识培养,采用先进的教学理念和优化的课程体系,强化综合素质的提升;第二阶段进入专业培养阶段,侧重专业能力和素养的提升。主要有"2+2""3+1"(电子科技大学英才实验学院)、"1.5+2.5"(杭州电子科技大学卓越学院)分段模式,其中"2+2"分段培养模式是比较普遍的模式,在所有进行两段制培养模式的精英学院中,90%以上的精英学院采取"2+2"分段培养模式。

第二,以校际合作、校企合作项目为分段依据进行分段,即第一阶段在学校内部进行培养,后一阶段到国内名校或国际院校以及联合培养的企业进行交流学习或实践锻炼。不同精英学院的合作项目模式的差异直接影响分段模式。江苏大学卓越学院采用"3+1"联合培养方式培养,3年时间在学校学习,最后1年在企业学习并进行毕业设计。渤海大学卓越学院"2+1+1"的双边培养模式,"2"即2年在校,学习注重专业基础知识的夯实和外语水平、人文素养的全面提升;"1"即1年到国外交流、学习,开阔视野,培养国际交流与合作能力;"1"即1年到国内名校联学及考取硕士研究生。

第三,依照本、硕、博贯通的培养模式,实行弹性学年年限分段模式。如哈尔滨工业大学英才学院本硕连读、过程分流,学制为"4+2+X"年(X是修读博士学位年限);上海大学钱伟长学院的"2+X"本硕连读模式;南京理工大学的"2+X"本、硕、博贯通培养方式,其中X为1~7年。

除此之外,有一些精英学院实行复合分段模式。如中南大学升华荣誉学院建立"4+1+1"的校企联合培养机制,实行"4年大学本科教育、1年工程一线挂职、1年工程硕士阶段学习"。也有高校的精英学院采取多种分段模式并存,如西南交通大学詹天佑学院,采用"3+1"(在前3年的学习基础上进行选拔,在第4年根据用人单位需求安排课程和毕业设计)、"4+1"(毕业生根据用人单位需求,在完成自己的专业学位后攻读第二学位)、"3+3"(3年学习后推荐优秀学生免试攻读硕士研究生)的培养模式,强化工程实践能力训练,直接为铁路行业输送优秀人才。

总体而言,分段模式与精英学院的培养理念以及主要的培养模式有直接的联系。进行分段培养有利于学生的合理分流和专业选择,尊重学生的兴趣爱好和个性发展。正如实行大类培养的上海交通大学致远学院的张杰院长在2011级新生开学典礼上的讲话中说:"真正的选择应该在一二年级掌握了坚实的课程基础上,到了三年级再去做选择。中国的孩子在一二年级的时候还不够成熟去选择他未来所喜欢的东西。致远学院把这个选择推迟到三年级,等学生成熟的时候那次选择,作为第一次人生最重要的选择由他们自己做主。"①

三、精英学院的共性:基于"特区"的人才培养

"特区"一词广为人知,源于改革开放时期的"经济特区",作为我国改革开放的创新发展路径,特区发挥着重要的试验引领作用。以经济特区为代表的政策试验区域,是中国为在经济社会体制领域进行多方面改革而探索出的一种全新试点方式,是体制转轨进程中专门的"试验田""试验场"。通过运用"试验区",能

---

① 上海交通大学致远学院院长在2011级新生开学典礼上的讲话. http://zhiyuan.sjtu.edu.cn/articles/812.

够达到以往的试点方法所难以完成的试验目标。它可以先于其他地区实行新的政策、新的经济社会管理体制以及各种特殊、灵活的措施,在这一区域放手进行改革试验。既可以将成功的经验向内推广,又可以把试验中可能不成功的东西限制在小范围内。可以说,以经济特区为代表的各种试验区域,因其显著的探索性、创新性和科学性,是了解我国改革开放历程的重要关键词,同时这一试点方式一直延续到了现在,并在不断演变更新。

同样,所谓人才培养"特区",就是指在招生、培养、学籍管理环节,以及教师聘任、考核等方面实行特殊政策;是高校在探索人才培养模式、拔尖创新人才的培养等方面做出的一种试点试验方式,通过各种特殊灵活的措施与方案在"特区"的具体实践,获得人才培养的第一手经验,并发挥"特区"的带头作用,辐射全校。若结合学者已有的相关模式概念,"特区"模式是在试点政策、因材施教的理念指导下,以试点"特区"为载体,通过集中学校和社会的优质资源,在政策制度保障和条件支持下进行人才培养模式的创新和教学改革的探索,培养新时期的拔尖创新人才。"特区"允许突破现有制度框架与管理模式,配套特殊政策,并确保实验区相对独立运作。相比普通专业学院,精英学院从其创办到运行以及培养的各个细节,无处不显示出其特殊性,而正是这特殊性,成就了精英学院的"特区"模式。

在笔者目前调查的全国62所本科精英学院中,无论是处于金字塔尖的"985工程"高校,还是高等教育领域中坚力量的一般本科高校,精英学院的这种"特区"模式特点非常鲜明。在国家和地方相关政策的支持下,学校为精英学院"特区"的实施提供良好保障,在各个方面实施特殊政策,积极进行制度创新。

(一)优势政策保障

"特区"之"特",首先表现在为精英学院的组织管理、招生、培养等环节积极提供政策保障,以促进这一特殊平台的顺利搭建,如重视领导管理体制、确保优秀学生选拔、提供优质教学资源等。

1. 重视领导管理体制

作为"特区"的首要重点,成立专门的领导组织机构成为各精英学院的共识。前文中提到,62所精英学院中,有32所精英学院由校领导直接担任领导小组组长或院长(见图4-8),并联合教务处、学生处、人力资源处、国际交流处、图书馆等各部门的优势力量介入,强有力的行政力量的推动,是精英学院计划有效实施的保障。

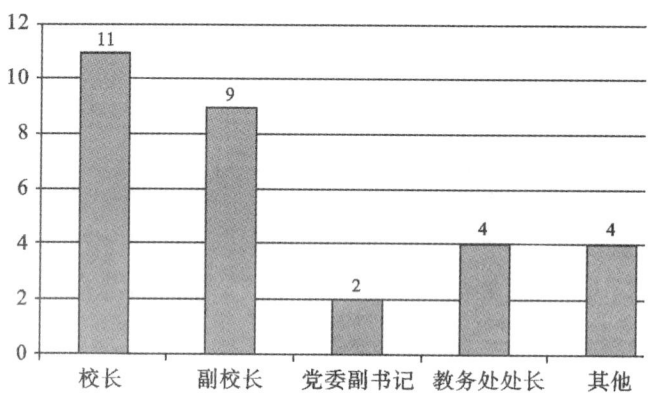

图4-8　精英学院院长行政职务分布图

除此之外,有些精英学院积极发动学术力量,成立专家小组,由校内一流的专家学者和资深教授组成,旨在为精英学院的科学发展提供最专业的保障。这样的管理专家与学科专家队伍显然在任何普通学院都是不可能达到的,精英学院从顶层开始便充分体现出"特区"之"特"。

2. 确保优秀学生选拔

学生是人才培养的核心,好的生源是拔尖创新人才培养的基础,关系到培养目标的实现。精英学院的学生,都是经过层层选拔、优中选优的,其选拔范围涉及全校。将全校所有符合选拔条件的学生汇集到精英学院进行培养的独特优势自然只有精英学院"特区"才能拥有。目前精英学院的学生选拔方式有三种:一是在入学新生中按一定比例进行二次选拔,通过相应的面试或笔试、面试相结合进行择优选择;二是面向全国直接招收提前录取,即学生通过自主推荐和学校推荐的方式报名,经过单独考核提前录取,以获得优秀生源;三是经过高考统一招生,填报志愿录取。第一种是最为普遍的选拔方式,并且选拔标准和形式呈现多样化;第二种选拔方式因其提前招生的特殊性和我国高考学生的报考特点,较常出现在高水平大学的精英学院中。

3. 提供优质教学资源

1) 顶级师资配备

精英学院充分利用校内资源,聘请校内最优秀的教师承担教学任务,其中不乏院士、"千人计划"专家、知名学者、学术带头人等一流杰出教授。除了汇聚校内一流名师外,学院还专门聘请学界大师、业界名人走上学院讲坛,和学生进行近距离交流学习,让学生了解最先进的知识,走在科学前沿。部分精英学院在教师引进上发散思维,创建新型师资引进模式。上海交通大学致远学院充分考虑优秀年轻教师的成长,通过选聘校内优秀青年教师和制定相应激励机制等以保证师资的高水平和可持续发展。南京大学匡亚明学院创建以课程为主导的顶尖师资引进模式,根据课程体系建设需要招聘优秀教授主讲课程。因为客观原因,不同层次高校的精英学院在整体师资水平上呈线性关系,层次越高师资水平越高。虽然整体水平存在差异,但精英学院的师资与校内其他学院的师资相比,具有明显优势。

2)课程体系优化

精英学院结合各自培养目标,按照培养理念、培养模式,以优质师资为保障,充分考虑知识体系、学习方式等多方面因素,积极构建适合精英拔尖人才成长的课程体系。如中国科技大学借鉴一流大学的先进经验,结合自身培养理念,按照"注重基础、强化交叉、突出前沿"的原则,对课程内容进行模块化和梯度化设计。

(二)充分条件支持

"特区"之"特"的第二个方面表现在学校对精英学院予以充分的条件支持(如专项经费、硬件设施等)。

1. 专项经费配备

经费是学院正常运行的重要保障之一,而精英学院的工作推动,若缺少了经费的支撑会寸步难行。所谓专项经费,是指专门用于精英学院运行管理、学生培养等方面的经费,"特区"的"特"在这里体现为精英学院的经费一直得到优先"照顾",学校除配备专项经费外,还积极争取利用国家各部门、地方等相关政策以及项目专项经费的支持。2008年南京大学本科教学工作水平评估自评报告中提到匡亚明学院的教学经费包括学校根据学生人数拨款的每年运行经费、单独申请的教学改革经费、教育部财政部国际化复合型大文科创新人才试验区经费以及国家基础学科人才培养项目资助等,具体来源与金额如表4-9所示。[①]

表4-9 南京大学匡亚明学院教学经费来源明细(2008年)

教学经费来源	经费金额
按学生人数拨款的运行经费	8万~12万元/年
单独申请用于学院教学改革经费	10万元/年
教务处考核优秀奖励	5万~10万元/年

① 陈金江.中国大学本科精英学院运行模式研究——基于多案例的分析[D].武汉:华中科技大学博士学位论文,2010:40.

(续表)

教学经费来源	经费金额
匡亚明学院启动经费	30万元
教育部财政部2007年国际化复合型大文科创新人才试验区经费	50万元
大理科教学团队经费	90万元
基地经费	50万~60万元
国家基础学科人才培养项目资助	180万元

由此可见,高校精英学院的经费在学校发展各项经费中按比例进行经费配套的基础上,仍争取外界经费的支持,如国家项目计划和地方政策的支持、行业企业及个人资金的参与等。根据实际调查结果同样可以看出,除了校内专项经费外,大部分精英学院都入选国家层面的试点项目("基础学科拔尖学生培养试验计划""卓越人才培养计划""试点学院改革计划"等),如上海应用技术学院(2015年9月更名为"上海应用技术大学")工程创新学院是教育部CDIO工程教育模式改革试点和卓越工程师培养计划试点的主要实施平台;另外一部分一般本科高校则积极争取地方资源,如天津外国语大学求索荣誉学院是天津教育体制改革试点项目。这些项目的资助与经费成为支持"特区"发展的特殊经费动力。相应高校建立经费管理制度,实行专款专用。经费主要用于课程建设、学生奖助学金、师资津贴、软硬件设施改善,以及国内外专家的聘用、学生科研实践等相关活动的费用支出。

2. 设施保障齐全

精英学院根据学生的需求,为学生提供良好的学习、科研和实验环境。精英学院为了保证学生日常学习的便利性,配备固定的专门教室、自习室、研讨室等,为学生全身心地投入学习和科研营造一个良好的环境;校内的各项学习资源(图书馆借阅、信息资源使用等)对精英学院的学生提供最优惠待遇;开放学校各级各类实验室平台,校内所拥有的国家实验室、省部级重点实验室、国家级实验教学示范中心、大学生创新基地和所有专业实验室等均对精英学院学生开放;并为学生实验实践教学、科研训练和创新活动提供有力保障。

(三)制度创新护航

1. 实行动态进出管理制度

为了确保公平性和生源的优质性,精英学院在进行拔尖创新人才的培养过程中制定动态进出制度。精英学院对学生实行定期综合考评,如果中期学生不符合相关考核或不适应精英学院培养模式,将被及时淘汰,回归原学院继续学习;同样,如果中期未进入体制内的学生中有突出的后起之秀,具备了精英学院的选拔条件并通过相应选拔,学院将继续予以录用。对学生而言,这种选拔制度不仅有利于激发已经成为精英学院学生的主观能动性,提高学生的竞争意识和危机意识;而且为未进入到精英学院内的学生再次提供机会,实现了机会公平。对精英学院而言,保证了精英学院的学生质量,保持了整个群体的精英性。

在现有精英学院中,几乎所有学院都制定了类似的选拔机制。但在考核评价的标准上有所区别:有的精英学院注重过程性和个性化,强调学生在学习研究过程中体现出来的创新能力和发展潜力,重视学生发现问题、解决问题的能力,而相应的考试成绩只作为一项参考指标。有的精英学院仍过度重视学分和成绩,将各项考试成绩和英语四、六级作为评价标准,如某精英学院在学院章程中规定:有下列情况之一者将退出学院,直接回到原专业学院继续学习:①出现课程考核不及格现象;②每学期平均学分绩点低于2.5;③放弃直读硕士研究生。总的来说,动态进出管理制度已经成为"特区"模式的特有制度之一,但在考核评价的标准上仍需进一步完善。

2. 建立激励保障制度

精英学院结合先前人才培养经验,积极在原有制度上突破陈规,建立一系列激励保障制度,激发学生自主学习、深入学习的热情。

1)评奖评优制度

评奖评优是一般高校人才培养的普遍制度,精英学院在原来的制度基础上进行了一定的优化。首先,加大强度。即在学校原来的各项奖学金的层次上,根据精英学院的自身情况,另外设立专项奖学金,并在学科竞赛、创新成果上给予单独的奖励与资助。其次,扩充广度。精英学院的评奖评优名额实行计划单列,获奖比例更高。

2)培养深造制度

在学术研究上,精英学院提供研究生、博士生的优先通道,保障学生全身心投入。有资源的学校直接实行本硕连读、直博计划,一般本科高校则高比例推荐免试研究生,鼓励学生深造学习并给予奖励。在国际视野上,精英学院根据自身资源,积极提供国外留学、短期访学机会,实现多渠道联合培养,提升学生国际视野和国际意识,紧跟世界前沿步伐。

3. 践行先进培养制度

近年来,我国高校在人才培养改革进程中积极借鉴国外先进培养制度,但因为高等教育基数和结构的差异,这些培养制度在我国并没有显现出很好的效果。

规模小,加上各项优质资源的保障,使得精英学院拥有更好践行先进培养制度的机会与平台,成为各精英学院"特区"模式的特点之一。

1) 小班化教学

精英学院普遍实行小班化教学,选用优秀教师授课,改革教学方法,采用启发式、探究式、讨论式、参与式等灵活多样的教学方式,注重利用现代教育技术辅助教学,增加课程广度和深度,着力培养学生的自主性学习和研究性学习能力。一些精英学院在积极实践的同时,勇于尝试制度创新。在与普通学院相同的课程模块时,结合我国大班上课的传统特点,进行"大班上课、小班辅导","大班统讲、小班分讲"的多样形式,实现资源充分利用。

2) 导师制

导师制由来已久。早在19世纪,牛津大学就实行了导师制,其最大的特点是针对学生的个性差异,因材施教,导师可以指导学生的思想、学习与生活,实行全方位育人。很多高校已经逐渐尝试实行导师制,但由于我国高校普遍存在师生比较大、导师质量参差不齐、指导质量难以评价考核等问题,导师制一直处于进退两难的地步。精英学院因其独特优势,积极坚持践行导师制,为学生配备由知名学者或杰出人士担任的导师。在日常生活中,充分发挥导师的启迪作用,引导学生树立远大的理想,激发学生学习的浓厚兴趣。在学业上,帮助学生深入了解学科特点、学习要求以及自身发展潜质,指导学生个性化学习和科研训练,将高年级学生纳入导师科研项目活动之中。除了学业导师之外,也有精英学院根据培养人才学科和类型的不同,实行"双导师制",依托行业公司形成校企人才培养联合体,除给每位学生配备校内导师外,聘请企业专家担任导师,对学生进行一对一的指导。

第四节 精英学院发展中存在的问题与反思

一、存在的问题

精英学院在具体的办学实践中,在主客观因素的影响下,即使培养模式完全相同,也会因实践而产生差异性的问题,更不用说每个精英学院在共性模式下的个性探索所产生问题的复杂性。当然,这些问题对单个精英学院的实体运作和发展具有重要而深刻的意义,但问题的提出和建议只有通过对具体精英学院进行个案研究和实际调查才能获得更为精确和科学的研究结论。本书旨在研究我国本科精英学院发展的整体特点和模式,故笔者在此仅就精英学院发展中的普遍性问题提出自己的疑问与看法。对于精英学院的个案研究将在后续研究中加以深入探讨。

(一)亦步亦趋:精英学院的整体发展缺乏稳定性

精英学院作为一个"特区",其实际的运行并不像它表面占有的资源那样那么具有优势,也正是这些优势资源,才需要强有力的行政力量支持作为重要保障。如精英学院不同于普通专业学院,没有专门的教师,一般情况下采取教师聘任制,或者专业课程体系由专业学院直接提供。甚至有些精英学院的学生的学籍管理也会分段进行,前两年由精英学院管理,后两年转到相应专业院系。在这样特殊的学院管理模式下,从组织机构到制度建设、从课程教学到学生工作,涉及全校各个部门,教务处、学工处、人事处、各专业院系,等等,面对如此多的单位和各项利益交错的复杂工作网络,精英学院要做到统一协调,获得相应资源,离开行政力量的支撑,精英学院的发展将会受阻。这也正是为什么那么多精英学院在管理体制上有学校领导的直接参与。但是正所谓"成也萧何败也萧何",如果一旦顶层发生变动,或者对拔尖创新人才培养计划产生分歧,那么牵一发而动全身,精英学院的优势资源不再,它还能充分调动各部门的积极性、专业学院还会提供优秀教师吗?还会积极参与到精英学院的人才培养工作吗?甚至学校还会继续提供专项的经费吗?似乎只有在顶层支持的情况下,精英学院的各项工作才能顺利开展。顶层重视,那么精英学院发展迅速;顶层忽视,那么精英学院的发展将会停滞,甚至成为一种累赘。可见,精英学院的自主发展能力微乎其微。当然,自主发展并非是完全的权力自由,而是具有相对稳定的制度体系,维持推行精英学院各项工作和模式改革的空间。如何保证精英学院自主稳定发展的同时,不受顶层意志或行政变更的影响是精英学院研究的一项重要课题。

(二)顾此失彼:人才培养经验的内部辐射性堪忧

精英教育是精英学院的特点,其核心功能和目的是拔尖创新人才的培养,这一点无须过多赘述。而与此同时,"人才培养模式的试验田""教学改革的试验区""示范和辐射作用"……成为精英学院的又一别名。在调查过程中可以发现,几乎所有的精英学院都有这样两个定位:培养拔尖创新人才和人才培养模式的"试验田"(或教学改革的"试验区")。"试验田"的重点在于强调培养模式创新以及教学改革未来在全校的辐射性和推广型,最终注重的是"面"的发展。而精英学院这种精英教育特质和"特区"模式注定其只能是"点"的受益。精英学院集中了全校最优秀的学生、最顶尖的师资、最优质的资源,从管理机制如招生、培养的各个环节都是一般学院难以比拟的,那么在这样的"特区"模式下进行的教学改革探索和人才培养模式的创新最终在全校推广的适应性和效果是让人担忧的。

很多精英学院在自身发展过程中已经逐渐意识到这些问题的存在。为了扩大人才培养模式创新的受益面,若放弃精英教育,拔尖创新人才的培养必然受挫;而反之同样会影响改革试验的推广效果。当然,一些学校随着办学实践中问题的出现调整了模式,如北京大学元培学院在其前身"元培计划"的时候就在实践中体会到尖子班的推广意义并不大,于是在后期进行了调整,在其实验班的生源选择上和其他学生完全一样,从而保证模式的可推广性。这种模式削弱了精英教育的色彩而更注重的是试验区的特色。但不得不提的是,北京大学整体生源的优质性是一般学校难以企及的,其本身在我国高等教育中就是一种精英教育,即使它在生源的选拔范围和形式上做出了一定的调整,也并不影响其生源整体的优质性,从某种程度上可以实现两种定位。但这种形式的调整在一般本科院校甚至"211工程"大学中却显得并不那么适用,因为其生源的质量问题导致将两者同时兼具的难度大大增加,此时这些学校的精英学院所采取的对策就不能仅仅依靠削弱"特区"模式的特点,而应该在体制机制上寻求更多的创新与突破。"点"与"面"的诉求都要实现,就好像鱼与熊掌想要兼得。如何将"特区"模式下"点"的经验有效推广到"面",值得反思。

(三)舍本求末:拔尖创新人才培养过于依赖优质资源

"特区"模式的优质资源是精英学院的特点之一,是学校重视拔尖创新人才培养的重要支持举措。但在很多精英学院的人才培养实践中,过度依赖特殊资源而试图实现拔尖创新人才培养的现象并不在少数,一些精英学院甚至是一种另类的"开小灶""专业培养强化班"。这也正是现实中很多人对精英学院的公平性持怀疑态度的原因之一。从一定意义上讲,优质师资、经费支持、优惠政策等资源的倾斜确实为人才的精英化成长提供了较为优化的平台,有了这些资源会让拔尖创新人才的培养环境更为完善、优质,能够让学生在原来的基础上获得更好的成长,但这些并不是拔尖创新人才培养中的充分必要条件,仅仅只靠这些优质资源的支撑对人才以后的长远发展并无益处。

前文提到,从广义的拔尖创新人才来讲,包括各类型、各行业的杰出人才,是能够适应社会发展、具有可持续发展的能力,并且能够为社会发展做出贡献的人才。这需要的是人才的全面长期发展,而不是单纯专业能力的增强和短期的培养效果的凸显。对此,北京大学就明确指出:"作为以世界一流大学为建设目标的一所中国顶尖的综合性研究型大学,北大应该培养具有宽厚基础知识、基本人文素养、强烈创新意识,能够为民族和国家的强盛起引领作用的高素质人才,而不只是在专才教育的模式下增加一些文化素质教育内容或举办人为培养大师的实验班。"①人才的培养是一个完整性体系的构建,不仅包括有形的优质资源的保障,还要有好的人才培养模式的构建和实现,以及文化环境的构成(如无形的精神追求、自我的学习动力和良好的学习竞争氛围)等。如果精英学院仍然仅仅过度依赖优质资源,拔尖创新人才培养目标的实现也只能是南柯一梦。

二、反思与启示

(一)制度供给,建立稳定的精英学院发展空间

著名教育学家夸美纽斯认为:"制度是学校一切工作的灵魂。哪里制度稳定,那里便一切稳定;哪里制度动摇,那里便一切动摇;哪里制度松垮,那里便一切松垮和陷入混乱。"②面对精英学院整体发展的未知性和被动性问题,通过相关制度体系建设、构建稳定的精英学院发展空间不失为最有效的解决策略。

所谓制度,是指一系列规范社会中人和组织的正式或非正式的行为准则或规则。正式的行为准则和规则是指国家、政府或社会某些团体制定的用于约束社会中人或组织行为的有关法律、法令、法规等;非正式的行为准则或规则是指能够约束社会中人或组织行为的风俗习惯、伦理道德、传统文化、意识形态等。③因此,在构建制度体系时,应从正式与非正式两个方面加以引导和约束。

第一,加强观念引导和理念宣传,形成精英学院发展意识。虽然非正式制度所产生的作用是非强制性的,是一种"软性"的无形规则,但是往往具有深度的作用和影响。非正式制度一旦建立和形成,能够将精英学院的发展意识内化,成为一种固定的意识形态,从而促进稳定发展空间的建立。但是非正式制度的建立并非易事,需要长时间的文化沉淀和积累。在日常应该时刻注意进行观念的正面引导和理念宣传。精英学院是什么?为什么要创建?创建之后之于社会、学校、学生有什么样的益处?类似这样的基本性也是本质性的问题,应该加以宣传,让学校内更多的利益相关者了解这个组织及其产生的积极意义。

第二,制定明确的政策和发展细则,保障精英学院的发展根本。首先,将精英学院的发展纳入学校中长期发展规划。精英学院的创建是学校基于内外部环

---

① 陈向明.从北大元培计划看通识教育与专业教育的关系[J].北京大学教育评论,2006(3):71-85.
② 〔捷克〕夸美纽斯.夸美纽斯教育论著选[M].任钟印,任宝祥,译.北京:人民教育出版社,1990:243.
③ 林荣日.制度变迁中的权力博弈——以转型期中国高等教育制度为研究重点[M].上海:复旦大学出版社.2007:33.

境分析做出的战略选择,也就是说,精英学院是有利于学校长期发展的,其不应受到个人或组织的变更而产生较大的影响,纳入学校中长期发展规划有利于保证精英学院发展的大方向不产生动摇。其次,制定精英学院发展的相关条例。通过制度化的条例,将各部门的协助职责、精英学院的发展规划、组织运行等明确化,以有利于精英学院具象科学发展。另外,成立精英学院发展委员会,实现多方有效沟通协调。

当然,如何进行相应制度体系的建设可以根据各高校自身的情况而定。在此,笔者只是想强调一点,精英学院的创建与发展必须经过深思熟虑的战略规划,要有相对稳定的空间和持续性,不能仅仅只是顶层行政的短时之见。既然已经认定精英学院对学校发展的重要战略地位,那么就应该建立稳定的发展空间,将一些不确定的权力关进制度的"笼子"里。

(二)体制创新,实现点到面的选择性缓冲辐射

有学者在进行政策试点研究时认为,政策试点的运行过程包括两个主要步骤:一是试点的展开,二是试点成果的推广。而联系两者的是政策试点的内在逻辑以及作用机制。与通常的政策执行不同的是,政策试点中的推广行为并非自上而下般地一以贯之,从试点的展开到推广并不是纯粹经验模式的平行移动,整个过程都有试点主导方的参与,呈现为一个在横纵向间互动的立体化网络,即主导方会根据实际效果进行判断而做出相应的调整,减少推广过程中经验模式的不适应性。因此,研究者认为政策试点的运行过程遵循这样一条主线:上级完成对下级的试点成果经验的吸纳,然后在上级的主导下逐步将新的政策方案推行到全局,从而实现由"点"到"面"的过程。简化为"吸纳—辐射"的核心架构,如图4-9所示。

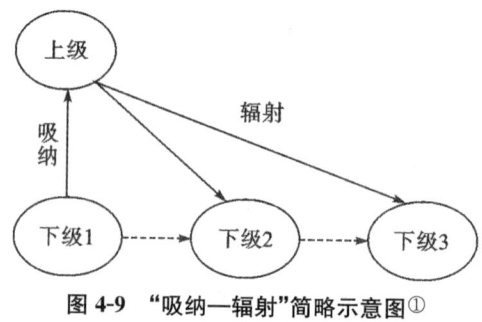

图4-9 "吸纳—辐射"简略示意图[①]

---

① 周望.中国"政策试点"研究[D].天津:南开大学博士学位论文,2012:146.

可以看出,在其整个过程中,上级担任着一个"把关者"和"仲裁者"的角色,对整个推广过程进行缓冲,以达到最优效果。

"特区"是政策试点的一种类型,其符合政策试点的内在逻辑。精英学院作为人才培养"特区",在整个从"点"到"面"的运行中应该对"吸纳—辐射"的作用机制加以借鉴,并在借鉴的同时结合自身进行创新。因此,笔者认为,应该成立专门的"吸纳"组织机构,来承担"把关者""仲裁者""选择者"的角色。相比政策试点过程中上级政府行政角色的单一性,高校作为一个特殊组织,应充分考虑这一角色的构成,保证行政与学术的共同参与。比如,可以成立"经验模式推广委员会",其成员构成应该充分考虑"吸纳—辐射"这一架构的核心逻辑,根据过程中涉及的三方,按照相应比例进行人员构建,并在此之外考虑相关利益者的实体利益,纳入一定比例的教师和学生,包括学校领导成员、学术专家、精英学院各项模式实践负责人、普通学院负责人、一般教师、学生等。精英学院相关模式和改革经验由"点"到"面"推广的具体流程如下。

第一阶段,经验模式的探索。精英学院进行人才培养模式和教学改革的实际探索,过程中不断试错修改,累积经验,并逐步形成理论体系和成套经验。

第二阶段,经验模式的吸纳。精英学院将具体实践的经验(包括成功的经验和失败的经验,成功经验加以讨论推广,失败经验进行分享避免其他学院重蹈覆辙)报送至"经验模式推广委员会"。"经验模式推广委员会"对上报的模式改革经验进行研讨,考虑这些模式经验在各学院推广的实效性,进行"去粗取精、去伪存真"。如是否应该在现有模式基础上进行结构优化?是否在精英学院课程模式上实现阶梯化模块过度(阶梯化是指考虑普通学生的接受度,在保持课程模块的同时,降低相对知识的难易程度)?……以此实现精英学院和普通专业学院差异的完美融合。

第三阶段,选择性经验的辐射。所谓选择性经验辐射,是指在经过吸纳的过程后,即使一些经验模式已经加以优化或修改,但在辐射推广的过程中还要考虑推广的可操作性和适应性,而并非全盘抛出。在实际推广过程中,会存在各种各样的阻碍与困难,"经验模式推广委员会"还要充当指导者的角色,帮助各项经验的推广,收集推广过程中的问题并及时做出调整,实现动态的辐射推广模式。

"经验模式推广委员会"实际上起到了缓冲、筛选以及指导的作用,避免了经验直接推广的种种不适应性问题。这种机构的设立,让"特区"模式下的人才培养模式和教学改革经验能够完美地实现从"点"到"面"的辐射,也让精英学院在进行拔尖创新人才培养和人才培养模式创新或教学改革时,能够无所顾虑,真正实现"鱼与熊掌兼得"。

(三)有效引导,构建完整的拔尖创新人才培养体系

拔尖创新人才培养过于依赖优质资源的问题,换个角度来说,就是对拔尖创新人才如何培养的畸形解读。因此,要想解决过于依赖优质资源的问题,核心是深入了解拔尖创新人才应该如何进行特殊培养。拔尖创新人才如何进行特殊培养?中国科学院院士、清华大学物理系教授朱邦芬认为:"一流人才主要不是在课堂上教出来的,关键要为这些人的脱颖而出提供好的环境,使一流人才容易'冒出来'。"[1]什么是好的环境?难道仅仅是现实实践中好的教师、好的教室、好的机会等硬件资源的无尽支持?答案显然不是。硬件资源的支撑固然是好环境的一部分,但却不是全部。笔者认为,好的环境分为两部分:一种是有形的,包括科学的培养模式、先进的培养制度,配以优质资源平台的补充等;一种是无形的,是一种对知识的渴望与共同奋斗、和谐竞争的学习氛围,是一种追求创新、勇于探索的精神追求。事物的变化发展是内因和外因共同作用的结果,投射到拔尖创新人才的养成上,个体自身的价值观与精神追求的养成是成才的内因,而外界的培养模式和优质资源是成才的外因。因此,构建完整的人才培养体系应双向并举,既要考虑个体内部价值精神的引导,也要注重个体外部培养平台的搭建。

一方面,注重学习氛围的形成。首先,构建优质学习场域。精英学院本身承载了优质场域的潜质,学生个体进入这个场域就必须具备某种优质的品质。而要想继续维持在这个优质场域之内,个体就需要始终保持自我提升的警惕性,继续积累自己的资本,从而形成精英学院整体积极向上的竞争氛围。其次,利用关系渗透影响。日常学习和生活中,学生与行政人员、教师以及其他学生形成不同的关系,要充分利用这种关系之间的相互作用,如导师学术精神和人格魅力的影响、同学榜样的激励竞争等,形成正面的精神引导。

另一方面,加强培养平台的完善。就精英学院的人才培养现状而言,优质资源的保障在各精英学院中都相对完善。相比之下,培养模式的创新更需要精英学院管理者的驻足。人才培养模式是人才培养的重要保障机制,直接影响到人才培养的质量。拔尖创新人才的培养要始终保持人才培养模式创新,将人才培养模式创新放在重要的战略地位。精英学院的人才培养模式更应注重学生个性化的需求,而非笼统的"一锅端";应注重个体的全面发展,而非仅限专业的强化;更应注重内涵式的创新,而非流于表面的形式化。

---

[1] 让一流人才冒出来[EB/OL]. http://edu.people.com.cn/n/2014/0225/c1006-24452323.html.

第五章
大学基层学术组织制度创新

学术权力是学部制改革中涉及的核心权力。学术权力由两部分组成：一部分是跨学院的学术权力，这是新生发出来的权力，也是学部制创建的主要动因；另一部分是原有学院的学术权力。学部制改革的实质是学校、学院原有权力的重新配置。从实施学部制的大学来看，权力的流动与重组主要存在两种情况：一是学校的权力流向学部，即原来由学校掌握的交叉学科的建设、重大科研平台的建设以及人事、财务等权力，流向学部，体现"重心下移"；另一种情况是学院的权力流向学部，即原来由学院掌握的与学术有关的权力、行政方面的权力或者党务方面的权力，流向学部，体现"重心上移"。中外合作办学型学院是近年来一些大学着力发展的学院类型，它反映在高等教育国际化过程中，对于提升我国高等教育质量具有重要的意义与价值。本部分就学部和中外合作型学院两类基层学术组织近年来的发展情况开展研究，探讨我国大学基层学术组织的制度创新路径。

第一节 学部制组织的探索

一、大学学部制改革

自 1999 年开始，我国大学开启了大学基层学术组织的学部制改革探索。总体上看，在学部设置时间上，自 1999 年以来，学部制开始探索，2009 年比较集中。在设置类别上主要表现为按学科门类、学科群和校区布局予以设置。在推进方式上一般遵循统一规划与试点先行结合的原则。在运行模式上主要表现为综合型和学术型学部两种，以学术型学部为主。综合型学部以综合管理为主，类似于大学院；学术型学部具有统筹学术事务、淡化行政权力、强化学术权力的特点，在机构负责人及其成员产生方式上，主要有自下而上和自上而下两种方式。

表 5-1 "985 工程"高校实施学部制情况一览表

学校	学部设立情况	学部类型	实施时间
北京大学	5 个学部	学术型为主	1999 年
武汉大学	6 个学部	学术型	2000 年
吉林大学	9 个学部	学术型为主	2006 年
浙江大学	7 个学部(所有学院纳入学部)	学术型	2008 年
北京师范大学	1 个学部(教育学部)	综合型	2009 年
天津大学	1 个学部(管理与经济学部)	综合型	2009 年
湖南大学	7 个学部	学术型	2009 年
北京理工大学	4 个学部	学术型	2009 年
大连理工大学	7 个学部	综合型	2010 年
东南大学	7 个学部	学术型	2010 年
厦门大学	6 个学部(所有学院纳入学部)	学术型	2011 年
山东大学	6 个学部	学术型	2012 年
华东师范大学	1 个学部(教育学部)	综合型	2014 年
重庆大学	6 个学部	学术型	2014 年
中国人民大学	5 个学部	学术型	—

从上表以及各高校内部运行情况来看,大学学部制改革主要呈现以下特点。

(1)在设置时间上,学部制主要从我国高校扩招后逐步探索,尤其是 2009 年以来,一些大学不断推行学部。从"985 工程"大学设立学部情况看,北京大学、武汉大学是较早实施学部制改革的高校,2009 年是设立学部的高峰期。近年来,也有不少非"985 工程"大学在探索学部制改革。

(2)在学部设置类别上,主要有三种类型:一是按学科门类设置,如一些大学设立人文学部、理学部、工学部、信息科学学部等。二是按学科群设置,如北京理工大学成立机械与运载学部、信息与电子学部、理学与材料学部、人文与社科学部等。三是按学科的校区布局设置,如武汉大学 2000 年并校后,4 个校区分别为文理学部(即原武汉大学校区)、工学部(原武汉水利电力大学)、信息学部(原武汉测绘科技大学)、医学部(原湖北医科大学)。无论是按学科门类,还是按学科群、校区布局设置学部,其目的有两个方面:第一,从学科建设层面,促进学科资源共享,加强学科横向联系,促成新的学科增长点。第二,从大学内部治理层面,充分发挥学术权力的影响力,推进现代大学内部治理结构的完善。这些设置类别都具有探索性:有的大学所有基层学术组织都归入各学部,如浙江大学37个学院(系)分别归入7个学部,厦门大学所有学院纳入6个学部之中;而有的大学部分实行学部制,其他仍然保留原有的基层学术组织框架不变,如北京师范大学、华东师范大学仅设立了教育学部,天津大学仅设立管理与经济学部。

(3)在推进方式上,以学校为主,通过顶层设计,在学校的主导下完成学部组建、制度设计和保障运行。学部制的推行主要是一种自上而下的大学基层学术组织形态的变革,这与大学内部各基层学术组织的保守性有关。在我国,大学内部更偏向于不断增加基层学术组织,而不是归并学术组织,当某一个学科发展比较强大时,"学科人"就会要求脱离原基层学术组织,成为新的独立的学术组织。因此,在学部推进上,自下而上的愿望并不迫切,甚至学部制推行会受到一定的抵触。但另一方面,当某一学科发展到一定程度时,它与其他学科间的纵横交叉不可避免,这又迫使大学采取强力措施打破学科壁垒,进行学科整合,按学科门类组建学术组织或成立跨学科学术组织,推进学科专业发展。所以,我国大学在推行学部制时表现出以下两个方面的特点。

第一,学校层面进行顶层设计并强力推行。如大连理工大学,从2007年开始,按学科群整合实行学部制改革,2010年底基本完成;目前有7个学部(共下设29个院系),7个独立建制的学院、教学部,3个专门学院和1所独立学院;学部的决策机制为党政联席会议制度。

第二,通过先试先行或渐近式改革逐步推行。如北京大学1999年的《北京大学学部暂行办法》提出:"学部在院、系的基础上设立,由性质相似、发展中关系较密切的院、系组成。根据学校目前状况,暂建四个学部,即人文学部、社会科学部、理学部、信息与工程科学部。今后根据学科发展的实际需要,可适当调整。"武汉大学提出,学校根据学科布局设立学部,可根据学科建设和发展的需要适时调整。东南大学提出,在试行期间,学校授予学部一定的学术权力,待时机成熟,学校将逐步充实学部制,支持学部向实体发展。

(4)在运行模式上,综合型学部一般按照原先学院的统一组织架构运行,即通过建立完善的党群系统、行政系统与学术系统各自履行党务、行政、学术职责。学术型学部一般强调以下几个方面的作用。

第一,统筹学术事务。其职责主要包括本学部学科发展规划、学术评价标准制定、教师职称评聘条件制定与评审、建设跨院系交叉研究机构、制定人才培养整体规划等。如武汉大学的学部的主要职能是:"推进学科交叉和融合,协调跨学科研究,统筹学部内学术事务,其职能由学部学术委员会及各专门委员会承担。"

第二,强化学术权力。学部具有整合学术资源的作用,强调通过沟通、协调指导本学部内部相关学术事务,如涉及科研、教学、学科建设等方面的学术资源的整合。东南大学提出:"学部委员会是学部的最高学术权力机构。"

第三,淡化行政权力。如北京理工大学规定,学部主任委员和副主任委员实行聘任制,每届三年,连任不得超过两届,不确定行政级别,学校按其岗位职责进行管理与考核。吉林大学规定,学部学术委员会主任委员和副主任委员采用轮值制,每任期两年,由学部学术委员会民主酝酿并选举产生;学部学术委员会办公室挂靠学部学术委员会主任委员所在单位。东南大学在学部制实施方案中指出:"学部是统筹学科发展、协调和处理相关学科建设与学术性事务的学术性组织,不具备行政管理职能;各学部委员会设秘书一名,由学部主任所在院(系)的人事秘书或其他人员兼任。"

(5)在学部机构负责人及成员产生方式上,学部会议成员设置门槛条件;学部学术委员会成员坚持学术标准,通过自下而上的民主推荐程序选择学部委员会成员。如北京大学规定,学部主任、副主任和学术委员会委员由校学术委员会和各院、系、所、中心推荐学部会议成员,同时规定当然成员(如各院系负责人);学术委员会应尽量吸收优秀中青年学术带头人参加;除两院院士和学部主任之外,其他委员的年龄一般应在65岁以下;除学部主任、副主任外,相关院、系、所、中心的负责人一般不再担任学术委员会委员;对于学部主任要求由学术造诣高的院士或著名教授兼任。吉林大学学部学术委员会委员实行定额席位制,经学院学术委员会推荐产生;各学院根据学部学术委员会委员组成定额,推荐本单位的学部学术委员会委员;学院学术委员会主任和/或院长是学部学术委员会委员的推荐人选;其他推荐人选可由学院学术委员会主任委员和副主任委员共同提名,经全体委员选举产生。

东南大学学部主任和学部委员的产生采用遴选方式:学校成立学部委员选拔推荐小组,负责学部委员的选拔推荐工作;学部主任必须是院(系)正职,并有一届以上正职院长(系主任)的任职经历;学部副主任和学部委员从相关院(系)负责人和知名教授中选拔产生;学部主任、学部副主任和学部委员任期均为2年;学部主任、学部副主任和委员候选人,需经相关院(系)推荐或个人自荐、推荐,并经学校选拔推荐小组讨论确定、校长办公会议审定通过后由校长任命。

二、学部制改革的动因与内容

近年来,我国部分高校特别是高水平研究型大学在内部管理体制改革方面做了许多有益的探索,学部制改革便是其中重要的一项。自2000年北京医科大学与北京大学正式合并,北京医科大学更名为北大医学部之后,截至2012年,先后有"985工程"高校如武汉大学、"211工程"高校如海南大学、地方高校如河北大学等18所综合性大学设置了学部。所谓学部制,是指将各院系按照学科门类或学科群归类合并,在高等学校内部学校和院系两个层次之间增加一级学术性组织或行政管理结构。

(一)学部制改革的动因

无论是作为虚体的纯学术性组织,还是作为实体的行政管理机构,学部制改革的主要动因无外乎三种:其一,在学科发展已经从分裂走向融合与交叉的时代,整合校内学术资源,加强跨学科研究和内涵发展,培养复合型人才,提高高等教育质量已然成为各高校特别是研究型大学的重要目标。其二,1999年以来高校扩招以及部分高校合并,使学校办学规模迅速增大,管理幅度和总量短时间内成倍增加。① 在这种情况下,单纯依靠学校层面进行管理比较困难,下移管理重心、逐步缩小管理幅度、提高管理效能成为国内研究型大学内部管理体制改革的整体趋势。其三,目前我国高校存在的普遍问题是行政权力凌驾于学术权力之上,研究型大学虽然较其他类型高校情况稍好,但也同样遭人诟病。从广义层面来说,学部是进行学术分类管理的平台,是激发基层学术权力、落实教授治学和民主管理的重要组织形式。②

在笔者看来,无论是学科建设的需要还是管理体制改革的需要,学部制改革的核心目的都是要打破现有的学科组织结构,以学科群和学科门类为依据重新整合高校第一层级的院系组织,促进其内部的跨学科交叉与融合。在这方面,最早实行学部制或大部制的国外大学的组织结构,如英国大学的学院制与大部制,德国大学的学部制,日本大学的学部、交叉研究科与合作讲座制,美国大学的文理学院与本科生院制度等,在促进跨学科研究方面无疑成为我国当前大学组织变革的重要借鉴。有关统计资料显示,英、美、德、日等国家著名大学的第一层级学科组织机构,如学院和学部,均不超过20个,最少的是德国爱丁堡大学,只有3所学院,最多的是美国威斯康星大学,也不过17个学院。而我国大学院系设置数普遍在20个以上,不少学校在30个左右,少数学校甚至在40个以上。③ 学院设置过多过细,不可避免地影响了学科的交叉与融合。

---

① 严蔚刚,李德锋.我国高校学部的基本权力、分类及相关思考[J].中国高教研究,2012(7).
② 邹晓东,吕旭峰.研究型大学学部制改革的动因、运行机制及发展走向[J].浙江大学学报(人文社会科学版),2011(3):7.
③ 闫志刚,思齐.学部制:大学管理体制改革走向"深水区"[J].教育与职业,2009(12):60.

(二)学部制改革改什么

实行学部制之后,进行全校范围内改革的高校,如武汉大学、海南大学、河北大学等院系被合并成4~9个学部,表面上看横向的学科组织单位减少,但真正实体性质的院系组织之间的壁垒并没有被打破,对学生和教师来说仍然工作、学习和生活在狭窄的院系组织内,缺少学科文化的交流①,更不必说有效的跨学科融合了。其次,一个学部下属多个院系组织,学部执行相应学术权力时,必然会因各自掌握权力与资源的不同院系利益分配方面的冲突而遭遇障碍;而一旦学部掌握了统领下属院系的行政权力,则变成新的行政层级,徒增管理成本,违背了管理扁平化之趋势。因此,这种跨学科交叉与融合内部驱动力的缺失,单靠自上而下组织安排,机械地将属于同一门类或学科群的院系归并在一起,称其为"某某学部",显然是无法真正实现跨学科交流与融合的。

这不得不引起我们的反思。诚然,进行学部制改革的积极探索对于当前国内高校组织结构改革来讲是十分必要的,但在内部院系组织的数量方面积极看齐国外著名大学的同时,探究高校学术组织内部学科之间进行交叉与融合的真正"奥秘"更应作为我们研究的方向。又,"是学科而不是单位把学者们组织在了一起",跨学科融合,不论是教学或是研究,其执行与操作归根结底是要落实到各个学科当中的学术人员身上,因此针对跨学科交叉与融合中的"人"做深入的微观剖析,无疑成为研究重点。

三、基于跨学科背景学术人的分析

我国部分高校特别是高水平研究型大学为加强学科建设、促进学科间的交叉与融合,积极进行学部制改革。然而仅仅在组织层面打破院系壁垒是不够的,还有必要对"跨学科"背景下的"人"的行为做深入剖析,以便更好地激发学术人员自身内在的驱动力。本书针对学术人员如何看待跨学科、参与跨学科教学研究的动因、跨学科带来了哪些变化以及谁适合参与"跨学科"等问题进行了分析,发现学者群体当中并不缺乏对于跨学科学术研究的追求,需要的只是在构建共同话语体系以及现有评价政策的改进方面做出努力。

(一)学术人眼中的跨学科

最早使用"跨学科"一词的是哥伦比亚大学著名心理学家伍德沃斯(R. S. Woodworth),他在由几个学科组成的科学理事会上指出要促进多个学科进行的

---

① 胥秋.学科融合视角下的大学组织变革[J].高等教育研究,2010(7):26.

研究。① 伽·伯格(Guy Berger)把跨学科比作散乱的"群岛",要描述这个"群岛"并非易事,因为跨学科的现象是如此的广泛,以至于在国与国之间、大学与大学之间、院系与院系之间甚至某个研究团队的成员之间都对其内涵存在着不同的理解。② 因此一般来说,跨学科的意义需要在实践中被解释,参与其中的管理者和学术人员都会从各自不同的视角来看待它。

宾夕法尼亚州州立大学的 L. Earle Reybold 和 Mark D. Halx 曾经针对美国西南部一所以学术型专业和创新教学闻名全国的本科院校做了一项质性研究,目的在于探索跨学科同教学与学术之间的关系。此项研究的对象为积极参与了跨学科课程的管理者和学术人员。调查表明,管理人员普遍从两种视角出发看待所谓的"跨学科":一种是将其看作了解不同学科之间相互关联的那部分知识的途径;一种则是将其视为将一种学科的知识加诸另一种学科内部。类似的,学术人员当中也普遍拥有这两种视角,且描述更为细致,他们认为跨学科是:①使用独特的科学路径将各学科知识进行整合;②学科知识与相关学术人员的相互配合;③各学科知识之间实现的"无缝连接"(seamlessness);④作为不同学科及学术人员相互接触的平台;⑤不同专业课程之间的连贯。

可见,学术人员对跨学科的理解众说纷纭,继而必然影响对于学科—跨学科二者之间平衡关系的理解。"学科明显是一种联结化学家与化学家、心理学家与心理学家、历史学家与历史学家的专门化组织方式"③,"它们有自己的活动范围,有为数不少的成员会誓死保卫他们的领地不受我刚才提出的那些堂吉诃德式的思想④,或其他似乎能威胁到现在组织自身存在的历史结构的思想的侵蚀"⑤。显然,对自身所属学科根深蒂固的依赖与对跨学科不甚明了的看法都将会影响到学者对于跨学科交叉与融合实践中的态度及工作方式。

(二)跨学科教育带来的改变

原中科院院长路甬祥曾指出:"科学发展到今天,已经没有哪一门专门学科的研究可以仅靠本学科独进的方式进行下去了。为此,应提倡对大学生、研究生的科学教育,加强跨学科教育。"

---

① 周朝成. 当代大学中的跨学科研究[M]. 北京:中国社会科学出版社. 2009. 29.
② Julie Thompson Klein. Interdisciplinarity: History, Theory and Practice. Wayne State University Press. 1990:40.
③ 〔美〕伯顿·R·克拉克. 高等教育系统——学术组织的跨国研究[M]. 王承绪,等,译. 杭州:杭州大学出版社,1994:33.
④ 即把现存的社会科学学科融合成一个庞大的新学科"历史社会科学"。
⑤ 〔美〕伊曼纽尔·沃勒斯坦. 知识的不确定性[M]. 王昺,等,译. 济南:山东大学出版社,2006.109.

人才培养是大学的重要职能之一。大学中跨学科研究的日益兴起,不仅要承担科研任务,也应担负起跨学科研究人才或复合型人才的培养任务。教师作为人才培养的直接承担者,跨学科教育带来的无外乎课程设置和教法两方面的改变。首先,课程设置的改变涉及课程和材料的次序安排、课程内容、课程和专业的目标等。跨学科课程材料的次序安排对学术人员驾驭不同学科课程间"无缝连接"的能力提出了挑战;跨学科的课程内容也要求学者对来自多学科的内容充分糅合。为了达到上述目的,学者需要发展学科间的共识概念(common concepts)、关注跨学科类的期刊等。其次,除了"教什么"之外,在跨学科教育中"怎么教"也同等重要。学者需要一定的指导或者时间来慢慢学习并适应不同于传统的教学方法。

然而,这种转变同样也为身处不同学科背景的学者们带来了疑虑。学科作为一种规范化与专门化的知识体系,具有在性质上属于该学科特有的某些中心概念、蕴含逻辑结构的有关概念关系网、隶属于该学科的独特的表达方式,[①]而作为一种规训制度,学科更是对其中的"人"进行着规范化的训导。因此,规范化与专门化的知识与训导在一定程度上成为学术人的身份标志。而实施跨学科教育便引发了学者们对于个人学术职业的担忧,害怕被贴上"游离于学科之外"的标签,更担心会逐渐降低专业技能。

(三)参与跨学科教学或研究的动因

宏观层面来看,当代大学中的跨学科教学与研究逐步得到推动发展,主要基于以下几个方面的动力:①解决复杂现实问题的需要。"真实的世界不是一个一个的学科"[②],对于现实问题的解决必须从整体系统的高度去把握,绝不能片面地从某一门学科视角做出解释。由于大学拥有学科门类齐全、人才与资源集中的优势,因此许多复杂现实问题的解决越来越多地由大学中的跨学科组织来承担。②提升创新能力的国家战略需要。为了适应现代科学发展综合化的趋势,跨学科研究已经成为各个国家提升科技创新能力战略的重点,政府及其资助机构对于大学跨学科研究的政策引导日益明显。③跨学科人才培养的需要。Browne曾经发出这样的警告:"科学教育处在危机之中",并积极寻求学科之间的对话与讨论。他指出,"危机"源于学生的学习与知识应用之间的割裂,补救方法就是进

---

① 万力维.控制与分等:权力视角下的大学学科制度的理论研究[M].南京:南京师范大学出版社. 2005:14.

② L. Earle Reybold, Mark D. Halx. Coming to Terms with the Meaning of Interdisciplinarity: Faculty Rewards and the Authority of Discipline[J]. The Journal of General Education. 2012,61(4):342.

行跨学科的交流与探究。"学生永远不会真正理解科学,除非他们掌握了了解这个世界所需的各学科共有的基础性理论。"①

微观层面来看,作为跨学科教学与研究的实施者,学者不仅仅受较高层次,如国家等外部动力的驱使,而且还受到围绕个人的内在的、外在因素的影响。来自伦敦国王学院的 Paul Blackmore 和 Camille B. Kandiko 曾经选择了英国及澳大利亚的两所研究型大学,针对这两所大学中参与了跨学科研究项目的学术人员做调查研究。研究目的是找出促使他们参与跨学科项目的动因、在研究过程中遇到的问题以及解决方法等。研究表明,学者自发进行跨学科研究工作的原因有以下几点:①纯粹探求真理的需要。不论大学与外部社会的关系如何,学术自由都是大学坚守的精神与灵魂。在学术人员追求知识与真理的教学与研究过程中,由于知识探寻的逻辑路线,很自然地就会突破学科本身进入其他学科领域。② 正如一位受访者所说:"我认为进行跨学科研究的兴趣是在你钻研本学科的过程中被激发出来的,它不知不觉地超过了学科本身,并使你猛然醒悟已经接触到了另外的学科领域。"③②某一学科,如哲学,自身创新和发展的可能性很有限,促使该学科的学者考虑寻求一种能够可以结合自己所学的新的学术路径。"对哲学家的需求很少,因此我寻找周围有没有其他学科可以把我的学科知识融入其中的,如管理学。"③经济方面的需求。一名学院院长说,为了保证学院未来的发展和繁荣,同那些财力雄厚的院系进行合作是必要的。

当然,绝大部分受访者相信对于跨学科研究工作本身的兴趣构成了他们的主要动力。

(四)谁来加入跨学科

影响学者加入跨学科教学与科研的动机强弱的另外一个重要因素就是他们所处学术职业的发展阶段。学术职业(Academic Profession)的概念源于西方。马克斯·韦伯把学术职业界定为"以学术作为物质意义的职业",同时又强调"学术作为一种志业"。据此可以对学术职业做出双重解释:其一,学术是学者赖以生存的谋生手段,具有实用性。其二,学者超越个人功利,"为学术而学术",把追求学术作为一种天职。广义的学术职业泛指一切从事学术活动的职业,狭义的

---

① Browne. The Mandate for Interdisciplinarity in Science Education: The Case of Economic and Environment Science[J]. Science and Education, 2002(11):513.
② 周朝成. 当代大学中的跨学科研究[M]. 北京:中国社会科学出版社. 2009:55.
③ Paul Blackmore, Camille B Kandiko. Interdisciplinarity Within an Academic Career[J]. Research in Post-Compulsory Education. 2011(1):128.

学术职业则是指大学教师这一特定职业。

众所周知,大学教师从事的学术职业主要包括三个方面的工作:教学、科研、社会服务。他们在分门别类的专业化工作中形成了各自的专业标准,分享着各自的学科文化,形成了各自的价值认同和情感归属,并且在这种相对统一的认知和操作规范的限定下,自发地形成了各自以有影响力的学者为核心的圈子。从事学术职业的主要动机除了最基本的生存需要的满足之外,主要出于对学术声望和同行认可的追求,以及由此所带来的"声望经济"(Prestige Economy),①即学术生涯中社会资本和文化资本的获取、评估、交换及学术生态的维持等。

因此,对于一名初入职场的学术新人来说,这一阶段的精力主要集中在专业领域内树立学术成就以寻求长期聘任。对于他们来讲,加入到一项耗时耗力,还有可能难以发表的跨学研究当中是比较困难的。国外学者,如 Klein 的早期研究也表明,学术地位较为稳固、学术成就较高的学者也许是最适合承担跨学科教学与研究工作的。②但这绝不意味着跨学科的研究工作对较少有建树的年轻学者缺乏吸引力。在 Paul Blackmore 等人的访谈中,就有一些受访者表示"投入一项跨学科的研究工作为我带来了开创性工作的挑战,这种前景足以克服它可能造成的消极后果"。

另外,还有部分学者倾向于把跨学科研究作为在职业中期转换专业的一部分。理由包括原有的研究领域应用性不强、成长空间不大、现有的研究方法可能适用于另一专业领域、在研究机构内部跨学科研究的重要性越来越强等。

四、学部制改革的基本路向

回到最开始的讨论,学部制改革的核心目的是要打破现有的学科组织结构,以学科群和学科门类为依据重新整合高校第一层级的院系组织,促进其内部的跨学科交叉与融合。通过上述对跨学科教学与研究当中"人"的行为的思考,我们可以明确,总体来看,学者群体当中并不欠缺对于跨学科学术研究的热情和追求,之所以在实践中出现主要靠自上而下的制度安排来推进跨学科工作的现象,很大一部分原因是没有在真实世界中充分注意到学者需要什么、存在哪些顾虑。就此笔者提出三点看法。

---

① Bascom W R. Ponapean Prestige Economy[J]. Southwestern Journal of Anthropology. 1948(2): 211-221.

② Julie Thompson Klein. Interdisciplinarity: History, Theory and Practice[M]. Wayne State University Press. 1990.

(一)人本导向:注重学科间共同话语体系的构建

教职员工的利益、学生的利益需要首先得到维护,这是改革成功的基础。当被改革者的利益得到维护时,他们的积极性才能得到充分发挥。在教师代表座谈会上,教师们一致认为,学部制改革没有看到好处,反而在情感上产生一种失落感、在工作上没有热情、收入上在减少或者不稳定;在进一步推进学部制改革时,应当首先从人的角度出发进行制度和方案的设计和完善。坚持以人为本是推行学部制的重要动力机制。"知屋漏者在宇下,知政失者在草野",民声、民心和民意应当对决策有一定的参考价值。

这包括两方面的内容:一是跨学科研究必须确立共同的组织目标,使组织成员具有共同的使命感。关于研究目标的交流沟通对于学术人员融入跨学科研究发挥着关键作用。二是这种沟通需要通过使用跨越学科壁垒的共同话语来进行,如共同的认知概念,甚至共同的研究范式等。

(二)问责驱动:改进大学跨学科研究的评价体系

"责权利统一"是管理学的基本原则,不统一就会出现责任主体、权力(或权利)主体、利益主体的分离。"责权利效相统一"是经济学的基本原则,除了管理的"责权利统一"外,还要对事情(或活动)的效益或效果负责。只有坚持"责权利效相统一"的原则,才能保证有人对学部制改革负责,才能提高资源利用效率和效益。学部制涉及不同的利益主体,各自的权责利效不一致导致改革进展缓慢,效率不高。通过明晰不同利益主体的责权利边界,才能提高改革的效益、学部的效率。

当前的大学科研评价制度相对来说比较保守,以学科为单位进行同行评议是学术评价的基本模式。同行评议往往决定着研究经费资助、教师晋升、成果发表以及各种奖酬等。在现有的评价体系之下,跨学科研究遇到了不小的障碍。具体表现在:第一,跨学科研究课题大多具有开创性、多科性。而评审专家对于其他学科的研究内容把握不足,导致对研究申请的片面判定。第二,大学教师学术职务的晋升关切到每一位学者的切身利益。而职务的评审往往需要采取同行评议,考察论文发表数量,尤其是第一作者发表数量以及研究项目与课题数量等硬性指标。而对于青年教师来说,科研成果要求与本专业领域紧密相关,但参与跨学科教学与研究极少能够在研究成果署名中位列第一,种种因素抑制了青年教师参与跨学科研究的积极性。第三,由于需要重新建立人、财、物、信等之间的合作网络,因此跨学科研究常常需要较长的时间来运行,而这很容易被看作效率低下。

由此,为了大学内部跨学科教学与研究工作的顺利开展,就必须要在学术评价标准、评价方法、评价程序、评审人的选择以及教师职务晋升制度等方面采取改进措施。

(三)兼收并蓄:走向统一性与多样化相结合的原则

从发展趋势上看,学部型组织是大学未来基层学术组织的主要形式,但学部制本身可以有多种表现形式和运行模式。根据学校的实际情况和国内高校改革实践经验,我们认为,我们目前可以在两个类型方面进行调整优化:一是统筹协调型学部,主要负责学部内学术事务的协调,仅具有跨学院的学术事务的协调、咨询、审议和评定等权力。二是综合型学部,建立有完善的党政系统,对学部学术、行政和党务工作负责,类似于大学院。无论哪种形式的学部型组织,其主要目的是整合资源、优化结构、搭建平台、创新特色、提高效率或效益,选择学部类型应当根据学校的具体情况而定。高校在推行学部制改革试点的同时,应该允许多种基层学术组织类型或模式并存和发展。

第二节 中外合作办学型学院的设立

一、中外合作办学型学院的由来

(一)高等教育国际化

世界各国对于教育国际化的理解和认识存在差异,如英国认为"教育是英国经济中具备强劲增长潜力,并且能够创造巨额出口收入的部门";而美国则将教育提升到国家安全的战略高度,其目的是"提高美国所有学生的全球胜任力",包括具备理解和尊重他国文化以及与世界沟通的能力、全球意识等。无论是哪种理解和认识,教育国际化是在世界经济全球化、贸易自由化的推动下,在国际教育贸易市场开放的前提下,教育资源在世界范围内进行配置,教育要素在世界范围内加速流动,教育国际交流与合作日益频繁,世界各国教育相互影响、相互依存的程度不断提高。① 教育国际化的内在含义之一是打造国际化校园和文化氛围,这就给中外合作办学提供了空间,即在中国境内举办国际化教育,即本土教育国际化受到人们的青睐,越来越被人们所接受。

高等教育的国际化就是使高等学校(或高等教育机构)的教育在关系、影响

---

① 于澜.教育国际化过程中的博弈[N].光明日报,2016-11-20(8).

或范围上成为与两个或两个以上国家间交流有关的活动或过程。① 金帷等人认为,高等教育国际化概念框架的三个重要维度:动因与目标维度、活动与过程维度、参与者主体维度。② 吉恩·纳特认为,高等教育国际化就是把跨国及跨文化纬度整合到高校的教学、研究和服务功能之中的过程。克拉克·克尔(Clark Kerr)从历史的维度考察高等教育国际化,他认为,"大学的本质在于其推动普遍性知识的责任,而这从大学产生之日起,就在其血液中灌输了国际化的真正基因……由此,大学从来就是一个国际化的机构。"③ 有学者认为,国际化已经成为现代大学的一种生存方式。④ 李枭鹰等人从文化的视角认为,高等教育国际化的本质是一种文化影响,高等教育国际化过程是一种文化造势与蓄能的过程,而高等教育国际化的宗旨和诉求是多元文化的互动与共生。⑤ 欧洁认为,高等教育国际化的深层含义在于通过教育领域的对外开放实现知识、文化、思维等相互整合,兼容并包,以实现由表及里、由此及彼的消化和吸收。⑥

刘道玉认为,高等教育国际化的主要内涵,从质量上说,强调各国要提高大学的水准,使各国大学教育的水平有可比性,并为国际社会承认和接受;在空间上,强调大学的开放性,各国都要开放教育市场,既要到国外办学,也要接纳外国在本国办学;在资源上,强调资源的共享性,各国要广泛地开展国际教育交流与合作,做到扬长避短、互通有无;在理念上,要不断改革创新,不断地更新教育理念、教学内容和教学方法,使大学教育不仅要满足国际教育交流与合作的需要,而且还要适应不断变化中的经济社会发展的需要。⑦ 曹鹤从组织理论的视角认为,高等教育国际化的内涵包括:教育国际意识一致性,动因多元化;教育整合内容丰富,寻求国际理解和认同;不同民族、不同国家之间能够通过适切的组织策略整合教育支持及资源,以集中和分散的方式直接推进国际化的平衡,终极目标是最广泛地促进高等教育国际化的发展。⑧ 在经济全球化和网络信息技术的推

---

① 申超. 高等教育国际化概念辨析[J]. 全球教育展望,2014(6):45-53.
② 金帷,温剑波. 如何定义高等教育国际化:寻求一个本土化的概念框架[J]. 现代大学教育,2013(3):5-10.
③ Clark Kerr. Higher Education Cannot Escape History: Issues Forthe Twenty-First Century[M]. Albany: State University of New York Press, 1994:132.
④ 黄进. 大学国际化不单是"接轨"[N]. 光明日报,2010-02-03(11).
⑤ 李枭鹰,牛军明. 高等教育国际化的本质与内涵:文化流的视角[J]. 高教探索,2015(11):36-41.
⑥ 欧洁. 中国高等教育的多维审视——评《当代高等教育国际化发展》[J]. 中国教育学刊,2014(4):113.
⑦ 刘道玉. 大学教育国际化的选择与对策[J]. 高等教育研究,2007(4):6-10.
⑧ 曹鹤. 基于组织视角的高等教育国际化现状及对策[J]. 中国高等教育评估,2014(1):15-18.

动下,高等教育国际化的实践形式得以拓宽,各种不同类型的学生正在不断加入无边界高等教育学习的队伍中,他们不需要跨越国界就可以通过网络学习其他国家提供的大学课程。①

我们看到,高等教育国际化既有其历史根源,也有其现实基础。整体上说,高等教育国际化反映了不同国家、不同地区之间关于高等教育的相互学习、借鉴;同时也说明,高等教育地域界线是模糊的。当下的高等教育国际化更多地反映了发展中国家向发达国家的学习、借鉴,主要目的是增大本国、本地区优质高等教育资源的总量,服务于本国公民对高等教育质量的需要。

(二)中外合作办学机构

2004年教育部颁布的《中华人民共和国中外合作办学条例实施办法》指出:国家鼓励中国教育机构与学术水平和教育教学质量得到普遍认可的外国教育机构合作办学;鼓励在国内新兴和急需的学科专业领域开展合作办学。

《中华人民共和国中外合作办学条例(2013修订)》指出,中外合作办学,指:"外国教育机构同中国教育机构(简称'中外合作办学者')在中国境内合作举办以中国公民为主要招生对象的教育机构(简称'中外合作办学机构')的活动。"有研究者把"中外合作办学机构"定义为:中国教育机构与外国教育机构依法在中国境内合作举办以中国公民为主要招生对象的教育机构。② 其办学形式主要表现为:依托国内高等院校,以二级学院组织为基础,中外双方共同制定培养计划,承担专业课程,提供实习及研究条件,主要培养国内外向型国际化人才。

高校中外合作办学质量保障建设总的目标是:高水平、示范性中外合作办学机构逐步增多,品牌专业和示范课程初具规模,结构更加优化,布局更加合理,质量评估和认证体系趋于完善,质量监管和信息公开平台基本建成,对高等教育改革发展的促进作用更加明显,对国家和地方经济社会发展的贡献度进一步提升。③

(三)中外合作办学型学院

20世纪80年代,境外高校就已经尝试与我国高校合作办学。国内高等教育供给不足也为境外高校进入中国市场打开了大门。随着高校间国际交流合作的

---

① 黎琳,吴治国.高等教育国际化:新概念与新走向[J].江苏高教,2004(1):16-18.
② 王凤兰.中外合作办学的动因及发展对策[J].燕山大学学报(哲学社会科学版),2005(2):32-37.
③ 教育部关于进一步加强高等学校中外合作办学质量保障工作的意见(教外办学)〔2013〕91号.

增加,引进境外优质教育资源成为高校提高教育质量和标准的手段。① 20世纪90年代初期开始,国务院及教育部颁布了一系列中外合作办学的法规政策,促进了中外合作办学从偶然、无序性到系统化、正规化的发展。1992年,第一所中外合作办学机构延边大学科技学院成立。1993年颁布的《中国教育改革和发展纲要》提出,进一步扩大教育对外开放,加强国家教育交流与合作,在国家有关法律和法规范围内进行国际合作办学;同年,国家教委出台《关于境外机构个人来华合作办学问题的通知》,对中外合作办学做了初步规定。1994年成立了3个中外合作办学机构:郑州大学升达经贸管理学院、上海交通大学中欧工商学院和上海大学悉尼工商学院,除上海悉尼工商学院是上海大学与悉尼科技大学合作办学外,其他3个机构分别是与个人或基金会合作办学。1995年到2009年间,中外合作办学机构数快速增长,达33个,其中属于高校与高校的合作办学机构为26个,分布在13个省市;有独立法人机构4个,它们是:长江商学院(2002年)、宁波诺丁汉大学(2003年)、北京师范大学—香港浸会大学联合国际学院(2005年)、西交利物浦大学(2006年)。2010年颁布的《国家中长期教育改革和发展规划纲要(2010—2020年)》提出"办好若干所示范中外合作学校和一批中外合作办学项目",2010年至今,又新增中外合作办学机构27个。截至2016年4月,"教育部中外合作办学监管工作信息平台"公布的中外合作办学机构共64个。

二、我国高校中外合作办学机构现状

目前,64个中外合作办学机构分布在全国17个省市,其中7所机构具有法人资格,分别是:宁波诺丁汉大学(2003年)、北京师范大学—香港浸会大学联合国际学院(2005年)、西交利物浦大学(2006年)、上海纽约大学(2011年)、昆山杜克大学(2012年)、温州肯恩大学(2014年)、香港中文大学(深圳)(2014年)。另有郑州大学升达经贸管理学院2011年转设为独立设置的民办普通本科高校郑州升达经贸管理学院,山西农业大学中德学院不再招生。其余均为非法人独立办学机构。

(一)现状分析

从合作宗旨看,该类机构依托各合作方的综合优势,积极引进海外大学的优质教育资源,建立完善的质量保障体系;借鉴世界一流大学的管理体制机制、人才培养模式、课程体系,力图在高等教育领域与国际接轨。

---

① F. T. HUANG. Transnational Higher Education in Asia and the Pacific Region. RIHE International Publication Series,2006(10):9-10.

从合作高校看,境内涉及 56 所高校,其中"985 工程"高校 19 所、"211 工程"非"985 工程"高校 12 所,"985 工程""211 工程"高校共 31 所,占比 55%;其他高校为 25 所。这表明层次越高的高校,一方面与境外合作办学的意识越强,另一方面,也受到国外高校的认同。境外涉及高校近 100 所,分别来自 16 个国家或地区,排前三位的分别是美国、英国和德国,说明我国高校中外合作办学主要选择发达国家的高校。

从区域分布看,上海、辽宁、江苏分别有 9、8、7 个合作办学机构,北京、浙江有 5 个,重庆、广东、山东各有 4 个,四川、河南、吉林各有 3 个,天津、河北、山西各有 2 个,湖北、湖南、陕西各有 1 个。此外,有的大学既在本省设立也在外省设立中外合作办学机构,如西安交通大学既在陕西设立西安交通大学西安交大—香港科大可持续发展学院,又在江苏设立西交利物浦大学;有的大学不在本省设立而在外省设立此类机构,如武汉大学在江苏设立昆山杜克大学、中国人民大学在江苏设立中国人民大学中法学院、北京师范大学在广东设立北京师范大学—香港浸会大学联合国际学院等。

从合作方式看,有"1+1""1+N"两种,即国内 1 所大学与国外 1 所大学合作办学(大多属于这一类)、国内 1 所大学与国外 N 所大学合作办学(如上海交通大学分别与密西根大学和巴黎高科技工程师学校集团联合设立上海交通大学交大密西根联合学院、上海交大—巴黎高科卓越工程师学院);此外,还有"N+1"方式(如山东农业大学和山西财经大学分别与德国艾森经济管理应用技术大学(FOM)设立山东农业大学国际交流学院、山西财经大学中德学院)。

从合作层次看,有本科、硕士、博士三个层次,有的学校只在本科层次合作,有的学校在本科和硕士层次合作,少数学校在三个层次都开展合作。

从合作专业看,主要有工学类(占 1/3 多)、管理学类和理学类(各占 15%左右)、艺术学与文学类(各占 13%左右)、经济学(占 8%左右),其余为教育学、医学和农学类。可见,我国高校对外合作办学更重视工学、管理学和理学类专业,与境外名校相比,我们在这些专业发展上还存在差距。

从国内高校设立对外合作机构频数看,64 个合作办学机构中,有 8 所高校(上海大学、上海理工大学、上海交通大学、重庆工商大学、浙江大学、中山大学、郑州大学、辽宁大学)分别成立 2 个机构,也就是说,这 8 所高校所设立的中外合作办学机构数占全国总数的 25%,其余 48 所高校各设 1 个。

从国内高校类型看,56 所高校中,只有 7 所师范类高校,其余 49 所高校为综合性、多科性理工类大学,说明师范类高校的中外外合作办学机构不具有优势。

第五章 大学基层学术组织制度创新

表5-2 全国中外合作办学机构一览表

省市	数量	中外合作办学机构
北京	5	北京航空航天大学中法工程师学院、对外经济贸易大学卓越国际学院、北京工业大学北京—都柏林国际学院、中国传媒大学国际传媒教育学院、北京交通大学兰卡斯特大学学院
上海	9	同济大学中德工程学院、上海大学中欧工程技术学院、上海理工大学中英国际学院、上海交通大学交大密西根联合学院、上海大学悉尼工商学院、上海纽约大学(具有法人资格)、上海交通大学上海交大—巴黎高科卓越工程学院、东华大学上海国际时尚创意学院、上海理工大学中德国际学院
天津	2	中国民航大学中欧航空工程师学院、南开大学—格拉斯哥大学联合研究生院
重庆	4	重庆工商大学现代国际设计艺术学院、重庆大学美视电影学院、重庆工商大学国际商学院、西南大学西塔学院
江苏	7	西交利物浦大学(具有法人资格)、江南大学北美学院、中国人民大学中法学院、昆山杜克大学(具有法人资格)、南京理工大学中法工程师学院、南京信息工程大学雷丁学院、江苏师范大学圣彼得堡彼得大帝理工大学联合工程学院
浙江	5	宁波诺丁汉大学(具有法人资格)、浙江科技学院中德工程师学院、温州肯恩大学(具有法人资格)、浙江大学爱丁堡大学联合学院、浙江大学伊利诺伊大学厄巴纳香槟校区联合学院
广东	4	北京师范大学—香港浸会大学联合国际学院(具有法人资格)、中山大学中法核工程与技术学院、中山大学—卡内基梅隆大学联合工程学院、香港中文大学(深圳)(具有法人资格)
山东	4	山东工商学院国际商学院、青岛科技大学中德科技学院、山东农业大学国际交流学院、鲁东大学蔚山船舶与海洋学院
四川	3	四川大学—匹兹堡学院、西南交通大学—利兹学院、电子科技大学格拉斯哥学院
河北	2	河北科技师范学院欧美学院、河北大学—中央兰开夏传媒与创意学院
河南	3	郑州大学西亚斯国际学院、郑州大学升达经贸管理学院、河南大学迈阿密学院
湖北	1	武汉纺织大学伯明翰时尚创意学院

(续表)

省市	数量	中外合作办学机构
湖南	1	中南林业科技大学班戈学院
陕西	1	西安交通大学西安交大—香港科大可持续发展学院
山西	2	山西农业大学中德学院、山西财经大学中德学院
辽宁	8	东北大学中荷生物医学与信息工程学院、辽宁大学亚澳商学院、辽宁大学新华国际商学院、辽宁师范大学国际商学院、沈阳师范大学国际商学院、东北财经大学萨里国际学院、大连理工大学—立命馆大学国际信息与软件学院、中国医科大学—贝尔法斯特女王大学联合学院
吉林	3	吉林大学莱姆顿学院、延边大学科学技术学院、东北师范大学罗格斯大学纽瓦克学院

(二)中外合作办学型学院办学规模与管理体制

1. 办学规模

中外合作办学型学院办学规模由教育部核定。中外合作办学机构中,从教育部核定的招生规模(可查到的)看,范围为520～4400人,其中,1000人以下规模的机构有5个,即南京理工大学中法工程师学院(520人)、中山大学中法核工程与技术学院(600人)、同济大学中德工程学院(720人)、鲁东大学蔚山船舶与海洋学院及中南林业科技大学班戈学院(均为800人);1000～2000人的机构有16个:上海大学中欧工程技术学院、上海交大—巴黎高科卓越工程师学院、山东农业大学国际交流学院(均为1000人),西安交通大学西安交大—香港科大可持续发展学院(1100人),上海交通大学奖励密西根联合学院、南京信息工程大学雷丁学院、青岛科技大学中德科技学院、西南交通大学—利兹学院、电子科技大学格拉斯哥学院、辽宁师范大学国际商学院、大连理工大学—立命馆大学国际信息与软件学院、江苏师范大学圣彼得堡彼得大帝理工大学联合工程学院(均为1200人),山西财经大学中德学院(1400人),重庆工商大学国际商学院(1600人),东北财经大学萨里国际学院(1880人),上海理工大学中英国际学院(1900人);2000～3000人的机构有2个:江南大学北美学院、中国人民大学中法学院(均为2400人);3000～4000人的机构有1个,即上海大学悉尼工商学院(3500人);4000人以上规模的有1个,即北京工业大学北京—都柏林国际学院(4400人)。

2. 管理体制

按照《中外合作办学条例》,中外合作办学机构采取董事会(理事会或联合管理委员会)领导下的院长负责制。一般由以下三个层面组成。

第一层是决策层,即董事会、理事会或联合管理委员会。主要行使以下职权:①改选或者补选联合管理委员会组成人员;②聘任、解聘院长;③修改章程,制定规章制度;④制定发展规划,批准年度工作计划;⑤筹集办学经费,审核预算、决算;⑥决定教职工的编制定额和工资标准;⑦决定中外合作办学机构的分立、合并、终止;⑧合作协议规定的其他职权等。

第二层是执行层,主要是由各高校非独立法人合作办学机构(简称"学院")领导班子组成的院务委员会,负责执行董事会、理事会或联合管理委员会决策,统筹学院教学、科研、党务、行政各方面工作(上海理工大学中英国际学院设高级行政管理委员会,上海大学悉尼工商学院学院议事机构由学院党政联席会议、院务会议和院务扩大会议三级组成,重庆工商大学现代国际设计艺术学院设专家委员会、院务委员会,浙江科技学院中德工程师学院设院务(扩大)会议,中山大学中法核工程与技术学院设决策委员会和咨询委员会,延边大学科学技术学院设管理委员会)以及各类专门委员会,院务会议对各专门委员会有管理职能,但学术委员会及相关的工作领导小组都有各自的决策权(如上海大学悉尼工商学院管理体制中就明确指出)。

第三层为操作层,即各种事务性机构,如教学、学生管理、外事联络、行政工作办公室等,负责学院具体工作,保障学院日常运行。

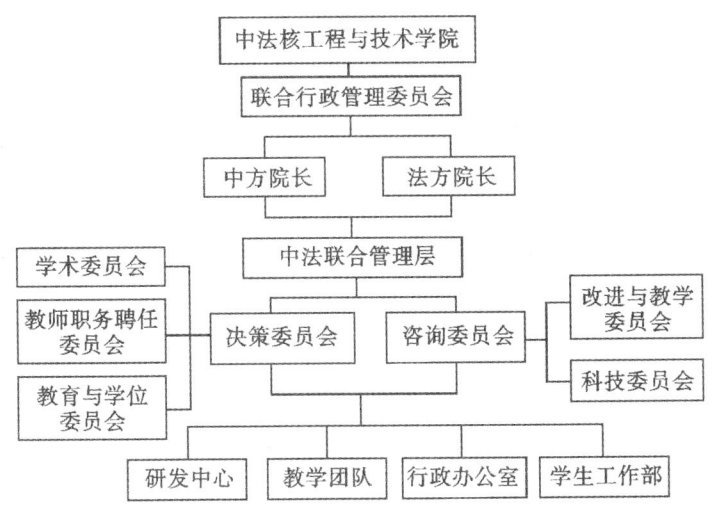

图 5-1　中山大学中法核工程与技术学院组织结构

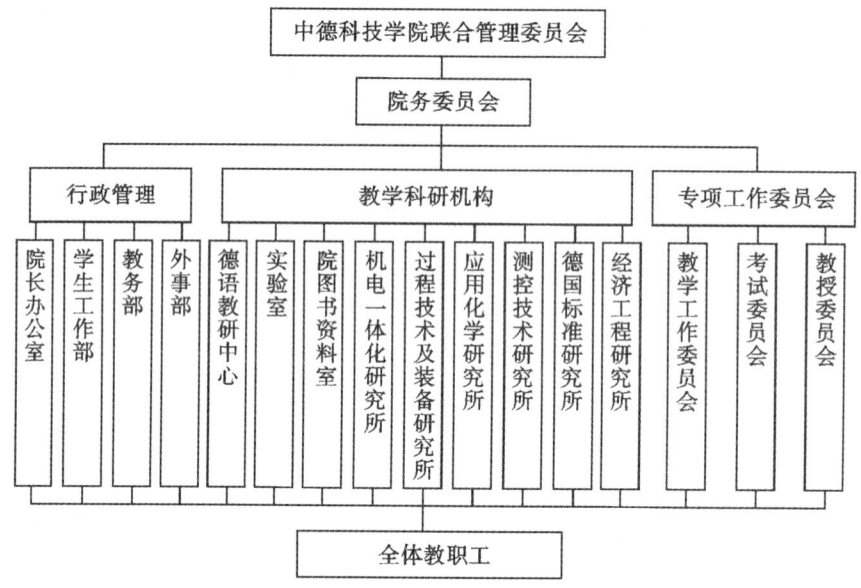

图 5-2 青岛科技大学中德科技学院组织结构

3.岗位设置

整体上看,中外合作办学机构按照《中华人民共和国中外合作办学条例》设置领导岗位,一般由中方、外方高校人员共同组成,以中方人员为主(如院长由中方担任),副职(副院长、副书记)根据工作性质或任务设置。

与校内二级学院类似,各学院一般设有党委和行政两套班子,中方行政领导由董事会提名,经中方高校党委正式任命(上海大学悉尼工商学院等学院管理制度中有明确规定)。一般设院长1人,党委(总支)书记1人,副院长或院长助理1~4人(根据需要可设常务副院长1人),副书记1人。视办学规模不同,现有8个学院由1名副院长兼职党委(总支)副书记。

院长一般为专职人员,也有校领导兼任,此种情况下为保障工作开展,一般同时设有专职常务副院长。如大连理工大学—立命馆大学国际信息与软件学院院长由校长助理(兼本校软件学院院长)担任,设专职常务副院长1人;西南交通大学—利兹学院由校党委副书记兼任院长,设执行院长1人;吉林大学莱姆顿学院则聘吉林大学正校级职务的原常务副校长任院长兼书记,设常务副院长1人;上海交通大学交大密西根联合学院设荣誉院长1人,由密西根大学机械工程系教授、上海交通大学校长特聘顾问担任(美国籍)。

作为合作办学机构,大多数学院领导班子中吸纳了外方成员。在27个有明确的班子介绍的学院中,有外方人员(以及办学投资方,如辽宁大学新华国际商学院)的共13个。一般中方学校人员任院长,外方任副院长、常务副院长,分管教学工作(浙江科技学院中德工程师学院、辽宁师范大学国际商学院);或者分设中方、外方院长,在联合管理委员会领导下,实行中外方院长协议负责制(延边大学科学技术学院)。

作为中外合作办学机构,领导班子中除设书记、院长岗位外,还有体现联合办学特点的管理岗位。如中山大学中法核工程与技术学院设工程师阶段教学主管1人,郑州大学西亚斯国际学院设学监1人,辽宁师范大学国际商学院设辅导室主任1人。

4. 机构设置

从表5-3可以看出,各类机构设置的数量上不一样:委员会类机构基本上从中外合作办学机构宏观管理层面根据高校二级学院的科学运行需要予以设置;办事机构根据微观层面工作任务予以设置。

综合各学院情况看,作为学校的二级学院,一般党委管理系统下设党委办公室、团委、工会等,行政管理系统设有教务管理、学生管理、外事联络(国际交流)、院务行政等。此外,还有很多学院专设财务管理办公室,如上海理工大学中英国际学院、重庆大学美视电影学院、郑州大学西亚斯国际学院、大连理工大学—立命馆大学国际信息与软件学院、吉林大学莱姆顿学院等。

与合作办学需要相适应,一些学院设有外方办公室,如上海交通大学交大密西根联合学院设美国办公室,江南大学北美学院设外教与对外联络部,辽宁大学新华国际商学院设外籍教师办公室,吉林大学莱姆顿学院设外事办公室,中山大学中法核工程与技术学院设法方行政负责人,电子科技大学格拉斯哥学院专在学生事务中心设外籍工作人员,山东农业大学国际交流学院设驻泰安行政主管等。

为做好国际合作背景下的教育教学工作、实现教学与科研资源的充分融合,结合学校学术组织管理结构,学院一般设有学术委员会或教授委员会,如北京工业大学北京—都柏林国际学院、上海交通大学交大密西根联合学院、上海大学悉尼工商学院、浙江科技学院中德工程师学院、电子科技大学格拉斯哥学院、青岛科技大学中德科技学院、鲁东大学蔚山船舶与海洋学院、河南大学迈阿密学院、西安交通大学西安交大—香港科大可持续发展学院等。

此外,根据实际需要,部分学院还设置各类专门委员会和专门机构。如重庆工商大学现代国际设计艺术学院设专家委员会;浙江科技学院中德工程师学院设教学/考试管理委员会;中山大学中法核工程与技术学院设学位委员会、教师职务聘任委员会、教育与学位委员会、改进与教学委员会、科技委员会;青岛科技大学中德科技学院设教学工作委员会、考试委员会等。大多数学院设置独立的招生部门（上海理工大学中英国际学院、上海交通大学交大密西根联合学院、上海大学悉尼工商学院、江南大学北美学院、河北科技师范学院欧美学院、郑州大学西亚斯国际学院、郑州大学升达经贸管理学院、中南林业科技大学班戈学院、吉林大学莱姆顿学院等）、就业指导及职业发展部门（上海理工大学中英国际学院、河北科技师范学院欧美学院、郑州大学西亚斯国际学院、郑州大学升达经贸管理学院、吉林大学莱姆顿学院）、学习资源、网络资源中心（上海理工大学中英国际学院、重庆工商大学现代国际设计艺术学院、辽宁大学新华国际商学院资料阅览室、吉林大学莱姆顿学院信息中心）、教学督导与质量监控部门（郑州大学西亚斯国际学院、郑州大学升达经贸管理学院、辽宁师范大学国际商学院、上海大学悉尼工商学院）、发展规划与业务拓展工作部门（上海大学悉尼工商学院市场发展部、上海交通大学交大密西根联合学院发展与合作办公室、郑州大学升达经贸管理学院发展规划处、上海交通大学交大密西根联合学院资源规划与管理部）等。

值得注意的是，中外合作机构特别关注招生与培养质量，有不少设置了专门负责招生宣传、质量监控与认证等机构。

表5-3 部分中外合作办学机构招生规模、岗位及机构设置

学校	核定招生总数（名）	领导岗位	机构设置	其他
北京工业大学北京—都柏林国际学院	4400	—	设学术委员会，院务、院务、学生事务管理、教务、宣传推广4个办公室	学术委员会由教务长出任主席，成员包括院长、教务长以及教学负责人
同济大学中德工程学院	720	院长1人，副院长2人（1人为德方），总支书记1人，副书记1人	学院办公室、教务办公室、学生工作办公室、外事办公室、创新实验中心	
上海大学中欧工程技术学院	1000	中方设总支书记兼院长、外事副院长兼院办主任、总支副书记、教学副院长各1名；法方设院长1名，法方管理团队4名	学院办公室、学生工作办公室、教务办公室	

(续表)

学校	核定招生总数（名）	领导岗位	机构设置	其他
上海理工大学中英国际学院	1900	执行院长1人	执行院长办公室（学院高级行政管理委员会秘书处）；其他行政机构：招生部、国际办公室、国际发展部公共关系与对外事务部、教务部、学生管理部、职业服务与发展中心、海外服务部、信息技术部、学习资源中心、行政部、财务部、人力资源部	
上海交通大学交大密西根联合学院	1200	院长1人，荣誉院长1人，副院长4人	院学术委员会；美国办公室、本科生招生办公室、教学事务部、资源规划与管理部、对外交流与宣传办公室、发展与合作办公室、教学实验室办公室	荣誉院长为密西根大学教授，上海交大校长特聘顾问；副院长分别分管科研、研究生教育、基建、本科生教育
上海大学悉尼工商学院	3500	院长、党委书记、常务副院长、党委副书记各1人，副院长2人	学术委员会；院长办公室、国际部、教学管理部、学生工作部、研究生管理部、教学保障部、市场发展部、招生办公室、认证办公室（负责学院AACSB国际商学院认证工作）	
上海交大—巴黎高科卓越工程师学院	1000	中方院长、法方院长各1人，副院长2人，其中1人兼任副书记	行政办公室、教务办公室、学生工作办公室	
重庆工商大学现代国际设计艺术学院	—	—	办公室、实验室、资料室以及教研室。联合管理委员会下设专家委员会、院务委员会	

（续表）

学校	核定招生总数（名）	领导岗位	机构设置	其他
重庆大学美视电影学院	—	院长1人，党委书记兼副院长1人，常务副院长、副院长、副书记各1人	行政办公室、财务办公室、资产办公室、学生工作办公室、教务办公室、研究生办公室、实验教学中心	
重庆工商大学国际商学院	1600	院长1人（兼党总支书记），副院长、党总支副书记各1人，院长助理2人	办公室、国际交流与合作部、教学部、教研室、学生部	
江南大学北美学院	2400	党委书记、院长各1人，副院长3人，其中1人兼任副书记	学院办公室、党委办公室、招生宣传部、教务部、分团委办公室、学生工作部、外教与对外联络部、英语教研室、专业教研室、技术中心、档案室	
中国人民大学中法学院	2400	中方院长、法方院长各1人	—	
南京理工大学中法工程师学院	520	—	综合办公室主任1人，教务员1人	实行联合管理委员会领导下的院长负责制
南京信息工程大学雷丁学院	1200	院长1人，副院长3人，其中1人为英方	院长办公室、外籍院长办公室、副院长办公室、英语教学中心主任办公室、综合科、一站式服务中心、教师办公室	
浙江科技学院中德工程师学院	—	院长1人（中方），教学院长1人（德方）	院务（扩大）会议、学术委员会、教学/考试管理委员会；行政事务办公室、教学事务办公室、学生事务办公室	

(续表)

学校	核定招生总数（名）	领导岗位	机构设置	其他
中山大学中法核工程与技术学院	600	中方、法方院长各1人,党总支书记1人,中方副院长2人,工程师阶段教学主管1人,院长助理2人	组建中法方联合管理层,下设决策委员会和咨询委员会,决策委员会包括学位委员会、教师职务聘任委员会、教育与学位委员会;咨询委员会包括改进与教学为运会、科技委员会。具体机构包括研发中心、教学团队、行政办公室和学生工作部	办公室主任、教务秘书、行政秘书兼外事秘书、院长秘书兼综合秘书、研究生教务秘书兼科研秘书、实习项目联络秘书兼宣传秘书、党务秘书各1人,质控秘书、设备秘书、法方行政负责人各1人,辅导员2人
青岛科技大学中德科技学院	1200	党总支书记、院长、副院长、党总支副书记（兼副院长）各1人	设立院务委员会,下辖行政管理机构包括院长办公室、学生工作部、教务部、外事部;专项工作委员会,包括教学工作委员会、考试委员会、教授委员会;以及实验室、德语教研中心、研究所等教学科研机构	
山东农业大学国际交流学院	1000	院长、党委书记（兼副院长）、副书记（兼副院长）各1人	团委、院办公室、教务办公室、德语教研室	FOM(德国埃森经济与管理应用技术大学)驻泰行政主管1人,FOM驻泰教务主任1人
鲁东大学蔚山船舶与海洋学院	800	总支书记、院长、副书记各1人,副院长2人,委员2人	教授委员会;学院办公室（设主任1人,副主任1人,辅导员1人）	教授委员会主任1人、副主任1人、委员5人
西南交通大学—利兹学院	1200	校党委副书记兼任院长,设执行院长1人	综合事务中心、教学教师事务中心、学生支持中心	

(续表)

学校	核定招生总数（名）	领导岗位	机构设置	其他
电子科技大学格拉斯哥学院	1200	院长、党总支书记（兼副院长）、副院长兼学生事务中心主任、副书记各1人	学术委员会；学院办公室（设主任1人、工作人员2人）、学生事务中心（设副主任2人、工作人员8人，其中1人为外籍职员）	学术委员会中、英各5人，设中方主席和英方主席
河北科技师范学院欧美学院	—	—	综合事务部、教学事务部、学生事务部、国际交流中心、后勤保障部、招生就业指导中心	
郑州大学西亚斯国际学院	—	院长向理事会及理事长负责，党委书记由郑州大学任命，设党委副书记1人，副校长2人，学监1人	党委工作部、工会、保卫处、学生工作部、团委，教务处、科研处、图书馆、网络管理中心、校办、国际交流处、校产与实验室管理处、学务处、就业创业工作处、招生办公室、监察审计办公室、教学督导与质量监控办公室、后勤集团、财务部、人力资源处、基建处、项目发展中心	
郑州大学升达经贸管理学院	—	董事长、院长、党委书记、常务副院长各1人，党委副书记1人，副院长4人，执行董事1人	教务处、学务处、总务处、教学评估中心、院长办公室、人事处、财务处、发展规划处、招生就业处、图书馆、现代教育技术中心、健康中心、心理健康教育中心、外事办公室、公关室	
河南大学迈阿密学院	—	设中方院长和美方常务副院长	成立联合管理委员会和学术委员会	实行联合管理委员会领导下的院长负责制
中南林业科技大学班戈学院	800	—	教务部、学生支持中心、语言中心、行政与人事部、招生与外联部	

(续表)

学校	核定招生总数（名）	领导岗位	机构设置	其他
西安交通大学西安交大—香港科大可持续发展学院	1100	—	在学院筹备和运作初期，两校联合设立教授遴选委员会、课程设置委员会，同时成立可持续发展学院教授会、教授遴选与评聘委员会两个常设机构	实行联合决策委员会领导下的院长负责制
山西财经大学中德学院	1400	—	办公室、分团委、项目管理部、FOM（德国艾森经济管理应用技术大学）办公室	
东北大学中荷生物医学与信息工程学院	—	—	—	学院实行联合管理委员会领导下的院长负责制
辽宁大学亚澳商学院	—	院长、总支书记各1人，副院长3人，其中1人兼任总支副书记	办公室（主任1人，教务干事2人），团委	
辽宁大学新华国际商学院	—	院长、总支书记各1人，副院长4人，其中1人兼任总支副书记，1人为新华集团代表	行政事务中心、学生事务中心、外籍教师办公室、资料阅览室	
辽宁师范大学国际商学院	1200	中方设院长、行政副院长、辅导室主任各1人，美方设教学副院长、助理副院长各1人	—	教学副院长分管教务负责人（教学监督委员会）、教学评估委员会、学术诚信委员会；行政副院长分管行政工作，包括办公室、后勤、工会工作以及中方教师管理；辅导室主任分管团委、学生会

(续表)

学校	核定招生总数（名）	领导岗位	机构设置	其他
沈阳师范大学国际商学院	—	—	"一个平台，两块试验田"，即沈阳师范大学中外合作办学的平台、教育教学改革的试验田和人事制度改革的试验田	实行联合管理委员会领导下的院长负责制
东北财经大学萨里国际学院	1880	院长、总支书记各1人；副院长3人，其中总支书记兼副院长，1名副院长为英方	—	
大连理工大学—立命馆大学国际信息与软件学院	1200	中方院长（为校长助理兼软件学院院长）、日方院长各1人，常务副院长、副院长（日方）各1人	综合办、教务办、学办、财务办	
吉林大学莱姆顿学院	—	院长兼书记1人（原吉林大学常务副校长，正校级），常务副院长1人，副院长3人，1人兼副书记	学院办公室、教务部、学生工作部、财务部、后勤办公室、外事办公室、信息中心、招生办、就业与校友办	
延边大学科学技术学院	1900	中外方各1名院长和副院长	工会、团委、学生会，企划调整室、学院办公室、行政处、教务处、学生处、就业指导处、研究及学术发展处、国际交流处、产学研协作处	设立由中外方人员组成的管理委员会，主任由中外方人员担任。实行中外方院长协议负责制

三、个案分析——以江苏师范大学圣理工学院为例

江苏师范大学已有64年的办学历史，是教育部和江苏省人民政府共建高校，是区域引领性示范高校。1979年开始招收硕士研究生，1981年成为全国首

批硕士学位授予单位。1996年,经国家教委批准,学校更名为徐州师范大学。2011年,经教育部批准,同意徐州师范大学更名为江苏师范大学。

学校是全国首批"有资格接收外国留学生的高校"之一,相继与美国、英国、澳大利亚、俄罗斯等国的40余所高校建立了校际友好合作关系,先后接收26个国家和地区的留学生来校学习。学校在美国建立了孔子学院,与美国、澳大利亚、日本、俄罗斯和白俄罗斯等国高校开展合作办学和学分互认项目,与哈佛大学、香港大学等世界著名高校合作开展师资和管理人员培训项目。

自2007年成立国际商学院开始,江苏师范大学开启了与俄罗斯高校合作办学的征程,先后与俄罗斯圣彼得堡交通大学、莫斯科师范大学、俄罗斯经济大学在本科和研究生两个层次上开展项目合作办学。该校2013年成立中俄学院,统整国际经济与贸易、金融工程和轨道交通信号与控制两个本科专业与国际贸易学一个硕士研究生专业的学生,目前在校本科生524人,硕士研究生19人。2016年4月,江苏师范大学获批"江苏师范大学圣彼得堡彼得大帝理工大学联合工程学院"(简称"江苏圣理工学院"),这是学校10年来与俄罗斯高校合作办学的重大突破。

俄罗斯圣彼得堡彼得大帝理工大学创建于1899年,是享有良好声誉的世界知名大学(在《泰晤士高等教育世界大学排名2015—2016》中,位列俄罗斯高校第2名),在多个学科领域具有很强的国际竞争力,是俄罗斯工科类高校排名居首的"国家级研究型大学",是俄罗斯联邦政府"5—100—2020"规划建设世界百强大学的重点高校(即在2020年前俄罗斯有5所高校进入QS世界大学排名前100位)。该校现拥有俄罗斯科学院院士及通讯院士25名,俄罗斯工程院、教育院等行业科学院院士57名。诺贝尔奖获得者谢苗诺夫、卡皮查和阿尔费洛夫都在该校学习或工作过。

李盛兵等指出:"中外合作办学是我国高等教育国际化的重要组成部分,是留学生教育本土化的主要形式。中外合作办学机构是指境外教育机构与中国教育机构在中国境内合作举办以中国公民为主要招生对象的教育机构。"[1]江苏圣理工学院属于中外合作办学机构(非独立法人),它是我国与俄罗斯高校的第一个中外合作办学机构,对于我国高等教育国际化办学具有重要意义。

(一)获批设立江苏圣理工学院的意义

江苏圣理工学院的外方合作高校是享有世界声誉的一流高校圣彼得堡彼得

---

[1] 李盛兵,夏雪艳.中外合作办学机构发展的历史、现状与未来[J].华中师范大学学报(社会科学版),2015(6):78-83.

大帝理工大学,而且目前国内与俄罗斯高校合作办学的机构也仅有江苏师范大学,其作用和意义主要体现在以下几方面。

第一,为进一步开展国际合作办学积累了宝贵经验。与世界高水平大学合作办学一直是该校追求的国际化办学目标,这一突破使办学国际化迈出了坚实的步伐、开辟了广阔的前景。

第二,为全面深化校内综合改革提供试验田。江苏圣理工学院的设立,不仅仅引进了世界高水平大学优势教育资源,更为重要的意义在于它将使学校在管理体制、人才培养模式、教师聘任、学科专业建设、课程体系建设等方面的改革得以深入推进。

第三,为提升该校在国内高等教育系统中的地位奠定了基础。与俄罗斯高校设立合作办学机构的国内高校少,对该校是机遇,对国家在高等教育领域的合作更具有战略意义,它必将使该校在中外合作办学中具有独特的地位。

(二)江苏圣理工学院运行需要解决的几个主要问题

江苏圣理工学院这个中外合作办学机构在该校是一个新鲜事物,再加上是中俄学院,今后在对俄高校合作办学中会面临一些问题。这需要借鉴其他高校的经验,同时也需要结合学校实际处理好对俄高校办学的管理体制、运行机制等重要问题。具体地说,主要应理清以下几个关键问题:

一是江苏圣理工学院与中俄学院的关系。

二是江苏圣理工学院与学校的关系。

三是江苏圣理工学院与校内其他普通二级学院管理体制的异同。

四是《中外合作办学条例》的规定与学校实际情况。

这些问题的处理,关系到学校对外合作办学的声誉、江苏圣理工学院的运行与未来发展、学校的收益等,须认真思考问题的解决办法。

(三)处理原则

1. 坚持继承与创新相结合的原则

在经验方面,一是该校与俄罗斯高校合作办学已经有 10 年历史,中俄学院已成立并运行 3 年,在具体办学活动中已经积累了一定的经验。二是该校普通二级学院及该校独立学院科文学院已有成熟的办学经验,如学生事务管理、教师发展管理、教务管理、财务管理等经验。这些经验值得继承和发扬。在创新方面,江苏圣理工学院的设立,使得该校与俄高校办学形式更加多样。无论是中俄学院还是江苏圣理工学院,与校内二级学院都有着较大差异:首先其办学主体多元化;其次江苏圣理工学院是经教育部批准设立的,有特殊的要求和规定;再次,其收费标准不同。所以,无论是管理体制机制,还是学科专业建设、课程设置以及人才培养模式等方面都需要有新的思路,一些方面需要突破传统二级学院的管理方式。

2.坚持借鉴与校情相结合的原则

从第一个中外合作办学机构延边大学科技学院设立时间(1992年)看,我国中外合作办学已经有24年的历史,应该说各对外办学机构都会面临一些相同的问题,它们已经有着比较成熟的办学经验,需要不断学习和研究、吸收和消化,为己所有。但江苏师范大学有着自身的校情:一是与国外高水平大学合作办学经历不够;二是该校以文科见长,批准的4个工科类专业办学历史短。这些具体的校情要求我们既要重视他校的经验,也要注意到自身特点。

3.坚持发展与共享相结合的原则

江苏圣理工学院的设立,必将涉及相关人群的利益、学院和学校利益的重新调整,如本科招生计划在学校计划的总盘子中,江苏圣理工学院的招生必将减少其他学院的招生。一方面需要从学校未来发展大局着眼,另一方面也需要关照局部利益。这就需要坚持发展与共享相结合的原则。

4.坚持独立与协同相结合的原则

对俄高校合作办学,江苏圣理工学院有着自身的相对独立性,既要遵守教育部相关文件规定及对学校批复文件的要求,又要不辜负学校全体师生员工的期望,这就需要学院承担应有的责任,高质量、高效率地办好学。同时,学校、各职能部门、各学院等应通力协作,全力支持,力争打造高水平、有特色的中外合作办学机构。

第三节 基层学术组织制度创新的路径分析

近年来,创业型大学受到人们的关注,因为它对于大学基层学术组织制度变革具有先锋引领作用。对于创业型大学基层学术组织,张鹏、宣勇等人认为:第一,在学术任务的产生机制方面,创业型大学以区域产业与自身学科的结合为出发点,在对社会需求做出敏锐反应的同时,不断强化自身的特色内涵。第二,在学术生产方式上,创业型大学基于知识劳动的内在逻辑创设大学学术生产的组织结构,使得学术生产的组织方式兼有整体性、连续性与灵活性。第三,在学术资源的配置上,以集约共享取代离散无序,有利于知识生产效率的提升。[①] 这一

---

① 张鹏,宣勇.创业型大学学术运行机制的构建[J].教育发展研究,2011(9):30-34.

论述从关注大学内部知识生产转向外部诉求,基于其存在的合法性阐释了基层学术组织的转向:从各自为政的"车间式"知识生产方式,已经走向大学组织力、集体性,强调协作、跨知识领域的知识生产,而且生产什么知识取决于外部与内部的双向互动,而不是传统学科逻辑(即内部逻辑)的单向度发展。因为,传统的内部逻辑被人们看作一种自说自话,这种自我娱式的知识生产给社会带来什么价值已经受到质疑。

总的来说,创业型大学更多强调对外部需求的满足,基于重大问题来组织知识生产,在人才培养上也强调社会责任感、创新精神和实践能力,也就是说,人才的培养不是灌输知识,而是构建知识和运用知识。它给我们的启示在于:其基层学术组织制度变迁应当正确处理独立与依附、强制与诱致、变革与创新的关系。

一、独立与依附

大学基层学术组织是大学的有机构成部分,它与大学的关系不同于其他组织内部机构与组织之间的关系,从大学组织内部基层学术组织制度变迁来看,这种关系表现出独立与依附的关系。

一是从学院划分来看,大学组织以学院来划分其学科的组织归属。最早的大学学院制的组织形式可以追溯到巴黎大学设置的 4 个学院(神学院、文学院、法学院和医学院),这种学院实行校、院共同管理。该管理方式使得大学内的学院具有相对独立性,其依附性比较弱。诺顿·朗(Norton Long)认为:"一门科学的组织之所以令管理研究者深感兴趣,是因为它所表明的合作基础中,控制院校里的学者的行为仍是问题和学科内容,而不是变化无常的个人或集体意志。因此,物理学和化学虽然是学科,但它们并不是组织起来贯彻合法上级的意志的,所持续关心的问题与方法是经过许多代人的努力才成形的,是逐渐形成的高度自觉的、注重目标的活动。"[①]诺顿·朗的观察表明,作为以从事学术活动为主的大学基层学术组织,本质上是一种自在组织,通过其组成成员的自觉完成其内在使命,而不是遵从科层组织下的"服从—命令"范式。

二是从学院类型来看,根据学科(相似性、交叉性)发展需要组建学院。从历史发展来看,大学学院主要有以下几种类型:一是行会型,如早期的波隆那大学,本身就是一种行会性质的组织,其下设学院就是行会群组合。二是独立型,如牛津大学的每个学院都有院长、舍监、教务主任以及财务管理人员,学院经费主要

---

① 〔美〕伯顿·R·克拉克.高等教育系统——学术组织的跨国研究[M].王承绪,等,译.杭州:杭州大学出版社,1994:36.

依靠资助,形成了以学院为主、大学为辅的管理体制。三是实用型,如美国大学根据实用主义的思想建立起来的以社会发展需求为导向的学院制模式。无论哪种学院制,从普遍意义上看,其本质都是基于学科或知识领域的组织。大学是不同学科领域的集合,这种集合表现出不同的分工机制,不同学科领域组合形成的基层学术组织有着不同的研究领域,但又体现出分工基础上的合作,如精英学院这种跨学院的人才培养,还有同一所大学内部跨学科之间的合作研究。

三是从制度规定来看,中世纪大学需要设立 4 个学院才能称之为大学。在我国,1912 年公布的《大学令》规定,大学以文、理二科为主,凡文、理二科并设者以及文科兼法商二科或理科兼医、农、工三科(或三科中兼两科或一科者),方得称大学;在 1917 年新公布的《大学令》和 1922 年公布的新建学制,承认了单科大学的合法性;1928 年颁布的《大学组织法》正式规定大学可以设置文、理、法、教育、农、工、商、医 8 个学院,设立 3 个学院以上的方可称为大学。2006 年教育部发布的《普通本科高校设置暂行规定》规定设置本科高校的条件之一是:"在文科(含文学、历史、哲学、艺术)、政法、财经、教育(含体育)、理科、工科、农林、医药等八个学科门类中,以三个以上不同学科为主要学科。"2015 年新修订的《中华人民共和国高等教育法》规定:"大学还必须设有三个以上国家规定的学科门类为主要学科。"从最初的规定到今天的设置标准可以看出,大学这种组织本身需要由一定的学科构成的基层学术组织,其原因也许在于知识领域划分本身就是人类认识的局限性所造成的,单一的学科或知识体系无法完成大学的人才培养、科学研究和服务社会职能,如人才培养,以单一学科知识领域培养人才,可能培养出"单向度的人",而不是具有宽阔视野的人。

我们看到,大学与基层学术组织之间的关系在独立与依附中变革。早期大学的"联邦制"基层学术组织,其独立性很强,依附性弱,具有更多的办学自主性。但随着学科的不断交叉与融合,基层学术组织之间的独立性在变弱。我国大学基层学术组织整体上表现出来的特点是依附性强而独立性弱。无论如何,大学组织本身是由学院构成的,所以,大学离不开学院,同时学院又依托于大学。大学内部的基层学术组织对于大学而言,既具有独立性,又具有一定的依附性。这种独立与依附基于知识这个基本材料要素和教学与研究这两个行动要素。

二、强制与诱致

新中国成立后,我国大学基层学术组织从学系到学院的转变,整体上反映出大学在适应外界变化,是根据知识体系的生产方式、组织形式对自身做出的内部组织的调整,即遵循着外部逻辑和内部逻辑两条路线进行变革。同时,也在一定范围内进行探索和创新,精英学院、学部、中外合作型学院等基层学术组织在大学发展历史上有过,但又存在差异。

从学系到学院的变革,一方面是社会对于人才的标准与要求发生了变化,即单一的技术型人才让位于具有综合素质与能力的综合型人才,使得大学内部基层学术组织不得不做出调整。另一方面,知识生产方式从学科路线向基于现实的问题解决路线的转变,使得建立在学科门类或一级学科基础上的学院制具有更大的优势。有研究认为,学院制有利于在学科内部生长新的学科交叉点,有利于专业改造和素质教育[1],这表明,学院制比起学系制,更具有包容、扩展的优点。

精英学院的创设,是我国大众化高等教育时代到来所引起的高校对于人才的分类培养的重视,但它又不是精英化高等教育阶段的简单复制和重演。它既借鉴世界上先进的精英学院的办学经验,又根据我国高等教育的特色不断探索,试图突破体制机制障碍,在人们忧虑高等教育人才培养质量的氛围中,找到一条适合我国大众化高等教育背景下的社会精英人才的培养方式。

学部型基层学术组织目前在国内有不同的模式,这也是新事物探索的特点。但整体上,学部这种基层学术组织方式,一方面希望从大学内部基层学术组织"孤岛"中找到联结方式,另一方面也希望通过学部制这种组织形式实践跨学科联盟。中外合作办学型学院在当下国际化办学呼声日益高涨的情形下,试图通过国际高等教育办学资源的流动优化我们的高等教育资源,提高办学质量。当然,国际高等教育竞争也倒逼我国高等教育制度改革,打破固化的高等教育运行机制。

1952年的院系调整,大学内部无一例外地消除了学院这种基层学术组织制度,转为学系设置方式,从根本上说,这是一种自上而下的强制性制度变迁。而20世纪80年代开始,西北工大、南昌大学、天津大学等规模较大的高校较早实行大学学院制;尤其是进入21世纪以来,大学基层学术组织的学院制设置非常迅速,从前面的研究中我们可以看到,包括精英学院、中外合作办学型学院的产生主要是一种自下而上的诱致性制度变迁。

三、变革与创新

大学基层学术组织的变革永远无法停止,但其制度变迁始终遵循一定的规律。回到制度变迁本身,我们认为,制度均衡、组织目标、组织效率与制度变迁有着极其紧密的联系。

---

[1] 王建东,杨宁.对学院制本质内涵的探讨[J].宁波大学学报(教育科学版),2001(6):42-45.

(一)制度均衡与制度变迁

这是当制度供给与制度需求吻合时的一种状态。当制度均衡出现时,制度表现出一定的稳定性特征。诺思从成本—收益论角度总结了制度变迁的原则,即制度变迁的成本与收益之比对于促进或推迟制度变迁起着关键作用,只有在预期收益大于预期成本的情形下,行为主体才会去推动直至最终实现制度的变迁,反之亦然。[①] 此外,他也强调意识形态理论[②],因为:当个人深信一种制度是非正义的时候,为试图改变这种制度结构,他们有可能忽略对个人利益的斤斤计较;当个人深信习俗、规则和法律是正当的时候,他们也会服从之。[③] 所以,制度变迁与稳定需要一个意识形态理论。

我国在20世纪50年代院系调整后,大学内部学系制度逐步稳定了下来,经过30余年直到1983年,出现第一个学院设置(本文第二章所谈及的10所大学),自此制度安排就开始发生变化。到2014年,学系在大学基层学术组织中所占的比例不到10%。根据诺思的理论来审视我国大学基层学术组织的制度变迁,我们可以看到,从1952年调整为系直至20世纪80年代初,一直处于稳定状态,而此后至今的30余年来,学系制向学院制变革不断成为一种普遍趋势(甚至很多"学院"本科院校、高职高专内部的基层学术组织也名之为"学院"),其内在动力在于成本—收益和正当性两个方面。

从成本—收益来看,在20世纪50年代初,国家百废待举,社会经济发展急需大量专门人才(供给与需求关系),大学通过学系这种基层学术制度的实施,有利于其获得政府、社会的支持,这是一种正向收益;而80年代后纷纷改制为学院,更多的理由在于有利于扩大资源范围,收获更多的好处,所以出现制度变迁。从正当性来看,前一时期学系制度的稳定,源于精英高等教育总量的有限性和自上而下的强制性制度变迁的结果;后一时期基层学术组织的变化,一方面与素质教育的大力推行分不开(看到了专门性人才的局限性),另一方面高等教育的扩招使得学院的普遍设立具有正当性,可以说,这是一种自下而上的诱致性制度变迁。

---

① 〔美〕道格拉斯·C·诺思.经济史中的结构与变迁[M].陈郁,罗华平,等,译.上海:上海三联书店,2002,译者的话,第7页.

② 在诺思眼里,"意识形态"是指一种行为方式,这种方式通过提供给人们一种"世界观"而使行为决策更为经济,同时它不可避免地与人们有关世界是否公平的道德和伦理方面的评判交织在一起,一旦人们发现其经验与它不符,人们就会试图改变其意识形态.

③ 〔美〕道格拉斯·C·诺思.经济史中的结构与变迁[M].陈郁,罗华平,等,译.上海:上海三联书店,2002:12.

(二)组织目标与制度变迁

西蒙认为,大多数组织都是围绕着某个目标建立起来的,这个目标提供了组织的意向,决定了组织决策和组织活动的方向;如果目标相对而言是有形的,那么,评定特定活动对目标的贡献,从而评价其有用性,通常并不困难,但如果目标相对而言是无形的,那么一项具体活动是否有利于目标的实现就众说不一了。①

松散联合是大学组织的一个显著特征,所以,大学组织的目标从整体上看是比较模糊的。我们也看到每所大学都有自己的办学目标和定位,但仔细分析这些目标与定位,会发现,几乎所有的目标都是一种描述性目标,更多体现为一种意向,无法像经济组织那样用精确的度量方法去测度,而且在进行绩效考核时,也只能用发展水平、发展程度这种模糊的方式来评价。伯顿·R·克拉克认为,高等教育中更佳的端点是基层,大学的"底层结构遵循的是学科、专门知识和专业化无序状态的逻辑"②。这种无序状态的加总无法解决大学组织目标的可测量问题。

所以,伯顿·R·克拉克从大学组织的知识、教学与研究三个要素刻画出其目标仅仅是引导基层操作部门具体目标的合法化依据,"知识是学术系统中人们赖以开展工作的基本材料;教学和研究是制作和操作这种材料的基本活动;这些任务分成许多相互紧密联系但却独立自主的专业;这种任务的划分促使形成一种坡度平坦、联系松散的工作单位结构;这种结构促使控制权分散;最后,目的必然是模糊的,广义概括的目标可以起到使基层操作部门具体目标合法化的作用"③。因此,以培养人才为根本任务、以知识生产为基础、以服务社会为落脚点的大学组织目标,其功能在于统筹大学基层学术组织向着共同的愿景与理想迈进,基层学术组织制度变迁无论是自上而下还是自下而上,所遵循的是学科知识体系发展的内部逻辑与社会需要的外部逻辑的统一。

(三)组织效率与制度变迁

诺思认为,有效率的组织需要在制度上做出安排和确立所有权以便造成一种刺激,将个人的经济努力变成私人收益率接近社会收益率的活动;个人必然受

---

① 〔美〕赫伯特西蒙.管理行为——管理组织决策过程的研究[M].杨砾,等,译.北京:北京经济学院出版社,1988:109.

② 〔美〕伯顿·R·克拉克,等.高等教育新论——多学科的研究[M].徐辉,等,译.杭州:杭州大学出版社,1994:311.

③ 〔美〕伯顿·R·克拉克.高等教育系统——学术组织的跨国研究[M].王承绪,等,译.杭州:杭州大学出版社,1994:25.

刺激的驱使去从事合乎社会需要的活动,应当设计某种机制使社会收益率和私人收益率合乎社会需要的活动。① 诺思的制度变迁建构论不同于哈耶克的进化论。哈耶克认为,设计一种制度所需要的完备信息与知识,由于人类的知识和信息都是非常有限的,人类实际上不可能设计出任何有效的制度;只有自然演变的制度才是好的制度。当然,这种认知上的差异源于他们对于制度本身的理解的不同,但其共同点在于:制度变迁终究会带来组织效率的提升。

从历史来看,我国现代大学制度由于发展历史短暂,后来受前苏联模式的影响,大学基层学术组织建构和调整主要采用科层制的基层行政层级结构。随着大学行政管理模式的加强,作为基层行政组织管理模式的系甚至于院的行政功能越来越被强化,院系的学术功能被弱化。② 以内部行政管理制度为主导的基层学术组织制度,受到科层体制的影响,其效率的评判主要依据由上至下层级任务下达完成情况来界定,基层学术组织自主性、创新性空间受到挤压,无论是个人收益还是组织收益都无法最大化,根据诺思的理解,这不是一种有效率的制度。但科层制内含分工机制,它又能在一定程度上提高管理效率,因为它有清晰的分工、明确的目标任务。

其实,任何一种制度都有其局限性,如果在制度执行过程中,其效率问题可以在一定程度上得到保证,这种制度应当是一种好制度。讲座制最初被认为是一种高效的制度,但随着其执行过程中出现的偏差,人们发现这种制度容易形成"学阀",限制年轻学人的发展,于是学系制在大学得到认可。但学系受到学科专业窄影响,不利于人才培养,又逐渐被相近学科专业构成的学院制所取代。建立学院制、缩小管理幅度从经济学的角度来看是为了提高管理效率,使高校内部形成高效的运行机制,这也是在为学科发展创造良好的条件。③ 随着知识领域的扩展,以问题为导向的知识生产方式兴起,跨学科组织受到重视,因为它能够在不同学者之间开展新的知识生产,这种跨界工作机制,打破了单一学科、专业的局限性,推动了新知识领域的形成。实际上,从学系制到学院制,再到学部制,以及学院制的创新(如精英学院、中外合作办学型学院等),无论是强制性制度变迁还是诱致性制度变迁,举办者和办学者根本上是为了打破路径依赖,提高办学效率。

---

① 〔美〕道格拉斯·C·诺思,罗伯斯·托马斯.西方世界的兴起[M].厉以平,蔡磊,译.北京:华夏出版社,1999:5-7.
② 史秋衡,吴雪.大学基层学术组织制度建设的内在逻辑[J].复旦教育论坛,2009(5):28-35.
③ 许放.我国高等学校学院制研究[J].现代教育科学,2003(11):30-32.

参考文献

[1]〔英〕阿什比.科技发达时代的大学教育[M].滕大春,滕大生,译.北京:人民教育出版社,1983.

[2]〔法〕爱弥尔·涂尔干.教育思想的演进[M].李康,译.上海:上海人民出版社,2003.

[3]〔美〕伯顿·R·克拉克.高等教育系统——学术组织的跨国研究[M].王承绪,等,译.杭州:杭州大学出版社,1994.

[4]〔美〕伯顿·R·克拉克,等.高等教育新论——多学科的研究[M].徐辉,等,译.杭州:杭州大学出版社,1994.

[5] 蔡珍红.现代大学基层学术组织特征与治理研究[M].重庆:重庆大学出版社,2012.

[6] 陈洪捷.德国古典大学观及其对中国大学的影响[M].北京:北京大学出版社,2002.

[7]〔美〕道格拉斯·C·诺思.经济史中的结构与变迁[M].陈郁,罗华平,等,译.上海:上海三联书店,2002.

[8]〔美〕道格拉斯·C·诺思,罗伯斯·托马斯.西方世界的兴起[M].厉以平,蔡磊,译.北京:华夏出版社,1999.

[9]〔美〕道格拉斯·C·诺思.制度、制度变迁与经济绩效[M].刘守英,译.上海:上海三联书店,1994.

[10]〔美〕E.马克·汉森.教育管理与组织行为[M].冯大鸣,译.上海:上海教育出版社,2005.

[11]〔美〕赫伯特·西蒙.管理行为——管理组织决策过程的研究[M].杨砾,等,译.北京:北京经济学院出版社,1988.

[12] 何东昌.中华人民共和国重要教育文献(1949—1975)[M].海口:海南出版社,1998.

[13] 何东昌.中华人民共和国重要教育文献(1976—1990)[M].海口:海南出版社,1998.

[14] 何东昌.中华人民共和国重要教育文献(1998—2002)[M].海口:海南出版社,2003.

[15] 胡炳仙.中国重点大学政策的历史逻辑与制度分析[M].青岛:中国海洋大学出版社,2010.
[16] 胡建华.现代大学制度的原点:50年代初期的大学改革[M].南京:南京师范大学出版社,2001.
[17] 黄启兵.中国高校设置变迁的制度分析[M].福建:福建教育出版社,2007.
[18] 贺国庆.德国和美国大学发达史[M].北京:人民教育出版社,1998.
[19] 〔美〕霍华德·加德纳.多元智能新视野[M].沈致隆,译.北京:中国人民大学出版社,2008.
[20] 〔美〕杰瑞·W·吉利,安·梅坎尼克.超越学习型组织[M].佟博,等,译.北京:经济管理出版社,2003.
[21] 〔美〕杰伊·B·巴尼,〔新西兰〕德文·N·克拉克.资源基础理论——创建并保持竞争优势[M].张书军,苏晓华,译.上海:格致出版社,上海人民出版社,2011.
[22] 季诚钧.大学属性与结构的组织学分析[M].北京:人民教育出版社,2006.
[23] 〔捷克〕夸美纽斯.夸美纽斯教育论著选[M].任钟印,任宝祥,译.北京:人民教育出版社,1990.
[24] 〔美〕赖特·米尔斯,塔尔考特·帕森斯.社会学与社会组织[M].何维凌,等,译.杭州:浙江人民出版社,1986.
[25] 李桂荣.大学组织变革之经济理性[M].北京:中国社会科学出版社,2007.
[26] 林荣日.制度变迁中的权力博弈——以转型期中国高等教育制度为研究重点[M].上海:复旦大学出版社.2007.
[27] 刘汴生.管理学[M].北京:科学出版社.2011.
[28] 刘献君.大学之思与大学之建[M].武汉:华中科技大学出版社,2013.
[29] 刘向兵,李国立.大学战略管理导论[M].北京:中国人民大学出版社,2006.
[30] 刘秀生.新制度经济学[M].北京:中国商业出版社,2003.
[31] 刘光.新中国高等教育大事记[M].长春:东北师范大学出版社,1990.
[32] 〔美〕罗伯特·伯恩鲍姆.大学运行模式[M].别敦荣,主译.青岛:中国海洋大学出版社,2003.
[33] 〔英〕罗纳德·巴尼特.高等教育理念[M].蓝劲松,主译.北京:北京大学出版社,2012.
[34] 〔日〕麻生诚.英才的形成与教育[M].王桂,等,译.长春:吉林人民出版社,1987.
[35] 〔英〕迈克尔·夏托克.高等教育的结构和管理[M].王义瑞,译.上海:华东

师范大学出版社,1987.

[36] 潘懋元.多学科观点的高等教育研究[M].上海:上海教育出版社,2001.

[37] 潘懋元.现代高等教育思想的演变——从20世纪到21世纪初期[M].广州:广东高等教育出版社,2008.

[38] 潘懋元,等.中国高等教育百年[M].广州:广东高等教育出版社,2003.

[39] 〔美〕切斯特·何尔康比.中国人的德性[M].王剑,译.西安:陕西师范大学出版社.2007.

[40] 〔美〕斯蒂芬·P·罗宾斯.组织行为学精要[M].潘晓莉,译.北京:中国人民大学出版社,2004.

[41] 施锡铨,范正绮.数据分析与统计建模:社科研究中的统计学方法[M].上海:上海人民出版社,2007.

[42] 索绪尔.普通语言学教程[M].高明凯,译.北京:商务印书馆,2003.

[43] 〔美〕R.科斯,A.阿尔钦,D.诺斯,等.财产权利与制度变迁[M].刘守英,译.上海:上海三联书店,1991:253.

[44] 〔美〕唐纳德·肯尼迪.学术责任[M].阎凤桥,等,译.北京:新华出版社,2002.

[45] 〔英〕托尼·布什.当代西方教育管理模式[M].南京:南京师范大学出版社,1998.

[46] 〔美〕W.理查德·斯科特.制度与组织——思想观念与物质利益(第3版)[M].姚伟,王黎芳,译.北京:中国人民大学出版社,2010.

[47] 万力维.控制与分等:权力视角下的大学学科制度的理论研究[M].南京:南京师范大学出版社,2005.

[48] 王枬.教育原理[M].桂林:广西师范大学出版社.2001.

[49] 王同亿.语言大典(上册)[Z].海南:三环出版社,1990.

[50] 吴宏翔.艰难的选择:市场经济背景下的高校组织演化[M].上海:复旦大学出版社,2008.

[51] 现代汉语辞海编辑委员会.现代汉语辞海[Z].北京:中国书籍出版社,2011.

[52] 宣勇.大学组织结构研究[M].北京:高等教育出版社,2005.

[53] 〔英〕亚伦·博尔顿.高等院校学术组织管理[M].宋维红,译.南京:江苏教育出版社,2010.

[54] 杨德广.高等教育发展战略研究[M].上海:上海交通大学出版社,1988.

[55] 杨德广.高等教育管理学[M].上海:上海教育出版社,2006.

[56]〔美〕伊曼纽尔·沃勒斯坦.知识的不确定性[M].王昺,等,译.济南:山东大学出版社,2006.

[57]应望江.中国高等教育改革与发展30年(1978—2008)[M].上海:上海财经大学出版社,2008.

[58]〔加〕约翰·范德格拉夫,等.学术权力——七国高等教育管理体制比较[M].王承绪,等,译.杭州:浙江教育出版社,2001.

[59]〔美〕约翰·P·科特.权力与影响力[M].李亚,等,译.北京:机械工业出版社,2013.

[60]〔美〕约翰·S·布鲁贝克.高等教育哲学[M].王承旭,等,译.杭州:浙江教育出版社,2001.

[61]〔英〕约翰·齐曼.真科学——它是什么,它指什么[M].曾国屏,等,译.上海:上海科技教育出版社,2002.

[62]薛天祥.高等教育管理学[M].桂林:广西师范大学出版社,2001.

[63]张俊超.大学场域的游离部落[M].北京:中国社会科学出版社,2009.

[64]郑晓齐,王绽蕊.研究型大学基层学术组织改革与发展[M].北京:清华大学出版社,2009.

[66]中国教育年鉴编辑部.中国教育年鉴(1949—1981)[M].北京:中国大百科全书出版社,1984.

[67]周朝成.当代大学中的跨学科研究[M].北京:中国社会科学出版社.2009.

[68]蔡映辉.高校通识教育课程设置的问题及改革对策[J].高等教育研究,2004(6).

[69]曹鹤.基于组织视角的高等教育国际化现状及对策[J].中国高等教育评估,2014(1).

[70]陈彬,陈何芳.浅论大学基层学术组织的四大职能[J].现代教育科学,2003(5).

[71]陈何芳,陈彬.试论大学基层学术组织的四大特性[J].江苏高教,2003(2).

[72]陈黎.轮五十年代的院系调整[J].教育史研究,1998(1).

[73]陈伟.学院制改革:大学内部结构重组与调适的途径[J].上海高教研究,1998(7).

[74]陈向明.从北大元培计划看通识教育与专业教育的关系[J].北京大学教育评论,2006(3).

[75]陈晓剑.从学院模式识别到学院的创新与调整[J].中国高教研究,1994(5).

[76]程家安,吴丹青.高校基层学术组织结构的调整与思考[J].中国高等教育,

2004(20).

[77] 迟景明,张弛.大学组织特性及其对学术组织创新的价值导向[J].现代教育管理,2012(6).

[78] 迟艳杰,闫华.论教授研究室制度研究的伦理与知识论基础[J].沈阳师范大学学报(社会科学版),2006(2).

[79] 杜育红.论教育组织以及其变革低效的制度根源[J].北京师范大学学报,2002(1).

[80] 董建江,俞路石.少年班24岁[N].中国教育报,2002-3-31(1).

[81] 杜作润.学院识别及大学学术结构模式粗探[J].高等工程教育研究,1993(4).

[82] 方耀楣.从分开理论看大学院、系的设置与管理[J].上海高教研究,1998(5).

[83] 冯景波.大学基层学术组织制度的创新——以沈阳师范大学教授研究室制度为例[J].现代教育管理,2010(11).

[84] 高晓明.拔尖创新人才概念考[J].中国高教研究,2011(10).

[85] 郭桂英.学科群与学院制[J].高等教育研究,1996(6).

[86] 郭俊.书院制教育模式的兴起及其发展思考[J].高等教育研究,2013(8).

[87] 和飞.现代大学书院制的内涵与发展目标[J].肇庆学院学报,2013(1).

[88] 赫冀成.积极探索科研教学相融合的基层学术组织[J].中国高等教育,2005(3).

[89] 胡成功.高等学校基层学术组织现状与问题——全国231所高等学校问卷调查报告[J].上海高教研究,2003(6).

[90] 胡成功.高校基层学术组织存在问题的原因及改革对策[J].高等教育研究,2007(8).

[91] 胡钦晓.大学讲座制的历史演变及借鉴[J].现代大学教育,2010(6).

[92] 胡仁东.大学组织——价值及职能[J].现代教育管理,2010(2).

[93] 黄德宽.构建基于多元发展趋势的大学基层学术组织[J].中国高等教育,2007(6).

[94] 黄进.大学国际化不单是"接轨"[N].光明日报,2010-02-03.

[95] 金帷,温剑波.如何定义高等教育国际化:寻求一个本土化的概念框架[J].现代大学教育,2013(3).

[96] 靳涛.双层次互动进化博弈制度变迁模型——对中国经济制度渐进式变迁的解释[J].经济评论,2003(3).

[97] 孔捷,等.从讲座制到学系制——兼论德国大学与美国大学的相互影响[J].江苏高教,2011(2).

[98] 孔捷,等.讲座制下德国大学教师的职业发展[J].外国教育研究,2010(1).

[99] 李发伸.组建新型研究所,激活教学科研基层组织[J].中国高等教育,2005(6).

[100] 李慧晓杉,王冰."双向管理模式"下荣誉学院培养学生学院归属感路径初探——以江南大学至善学院为例[J].教育教学论坛,2013(10).

[101] 李枭鹰,牛军明.高等教育国际化的本质与内涵:文化流的视角[J].高教探索,2015(11).

[102] 李杨.五十年代的院系调整与社会变迁——院系调整研究之一[J].开放时代,2004(2).

[103] 李泽彧,曹迎霞.试论我国大学学院制的科学内涵和实行学院制必须解决的几个问题[J].吉林教育科学·高教研究,1999(2).

[104] 李作战.组织变革理论研究与评述[J].现代管理科学,2007(4).

[105] 黎琳,吴治国.高等教育国际化:新概念与新走向[J].江苏高教,2004(1).

[106] 林杰.组织理论与中国大学组织研究的实证之维[J].北京大学教育评论,2006(4).

[107] 刘道玉.大学教育国际化的选择与对策[J].高等教育研究,2007(4).

[108] 刘恩允,韩延明.大学教师专业化的内涵、问题与对策[J].教育发展研究,2007(6A).

[109] 刘桂莲.教学学术——高校教师专业化的重要视角[J].教育研究与实验,2009(4).

[110] 刘克勤.我国大学基层学术组织学术权力的构建[J].教育发展研究,2011(23).

[111] 刘献君.论高校学科建设[J].高等教育研究,2000(5).

[112] 刘献君,张晓冬."少年班"与"精英学院":绩效诉求抑或制度合法化——基于组织理论的新制度主义分析[J].现代大学教育,2011(5).

[113] 刘学利,闻万春.定位与机制:教授研究室制度研究[J].煤炭高等教育,2012(7).

[114] 罗燕.教育的新制度主义分析——一种教育社会学理论和实践[J].清华大学教育研究,2003(6).

[115] 吕成祯,钟蓉戎.荣誉教育:我国拔尖创新人才培养模式研究[J].国家教育行政学院学报,2014(1).

[116] 吕杰昕,夏正江.美国高校荣誉教育项目的缘起、现状与借鉴[J].全球教育展望,2013(9).

[117] 吕雪,王艳彪.基于"大部制"的教授研究室服务本科教育功能的完善[J].辽宁科技大学学报,2012(1).

[118] 马健生.学校改革的机制与模式:组织行为学的观点[J].比较教育研究,2003(3).

[119] 马迎贤.国外非营利组织变迁理论评述[J].学会,2004(11).

[120] 丁三青,等.适应科技创新与人才培养需要改革大学基层学术组织[J].中国高等教育,2007(6).

[121] 欧洁.中国高等教育的多维审视——评《当代高等教育国际化发展》[J].中国教育学刊,2014(4).

[122] 齐姗,李庆龙.荣誉学院新生学业规划指导现状及对策[J].东方企业文化,2013(6).

[123] 戚业国.论大学学院制度的形成、发展与改革[J].高等教育研究,1996(5).

[124] 申超.高等教育国际化概念辨析[J].全球教育展望,2014(6).

[125] 沈蓓绯.荣誉学院:美国高校本科生"拔尖创新人才"培养模式研究[J].高教探索,2010(4).

[126] 史秋衡.大学学院制的设置标准[J].有色金属高教研究,1995(1).

[127] 史秋衡,吴雪.大学基层学术组织制度建设的内在逻辑[J].中国高等教育评论,2010(12).

[128] 史晓宇,等.新中国成立以来我国现代大学内部制度建设阶段分析[J].黑龙江高教研究,2011(7).

[129] 同古勒格.浅议中间扩散型制度改革[J].内蒙古煤炭经济,2009(2).

[130] 童蕊,等.美国大学内部研究型学院运行机制对我国同类学院的启示[J].武汉大学学报(哲学社会科学版),2008(6).

[131] 王冰,李希.高校荣誉学院学生的思想现状、成因及对策研究[J].高等教育研究(成都),2013(2).

[132] 王凤兰.中外合作办学的动因及发展对策[J].燕山大学学报(哲学社会科学版),2005(2).

[133] 王建东,杨宁.对学院制本质内涵的探讨[J].宁波大学学报(教育科学版),2001(6).

[134] 王建华.高等教育的理想类型[J].高等教育研究,2010(1).

[135] 王敬尧.互动合作的制度变迁模型——以武汉市江汉区社区建设为例[J].

华东师范大学学报(哲学社会科学版),2005(5).
[136] 王英杰.大学基础组织结构的建构:传统与创新[J].探索与争鸣,2013(6).
[137] 王绽蕊.大学基层学术组织治理制度转型——基于案例的分析[J].黑龙江高教研究,2013(9).
[138] 文军,石磊.论中国高校基层学术组织的形式和制度创新[J].重庆大学学报(社会科学版),2010(5).
[139] 巫春华.略论我国50年代的院系调整[J].中国高教研究,2001(4).
[140] 项聪.我国高校基层学术组织变迁的制度逻辑——基于历史制度主义的分析[J].中国高教研究,2011(6):23-28.
[141] 向东春.大学基层学术组织的属性透视[J].高等工程教育研究,2006(3).
[142] 许放.我国高等学校学院制研究[J].现代教育科学,2003(11).
[143] 胥秋.学科融合视角下的大学组织变革[J].高等教育研究,2010(7).
[144] 徐巍伟,陆一平.从组织变迁理论探讨国有企业改革[J].西安交通大学学报,2001(12).
[145] 宣勇,张金福.学科制:大学基层学术组织制度的创新[J].教育研究,2007(2).
[146] 严蔚刚,李德锋.我国高校学部的基本权力、分类及相关思考[J].中国高教研究,2012(7).
[147] 闫志刚,思齐.学部制:大学管理体制改革走向"深水区"[J].教育与职业,2009(12).
[148] 杨济铭.清华大学成为工科院校五十年代院系调整[J].文史参考,2001(8).
[149] 杨明.论中国高校基层学术组织创新的问题和对策[J].浙江大学学报(人文社会科学版),2010(6).
[150] 杨如安.学院制的内涵及其特性分析[J].教育研究,2011(3).
[151] 杨瑞龙.我国制度变迁方式转换的三个阶段论——兼论地方政府的制度创新行为[J].经济研究,1998(1).
[152] 杨叔子,余东升.文化素质教育与通识教育之比较[J].高等教育研究,2007(6).
[153] 于澜.教育国际化过程中的博弈[N].光明日报,2016-11-20(8).
[154] 张慧,钟蓉戎,陈劲.荣誉学院学生职业生涯规划调查与分析[J].高等工程教育研究,2010(4).
[155] 张慧,钟蓉戎,陈劲.荣誉学院学习优秀生非智力因素特征分析——以浙江大学竺可桢学院为例[J].高等工程教育研究,2011(5).

[156] 张鹏,宣勇.创业型大学学术运行机制的构建[J].教育发展研究,2011(9).

[157] 张学文.大学如何告别平庸[N].光明日报,2015-04-07(13).

[158] 张云鹰.大学设置学院的理论及实践[J].上海高教研究,1995(3).

[159] 郑晓齐,王绽蕊.我国研究型大学基层学术组织的逻辑基础[J].教育研究,2008(3).

[160] 赵大宇,朴雪涛.大学基层学术组织创新的探索——沈阳师范大学实行教授研究室制度的理念与实践[J].中国高等教育,2004(20).

[161] 赵坤,王方芳,王振维.大学跨学科组织共同演进的治理因素研究[J].中国高教研究,2011(10).

[162] 钟蓉戎,吕成祯.荣誉学院实行"书院制"管理模式的探索[J].煤炭高等教育,2014(5).

[163] 祝家麟,陈德敏.大学通识教育与专业教育的矛盾冲突与融合[J].中国高教研究,2002(6).

[164] 朱其训,缪榕楠.高等教育研究的新制度主义视角[J].高教探索,2007(4).

[165] 朱源.少年班——高等教育早出人才的一种新方式[J].高等教育研究,1985(10).

[166] 邹薇,庄子银.制度变迁理论评述[J].国外社会科学,1995(7).

[167] 邹晓东,吕旭锋.研究型大学学部制改革的动因、运行机制及发展走向[J].浙江大学学报(人文社会科学版),2011(3).

[168] Becher T, Trowler P. Academic Tribes and Territories: Intellectual Enquiry and the Culture of Disciplines, second edition[M]. Buckingham: Open Universtity Press,2001.

[169] Bridget Terry Long. Attracting the Best: The Use of Honors Programs To Compete for Students[J]. Educational Resources Information Center, 2002.

[170] Charle W L, Hill Garet, R Janes. Strategic in the Global Environment [J]. Strategic Management,2001.

[171] Clark Kerr. Higher Education Cannot Escape History: Issues for the Twenty-First Century[M]. Albany: State University of New York Press, 1994.

[172] Corson J J. Governance of colleges and university[M]. New York: McGraw-Hill. 1960.

[173] Gareth Williams, Tessa Blackstone. Response to Adversity, Society for

Research into Higher Education[M]. Guildford,1983.

[174] Heinz Dieter Meyer, Brian Rowan, The New Institutionalism in Education[M]. New York: State University of New York Press,2006.

[175] Jackson M. The Inclusive Approach——Key Factors, On Work Leadership[M]. sine loco: Manufactures Com-merce, 1999.

[176] John W. Meyer, Brian Rowan. Noteson Structure of Educational Organizations[M]. Paper Presented at the Meeting of National Institute of Education, LaJolla, California, 1975.

[177] Julie Thompson Klein. Inter disciplinarity: History,Theory and Practice [M]. Wayne State University Press. 1990.

[178] Mariettadel Favero. Faculty-Administrator Relationships and Responsive Decision-making Systems:New Frameworks for Study[R]. Paper Presented at the Resarch Forumon Higher Education Governance, Santafe,New Mexico,2002.

[179] Montgomery Van Wart. Learning and the Reinvention of Public Sector Organizations[J]. Public Administration Review, 1994,54(6).

[180] Oliver E Williamson. The Economic Institution of Capitalism[M]. The Free Press,1985.

[181] Peter C Sederberg. The Honors College Phenomenon[M]. Lincoln: National Collegiate Honors Council, 2008.

[182] Peter C Sederberg. The Honors College Phenomenon[M]. Lincoln: National Collegiate Honors Council, 2008.

[183] Robbins S P. Organization Theory: Structure Design and Application [M]. Fifth Edition New Jersey: Prentice Hall Engle-wood Cliffs, 1995.

[184] Stroup H. Bureaucracy in Higher Education[M]. New York : The Free Press. 1966.

[185] Tim McCracken. Double Coding: Some Characteristic Differences Between Modernism and Postmodernism and the Implications for Honors Education[C]. The NISOD Conference on Excellence in Teaching Austin,1987.

[186] Victor J. Baldridge. Alternative Models of Governance in Higher Education[A]. Marvin Wpeterson. Organization and Governance in Higher Education:An ASHE Reader[C]. Simon &Schuster Publishing, 1984.

[187] Bascom W R. Ponapean Prestige Economy[J]. Southwestern Journal of Anthropology. 1948(2).

[188] Browne M N. The Mandate for Interdisciplinarity in Science Education: The Case of Economic and Environment Science[J]. Science and Education,2002(11).

[189] HUANG F T. Transnational Higher Education in Asia and the Pacific Region[J]. RIHE International Publication Series,2006(10).

[190] Erik A D'Aquino. Understanding Student Academic Performance Differences in College Based on Advanced Placement College Credits Earned in High School: A Comparison between Honors and Non-Honors Students[D]. ProQuest LLC, Ph. D. Dissertation, State University of New York at Buffalo. 2011.

[191] Karin Scager, Sanne F Akkerman, Albert Pilot, Theo Wubbels. How to Persuade Honors Students to go the Extra Mile: Creating a Challenging Learning Environment[J]. High Ability Studies, 2013(24).

[192] Earle L, Reybold Mark, Halx D. Coming to Terms with the Meaning of Interdisciplinarity: Faculty Rewards and the Authority of Discipline[J]. THE JOURNAL OF GENERAL EDUCATION. 2012(4).

[193] Matthew R. Wawrzynski, Madden Katherine, Jensen Christopher. The Influence of the College Environment on Honors Students' Outcomes[J]. Journal of College Student Development, 2012(53).

[194] Paul Blackmore, Camille B Kandiko. Interdisciplinarity Within an Academic Career[J]. Research in Post-Compulsory Education. 2011(1).

[195] Pamela Malone Gresham. An Exploratory Study of the Career Aspirations and Self-Perceptions of University Honors Program Students[D]. ProQuest LLC, Ph. D. Dissertation, Indiana State University,2010.

[196] 陈何芳. 中国大学基层学术组织改革研究[D]. 武汉:华中师范大学硕士学位论文,2002.

[197] 陈金江. 中国大学本科精英学院运行模式研究——基于多案例的分析[D]. 武汉:华中科技大学博士学位论文,2010.

[198] 丛春秋. 教学型大学基层学术组织建设创新研究——以苏州科技学院为例[D]. 苏州:苏州大学硕士学位论文,2012.

[199] 范省伟. 基于组织变迁视角的行会协会发展研究[D]. 西安:西北大学博士

学位论文,2005.

[200] 宫振蒙.学术组织的动态演变:一所大学的院系结构变迁史[D].上海:华东师范大学硕士学位论文,2010.

[201] 韩飞.研究型大学学习型基层学术组织建设途径研究[D].辽宁:东北大学硕士学位论文,2009.

[202] 李海萍.大学学术权力现状研究[D].长沙:湖南师范大学博士学位论文,2010.

[203] 李晓倩.新制度主义视角下我国高等教育制度变迁[D].大连:大连理工大学硕士学位论文,2008.

[204] 廖颖.高校精英学院人才培养的现状与走向研究——以西南交通大学茅以升学院为例[D].成都:西南交通大学硕士学位论文,2014.

[205] 马小芳.我国大学二级学院设置和分类研究[D].南京:南京师范大学硕士学位论文,2012.

[206] 盛冰.论教育资本与学校变革[D].北京:北京师范大学博士学位论文,2004.

[207] 魏建.中小企业组织变革的动因及趋势[D].河北:河北农业大学硕士学位论文,2004.

[208] 王悦.我国大学试行教授研究室制度的现状及其对策——以沈阳师范大学为例[D].沈阳:沈阳师范大学硕士学位论文,2009.

[209] 王志彦.中国大学学术组织结构与运行模式研究[D].辽宁:辽宁师范大学博士学位论文,2008.

[210] 邢耀荣.研究型大学基层学术组织改革研究——以兰州大学为例[D].兰州:兰州大学硕士学位论文,2007.

[211] 闫凤桥.高等学校内部结构与办学效益[D].北京:北京大学博士学位论文,2000.

[212] 易萍.我国研究型大学拔尖创新人才培养模式研究——以精英学院为例[D].成都:西南交通大学硕士学位论文,2014.

[213] 张文静.大学基层学术组织变革研究[D].武汉:华中科技大学博士学位论文,2012.

[214] 周望.中国"政策试点"研究[D].天津:南开大学博士学位论文,2012.

[215] 周楠.我国研究型大学基层学术组织的改革[D].兰州:兰州大学硕士学位论文,2013.

[216] 朱磊.高等学校基层学术组织改革研究——以绍兴文理学院为例[D].杭州:浙江师范大学硕士学位论文,2010.

后 记

大学内部二级教学科研单位即本书中的基层学术组织,自20世纪80年代以来,一直受到理论研究者和实践工作者的关注。尤其是近年来,关于大学内部基层学术组织的改革一浪接一浪,人们在不断探索合适的基层学术组织制度。2013年,《教育部关于推进试点学院改革的指导意见》出台后,全国有17所高校的17个学院列入试点学院,对试点学院提出24项支持性政策措施,成为我国现代大学制度建设的重要事件。它为理顺大学与基层学术组织之间的关系提供了制度保障并使试点学院成为先行探试的探路者。

我从2004年攻读博士学位以来,一直关注大学内部基层学术组织问题。我的博士学位论文《我国大学组织内部机构生成机制研究》(2010年由广东教育出版社出版)涉及基层学术组织的生成与变化。本书在此基础上,进一步探讨了我国大学基层学术组织制度变迁问题。2012年,我带的两名研究生的学位论文分别对基层学术组织变迁、高校拔尖创新人才培养模式进行了研究。近年来,结合工作实际,我们又对学部制、中外合作办学型学院进行了调研与分析。

本书得到了我所在研究团队的大力支持和帮助,没有团队成员坚持不懈的努力,是不可能成就本书的。2012级硕士研究生胡北同学、2013级硕士研究生吴瑾同学和姚小萍同学对第二、三、四章的材料收集、数据分析整理等做出了重要的贡献,江苏师范大学刘文晓博士、发展规划处潘震鑫同志对第五章相关内容所涉及材料进行了整理和分析。她们的努力、认真与细致令我感叹不已,她们的才智和领悟能力也非同一般。

可以说,本书是从我2010年由教师身份转向教师与管理者双重身份(我国高校有一个名称为"双肩挑")几年来思考的结果。作为一名研究者和管理者,从专业和管理的角度审视我国大学基层学术组织制度变迁,感觉少了些"学究"思维、多了些实践认知。本书凝聚了我的研究团队的心血,它的出版对研究团队所有成员都是一种莫大的鼓励。在此,我对团队成员表示深深的谢意!江苏师范大学高等教育研究中心是滋养我的重要场域,每一次上课、每一次沙龙、每一次讨论都使我受益匪浅,我对中心所有老师和学生表示感谢!本书参考了众多研究者和实践者的研究成果与实践智慧,对他们的前期研究与实践表示由衷的感谢!

后 记

本书得到我的妻子胡晓彤女士的帮助。没有她承揽所有家务事，本书也难以顺利面世。对于她给予的默默支持我无法用言语表示感谢，只希望她能理解的是：作为一名大学教育工作者，只有通过不断的反思、表达才能体现生命的价值和意义。中国海洋大学出版社的编辑对于本书的出版给予了大力支持与帮助。本书还得到了学校出版基金的资助，在此一并表示感谢！

由于研究能力和研究水平有限，书中错误之处在所难免，恳请同行不吝赐教。作为一项研究，也只有透过同行的知识之眼、学术智慧之光才能不断得以完善和改进，也才能对理论和实践起到些许作用。

胡仁东

2016 年 11 月

于江苏师范大学泉山校区